# 黄陂交通史话

黄陂区交通运输局 编

经济日报
出版社

**图书在版编目（CIP）数据**

黄陂交通史话 / 黄陂区交通运输局编. -- 北京：
经济日报出版社, 2022.12
ISBN 978-7-5196-1267-2

Ⅰ. ①黄… Ⅱ. ①黄… Ⅲ. ①交通运输史-黄陂区
Ⅳ. ①F512. 9

中国版本图书馆 CIP 数据核字（2022）第 254936 号

## 黄陂交通史话

| | |
|---|---|
| 编　　者 | 黄陂区交通运输局 |
| 责任编辑 | 孙　椤 |
| 责任校对 | 蒋　佳 |
| 出版发行 | 经济日报出版社 |
| 地　　址 | 北京市西城区白纸坊东街 2 号（邮政编码：100054） |
| 电　　话 | 010-63567684（总编室） |
| | 010-63584556　63567691（财经编辑部） |
| | 010-63567687（企业与企业家史编辑部） |
| | 010-63567683（经济与管理学术编辑部） |
| | 010-63538621　63567692（发行部） |
| 网　　址 | www. edpbook. com. cn |
| E - mail | edpbook@ 126. com |
| 经　　销 | 全国新华书店 |
| 印　　刷 | 成都兴怡包装装潢有限公司 |
| 开　　本 | 710mm×1000mm　1/16 |
| 印　　张 | 18 |
| 字　　数 | 340 千字 |
| 版　　次 | 2023 年 4 月第 1 版 |
| 印　　次 | 2023 年 4 月第 1 次印刷 |
| 书　　号 | ISBN 978-7-5196-1267-2 |
| 定　　价 | 98. 00 元 |

# 武汉市黄陂区地图

黄陂区在武汉市的位置图

武汉市黄陂区地图

# 武汉市黄陂区综合交通路网规划示意图

## （2016~2020）

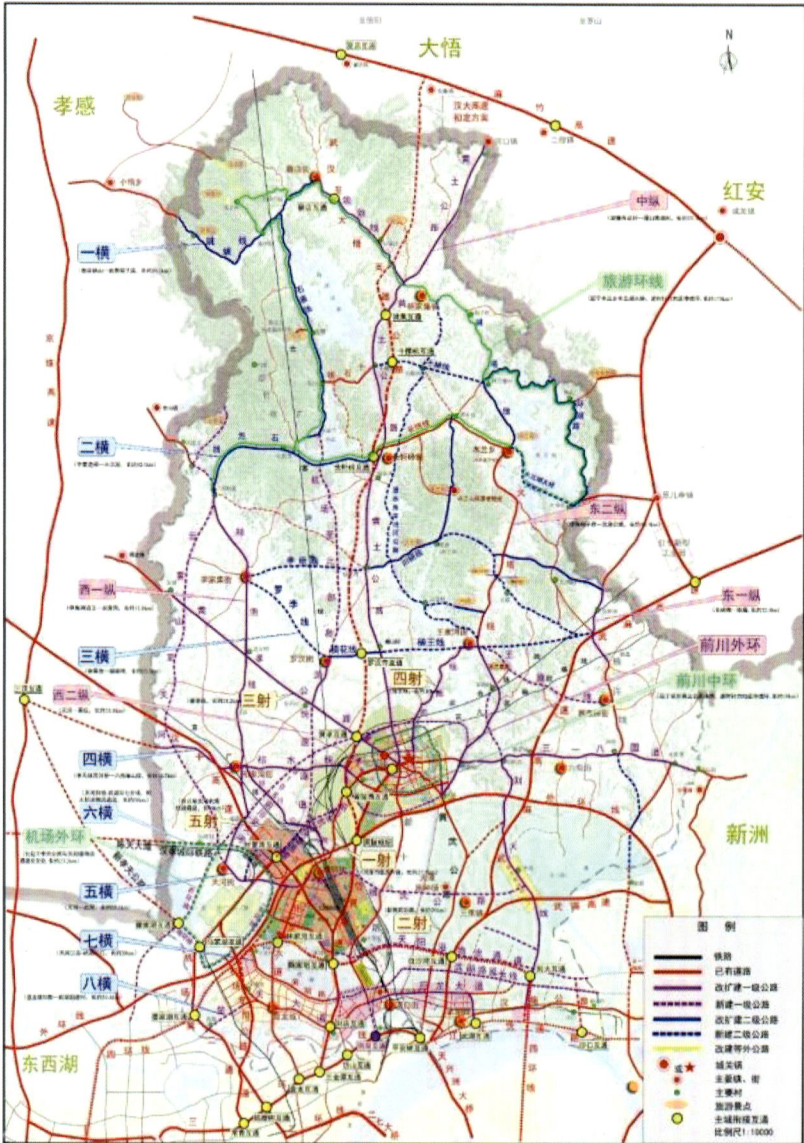

武汉市黄陂区交通局 2016.03

黄陂区主要交通通达方式一览表

天河机场

天河高铁站
（规划）

后 湖

2

四环线

腾龙大道

7

外环高速

汉孝城铁

航城西路

航城东路

盘龙城站

巨龙大道

20

盘龙大道

任凯湖

机场二通道

新会展中心

600米

M

17

墨家湖

体育中心

航城大道

13

18

机场高速

府 河

黄陂区构建"七纵十一横五射三环"交通网

2022 年 9 月 4 日，区交通运输局举办党委书记廉政党课活动

2020 年 12 月 7 日，巴基斯坦—天河机场直航包机旅客转运

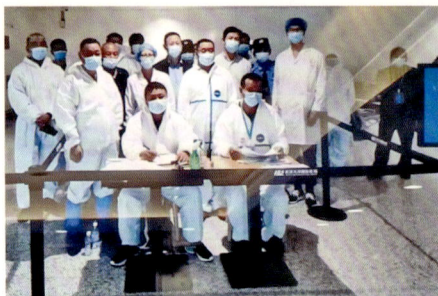

2020 年 10 月 12 日，天河机场—青岛抵汉航班防疫登记

2020 年 4 月 8 日，国家疾控中心、省卫健厅领导来客运中心检查开班前的防控消毒工作

刘店立交桥

木兰大道罗汉段

木兰大道二期

黄陂大道

天河机场

天河机场路

武湖三桥三路

天河机场路

木兰大道（北段）

横山桥
Hengshan Bridge

木兰大道

刘家山曲桥

劳动桥

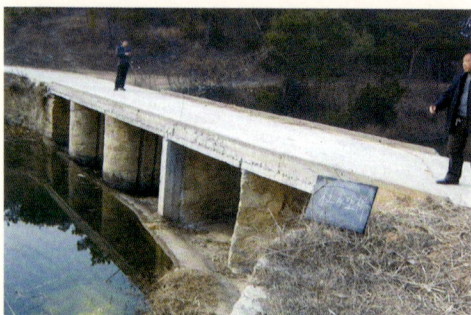

杜家咀桥

湾塘桥

进士渠桥

东门桥

# 《黄陂交通史话》编辑委员会

# 前　言

　　2022 年是人们期待的不平凡的一年。今年召开了中国共产党第二十次代表大会，在新的长征中擘画更加壮丽的蓝图；同时，今年也是全面建成小康社会和"十四五"规划的关键之年。在此背景下编辑出版《黄陂交通史话》更有特殊的意义。

　　黄陂是一片古老而神奇的土地，置县有 1400 多年的历史。早在商代，因水陆交通便利，先民们就兴建了颇具规模的盘龙城，因此有了自己的交通史、文明史。据盘龙城出土文物的考证，商代遂有水上运输。楚成王二十四年（前 648），楚子伐黄（当时黄陂属黄国）就有驰骋战车的宽阔大道。

　　近百年来，黄陂区（县）曾有过水上运输的兴旺时期。清末民初，铁路、公路渐次出现，但全县人民处在水深火热的黑暗统治下，筑路、浚航反而成了无情的灾难。在战火纷飞的岁月里，县境水陆交通濒临瘫痪，直到新中国成立后才获生机。新中国成立后，黄陂交通工作卓有成效。特别是改革开放以来，砥砺奋进，绽放芳华。

　　《黄陂交通史话》断限时间起于 1950 年，止于 2022 年。70 多年来，黄陂交通事业与时俱进，高速发展。特别是改革开放以来，商品经济繁荣，人流物流加快，运输市场活跃，推动了全区大兴交通的热潮。党的十八大以来，我区交通事业抢抓机遇，迎难而上，勇于开拓，励精图治，交通基本建设由量到质快速发展提升，立体运输网络适应人便于行货畅其流，为黄陂交通发展史谱写了光辉的篇章。

先贤有言"文不苟作"。《黄陂交通史话》以史为经，以话为纬，纵横捭阖，谈古论今，记述了殷商盘龙城时期至改革开放以来交通事业发展的方方面面，是黄陂区情资料的重要部分，也是进行历史和革命传统教育的教材。

唐太宗李世民说：以铜为镜，可以正衣冠；以史为镜，可以知兴替；以人为镜，可以明得失。我们了解黄陂的历史，就是要读史明智，古为今用，资政育人，促进黄陂区经济社会和交通事业的发展进步。

心有所信，方能致远。让我们高举中国特色社会主义伟大旗帜，更加紧密地团结在以习近平同志为核心的党中央周围，在区委的坚强领导下，务实担当，奋发有为，在学习感悟中坚定理想信念，在奋发有为中践行初心使命，努力开创交通工作的新局面，为实现社会主义现代化努力奋斗，为全区经济社会和交通运输事业的高质量发展书写更加壮丽辉煌的篇章。

2022 年 12 月

# 凡 例

一、本史话以马列主义、毛泽东思想、邓小平理论、江泽民"三个代表"和习近平特色社会主义思想为指导，全面系统地反映新中国成立后，特别是中国共产党十一届三中全会以后，黄陂区（县）交通现状的基本面貌。

二、本史话断限时间，自1950年起至2022年12月。本书采用了原《黄陂县交通志》部分史料。

三、本史话采用章节体，横记史实，时经事纬。全书分章、节编排。首先"前言""凡例""概述"前领正文，彩图、彩照置于卷首，其他图、表插入相关章节。

四、本史话时间为公元纪年。各类数据采用法定统计资料或原始记载，少数谬误经分析、核实、考证后载入。

五、地名"区、县、街、镇、乡"和单位"站、所、厂、公司"采用事发时间冠名。

六、局机关各科（股）室、局属交通管理站属法人单位，负责人未列；区公路管理局负责人列入。

七、党政负责人以任职时间先后排列，正职列入表中上首，副职排列下首，无正职主持工作的，在括号内注明。

# 目　录

第一章　概　述 ⋯⋯⋯⋯⋯⋯⋯⋯⋯⋯⋯⋯⋯⋯⋯⋯⋯⋯⋯⋯⋯ 001

第二章　机构沿革 ⋯⋯⋯⋯⋯⋯⋯⋯⋯⋯⋯⋯⋯⋯⋯⋯⋯⋯⋯⋯ 004

　　第一节　行政机构 ⋯⋯⋯⋯⋯⋯⋯⋯⋯⋯⋯⋯⋯⋯⋯⋯⋯⋯⋯ 004

　　第二节　中共党组织 ⋯⋯⋯⋯⋯⋯⋯⋯⋯⋯⋯⋯⋯⋯⋯⋯⋯⋯ 009

　　第三节　群团组织 ⋯⋯⋯⋯⋯⋯⋯⋯⋯⋯⋯⋯⋯⋯⋯⋯⋯⋯⋯ 012

　　第四节　局属各单位 ⋯⋯⋯⋯⋯⋯⋯⋯⋯⋯⋯⋯⋯⋯⋯⋯⋯⋯ 014

第三章　黄陂水码头和驿道考 ⋯⋯⋯⋯⋯⋯⋯⋯⋯⋯⋯⋯⋯⋯⋯ 032

　　第一节　水码头 ⋯⋯⋯⋯⋯⋯⋯⋯⋯⋯⋯⋯⋯⋯⋯⋯⋯⋯⋯⋯ 032

　　第二节　驿道考 ⋯⋯⋯⋯⋯⋯⋯⋯⋯⋯⋯⋯⋯⋯⋯⋯⋯⋯⋯⋯ 035

第四章　民国时期至解放战争时期黄陂道路建设和管理状况 ⋯ 040

　　第一节　民国时期 ⋯⋯⋯⋯⋯⋯⋯⋯⋯⋯⋯⋯⋯⋯⋯⋯⋯⋯⋯ 040

　　第二节　抗日战争时期 ⋯⋯⋯⋯⋯⋯⋯⋯⋯⋯⋯⋯⋯⋯⋯⋯⋯ 047

　　第三节　解放战争期间的公路建设和管理 ⋯⋯⋯⋯⋯⋯⋯⋯ 048

　　第四节　国民政府驻鄂公路管理机构 ⋯⋯⋯⋯⋯⋯⋯⋯⋯⋯ 052

第五章　交通往事 ⋯⋯⋯⋯⋯⋯⋯⋯⋯⋯⋯⋯⋯⋯⋯⋯⋯⋯⋯⋯ 056

　　第一节　最早的公路建设 ⋯⋯⋯⋯⋯⋯⋯⋯⋯⋯⋯⋯⋯⋯⋯⋯ 056

　　第二节　渣油路面的铺设 ⋯⋯⋯⋯⋯⋯⋯⋯⋯⋯⋯⋯⋯⋯⋯⋯ 056

　　第三节　早期干线公路改线 ⋯⋯⋯⋯⋯⋯⋯⋯⋯⋯⋯⋯⋯⋯⋯ 057

第四节　高等级公路的修建 ……………………………………… 059

第五节　早期公路桥梁修造 ……………………………………… 059

第六节　黄陂大桥修建背景 ……………………………………… 061

第七节　老姚集大桥的改建 ……………………………………… 063

第八节　岱黄公路修建始末 ……………………………………… 065

第六章　黄陂桥梁考 …………………………………………………… 067

第一节　古　桥 …………………………………………………… 069

第二节　跨江大桥 ………………………………………………… 082

第三节　大中型公路桥 …………………………………………… 082

第四节　小型桥梁 ………………………………………………… 087

第七章　雄踞天河的武汉国际机场 ……………………………… 103

第一节　兴建天河机场背景及经过 ……………………………… 103

第二节　兴建天河机场的必要性 ………………………………… 104

第三节　武汉天河国际机场建设和运营情况 …………………… 104

第八章　话说黄陂铁路线 …………………………………………… 113

第九章　精神文明建设 ……………………………………………… 117

第一节　开展系列活动及成效 …………………………………… 117

第二节　先进单位（集体） ……………………………………… 136

第三节　劳动模范、先进个人 …………………………………… 146

第十章　大事记 ……………………………………………………… 160

第十一章　艺文篇 …………………………………………………… 237

第一节　典型人物事迹 …………………………………………… 237

第二节　往事寻踪 ………………………………………………… 245

第三节　行谚和歌谣 ……………………………………………… 256

第四节　交通之歌 ………………………………………………… 258

第五节　传　说 …………………………………………………… 278

# 第一章 概 述

　　武汉市黄陂区位于鄂东偏北，地处北纬 30°40′～31°21′、东经 114°9′～114°37′，南北最大纵距 78 公里，东西最大横距 55 公里，总面积 2261 平方公里。东与红安、新洲接壤，西与孝感毗连，北枕大悟，南邻江岸、青山，享有"鄂东咽喉""武汉北大门"之称，得天独厚的地理位置，是发展立体交通的有利条件。

　　改革开放以前，区（县）境公路运输受条件制约和局限，1980 年，全县通车里程仅 899 公里，其中晴雨通车 307 公里，晴通雨阻占 592 公里；年客货运输量分别只有 179 万人（次）、7.61 万吨。汽车只能到达主要集镇。广袤农村，特别是山区、老区、滨湖地区是交通"死角"，不能满足人便于行、货畅其流的愿望。铁路与航空方面，县境仅有京广一条铁路线，时速在 60 公里左右；民航运输为空白。

　　党的十一届三中全会以后，黄陂交通改革开放逐步深入，发展之快、变化之大，为历史性的根本转变。通过 20 年的建设，如今，区境公路纵横交错。2000 年，晴雨通车公路达 1490 公里，是 1980 年 307 公里的 4.9 倍；桥梁由 43 座 1292 延米增加到 228 座 6580 延米，实增 5.1 倍；通行政村公路由 1980 年的 98 条到 2000 年全区基本实现村村通。2000 年，完成汽车年客、货运输量 3142 万人（次）、217 万吨，分别是 1980 年的 17.5 倍、28.5 倍。铁路运输方面：1987 年，京广线郑（洲）武（汉）段通过电气化工程改造后，逐次提高时速达 140 公里；1994 年 12 月，武（汉）麻（城）联络线通车，前川地区周边群众在家门口，可乘火车直达鄂东和安徽、江苏等 20 余个城市。民航运输，区境从无到有，连通洲际；1995 年 4 月，天河机场通航营运；

2000 年，通行国内航线 56 条、国际航线 6 条。

通过 20 年的建设发展，黄陂立体交通网络格局已具规模，尤其是公路建设，取得突破性进展、历史性的飞跃。纵观改革和发展大体可分为 4 个阶段。

第一阶段（1980~1985 年），县交通系统紧扣"两通"（交通、流通）工作中心，积极探索，大胆改革。1983 年，首次放开水、陆客货运输市场，从事营运的社会和个体车、船从少到多。交通专业运输企业在竞争中讲求服务质量，打破"大锅饭"，按"责、权、利"相结合的原则，制定承包责任制，提高经济效益。干、支公路逐步完善，主要是区、乡公路发展较快。各项交通管理工作得到加强，围绕"统筹、协调、监督、服务"下功夫。

第二阶段（1986~1996 年），是国家实施"七五""八五"计划的 10 年。县境内，国家和省、市、县重点交通工程全面铺开，步入实战取得巨大成就。一是公路建设从量到质的转变，岱（家山）黄（陂）一级公路 1990 年 12 月建成通车，实现全省高等级公路零的突破；继而，汉（口）施（岗）、天河机场高速公路 1993 年先后通车，合计境程 53.483 公里。二是农村公路建设步伐加快，特别是山区、湖区修通公路以后，农民致富效益显著。例如，石门乡过去由于交通闭塞，矿产资源不能开发，修通公路以后，该乡先后开办 20 余个采石场和千亩板栗基地，使 90% 以上贫困户实现温饱。汉施、刘宋公路修通后，外商纷纷落户武湖、滠口，该地经济快速发展，两地列入县重点开发区。三是京广铁路电气化改造、武麻联络线开通、天河航空城崛起，都是在黄陂实施的大交通项目。运输方式的多元化，极大地提升了交通运输能力。

第三阶段（1997~2000 年），改革步入深化，国家实施宏观调控，运输市场竞争激烈。交通战线广大干部职工励精图治，顽强拼搏，这阶段的发展变化主要体现在三个方面：（1）交通基本建设是发展国民经济的"先行官"，各级党委、政府将其列入重点工程。先后完成黄（陂）土（岗）一期工程改造等 10 余个工程项目——黄陂木兰文化品牌和旅游资源得到综合开发利用。打通邻县（市）孝（感）天（河）、泡（桐）丰（山）、姚（集）桐（柏）道路，比原线共缩短里程 60 公里，降低了运输成本，拉动了周边地区经济发展。实现行政村村村通公路（部分晴通雨阻），全区公路网络进一步优化——"人便于行、车畅其流、安全快捷"。汽车客运中心建成——"车归站、人归点"，前川地区客运市场秩序明显改善。（2）运政、交通规费征管、路政、航政各项交通管理工作得到加强，依法行政、文明执法，结合区（县）籍车辆营运效益不佳、转籍过户频繁实情，制定系列交通管理办法，不断提高行业管理水平，无公路"三乱"和重大投诉案例。（3）交通运输企业在改革中向纵深发展，实行资产重组，采取拍卖、股份制、租赁制和开发多种经营、外引内连等各种经营模式，在市场竞争中求生存、谋发展，并于2001年12月，按照市、区关于企业产权制度改革文件精神，局属7家企业全部完成改制任务。政、企分离后，企业依靠市场，极大地调动了自主创业意识，交通运输企业面临新的机遇和挑战。

第四阶段（2001~2021年），这一时期是建设特色社会主义的重要时期，特别是党的十八大、十九大以来，全国人民都为实现两个一百年的奋斗目标勠力同心，砥砺前行，致力于脱贫攻坚，其中乡村公路建设就是脱贫致富的关键。区五届人大二次会议及提出《关于对全区街乡主干线（通村公路）进行提档升级案》的议案。当时区共有各类农村公路5000余公里，其中通村主干线有1300多公里，承担着村民进出和通村客车以及校车运输服务功能。虽然我区在2005年以前对农村公路进行了一次硬化建设，基本上达到了村村通的建设目标，但随着区全域旅游发展目标的拓展和"四好"农村道路建设的推进，农村道路承载着重要功能，因此，必须对全区农村公路进行提档升级，使其适应全域旅游发展的需求。

按照议案办理要求，区人民政府制订了具体的实施方案。总目标是，自2018年起至2020年止，分三年时间对全区近1300公里乡镇主干线（通村路）提档升级。包括路面加宽、交安配套设施完善等。在此基础上，建立健全农村公路"建管养运"长效机制。具体内容涉及道路改造范围内征用土地、迁改强弱电、自来水管、防撞护栏及公交站亭、完善生命安全防护、维修破损路面、加宽改造桥涵构造物、移植及绿化、加宽路基路面等。通过提档升级，全面提升乡镇主干线通达质量，建立健全农村公路管养长效机制，实现"四好"目标，2018年5月，在全区启动有代表性的线路（每街乡不少于1条），然后再在全区铺开，滚动前进。至年底超量完成全年建设任务。2018年完成142条362公里，2019年完成184条418公里，2020年完成305条520公里。三年总计631条1300公里。

除村村通外，全区景区道路建设和木兰大道等重大工程建设都圆满完成任务，以"洁靓绿美"的道路环境满足人们日益增长的生活需求。

# 第二章　机构沿革

## 第一节　行政机构

1980年，黄陂县交通局机关内设行政机构：政秘股、业务股、计财股、民间运输管理股。机关干部22人，局长1人，副局长4人，正、副股长4人，工会副主任1人。局下属单位：公路段汽车站、汽车修理厂、车辆管理站、港航管理站、航运公司、城关装卸搬运公司、横店装卸搬运公司、运输市场管理办公室和蔡店、姚家集、长轩岭、研子岗、塔耳岗、长堰、王家河、蔡家柘、甘棠铺、六指店、鲁台、三里桥、武湖、城关、环城、罗汉寺、李家集、五岭、祁家湾、横店、天河、滠口、石门山、泡桐店等24个公社（场）交通管理站。

1982年8月9日，汽车站、修理厂合并，成立县汽车运输公司，公司下设客运站、货运站、修理厂。1983年10月10日，交通局开办劳动服务公司。

1984年，县政府根据中央机构改革文件，干部按"四化"条件组成交通局领导班子。全局19人，局长1人，副局长3人，离任副局长5人，工会正、副主任2人，纪检干事1人。局内撤销民管股，设政秘股、业务股、计财股。同年5月12日，县汽车运输公司撤销，同时分别成立县汽车客运站、县汽车货运站、县汽车修理厂。11月24日，成立县黄沙运销公司。

1986年9月，局机关增设工程技术股。编制人数16人，其中：局长1人，副局长3人，工会正、副主任2人，正、副股长7人，纪检干事1人，团委书记1人。

1987年8月18日，局属单位县车辆管理站移交县公安局。8月23日，成立县公路养路费征收稽查站。

1989年5月8日，局机关增设监察股。年末，机关人数25人，配备党、政、工、团干部职数同于1986年。

1991年，局机关行政机构有所增加、调整，保留原有政秘股、监察股、计财股、工程技术股外，1月8日，增设办公室、企业股，撤销业务股；6月26日，增设审计股；8月16日，撤销企业股，成立行业管理办公室。年末，局机关人数26人，其中局长1人，副局长6人，纪委书记1人，工会正、副主任2人，办公室主任1人，行业管理办公室正、副主任2人，正、副股长6人。同年3月，受局委托，县运管所代管的24个交通管理站移交交通局，为局属二级事业单位。

1994年4月，局办公室增补副主任1人；同年6月、11月，政秘股先后增补副股长共2人；同年6月，监察股增补副股长1人；同年11月，行业管理办公室增补副主任1人。

1995年，局内设行政股、室：办公室、政秘股、计财股、审计股、工程技术股、监察股、行业管理办公室，机关干部编制26人。辖36个企事业单位，局系统共有干部职工3388人。

1996年8月，局属企业县航运公司依法宣告破产；同年11月，组建成立"黄陂水运有限责任公司"，为交通系统首家股份制企业。

1997年9月20日，成立"黄陂县滠水大桥收费管理所"，为局属二级事业单位。同年12月，按照县编委"转变职能、理顺关系、精兵简政、提高效率"的原则，局内设机构除办公室外，政秘股更名政工股，工程技术股更名工程股，行业管理办公室更名业务股，计财股、审计股合并为计财审计股，纪检、监察合署办公，为一套机构两块牌子。机关编制人数18人，设党委书记1人，局长1人，副局长3人，工会主任1人，纪检、监察3人，股长（主任）5人，副股长（副主任）6人。1998年4月，局政工股更名人事股。

1999年3月，经国务院、省、市批准，黄陂撤县设区，原黄陂县交通局更名黄陂区交通局。5月5日，区编委"三定"（职能配置、内设机构、人员编制）方案审定区交通局为正处级，内设股（室）为正"科"级，机构设办公室、人事科、业务科、财务审计科、工程科、监察科、纪律检查委员会、工会工作委员会。

2000年6月，成立黄陂区汽车客运中心，为局属二级事业单位。年末，局机关干部25人，党委正、副书记3人，局长1人，副局长6人（正处级2人、副处级6人），正科级干部8人，副科级干部5人，科员2人。机关内设机构同上年。

局属事业单位有：黄陂区养路费征收稽查所，黄陂区公路运输管理所，黄陂区航务管理站（港航监督站），黄陂区公路管理段，黄陂区滠水大桥收费管理所，黄陂区汽车客运中心，黄陂区交通局幼儿园，黄陂区前川、环城、鲁台、滠口、横店、天河、祁家湾、土庙、蔡店、姚集、石门、长轩岭、研子岗、罗汉、三里桥、武湖、甘棠、六指、蔡柏、王家河、泡桐店、李家集、塔耳岗、长堰24个街、镇、乡场交通管理站。

根据区委办公室、区人民政府办公室《关于调整黄陂区交通运输局机构编制通知》（陂办文〔2019〕38号）文件精神，区交通运输局是区人民政府工作部门，为正处级。

2018年内设机构为办公室、人事科、财务审计科、计划科、综合运输科。区交通运输局机关行政编制14名。设局长1名，副局长2名，总工程师1名，科级领导职数5名。

区交通运输局的职能为贯彻新发展理念，研究推动"交通强国"战略黄陂实施，创新交通运输治理体系，完善协调运行机制，打造现代综合交通运输体系。具体为：

1. 加快区域交通协调发展。积极融入武汉市城市圈交通一体化进程，推动形成规划同图、建设同步、运输一体、管理协同的区域交通发展格局。

2. 加快交通运输结构调整。推进交通运输供给侧结构改革，注重强化需求侧重管理办法措施，引导新业态持续健康发展，推进交通运输基本公共服务标准化、普惠化、便捷化，实现交通运输高质量发展。

3. 加快交通运输治理方式转变。推进交通运输依法治理，完善行业法治体系。坚持民生导向，统筹推进"放管服"改革和交通运输信用体系建设，完善交通运输投诉咨询服务工作机制。理顺事前事中事后职责关系，减少环节、优化流程、提高效率。

4. 加快智能交通信息化建设。推动互联网、大数据、智能化与交通运输行业的深度融合，实现实时监测和精细化管理，提升行业监管能力和公众服务水平。

全系统企、事业单位共有干部、职工3881人。

## 表 2-1 交通运输局历届正、副局长名单

### （1954 年 7 月至 2022 年 12 月）

| 姓名 | 性别 | 职务 | 任职时间 | 备注 |
|------|------|------|----------|------|
| 罗渭滨 | | 科长 | 1955 年 2 月至 1957 年 5 月 | 1954 年 7 月，由建设科分出，建立交通科 |
| 童光永 | | 副科长 | 1954 年 7 月至 1955 年 2 月 | |
| 夏宏开 | | 副科长 | 1955 年 9 月至 1957 年 2 月 | |
| 钱吉初 | | 局长 | 1959 年 4 月至 1960 年 9 月 | 交通运输管理局（1958 年 10 月至 1966 年 5 月） |
| 邹少川 | | 局长 | 1961 年 10 月至 1962 年 3 月 | |
| 迟作云 | | 局长 | 1962 年 3 月至 1966 年 5 月 | |
| 王宣福 | | 副局长 | 1958 年 10 月至 1958 年 12 月 | |
| 谷秀山 | | 副局长 | 1958 年 12 月至 1961 年 4 月 | |
| 姚世宏 | | 副局长 | 1960 年 8 月至 1962 年 5 月 | |
| 常荣耀 | | 副局长 | 1961 年 6 月至 1965 年 11 月 | |
| 周美群 | | 科长 | 1973 年 8 月至 1975 年 11 月 | 1971 年 12 月，建立交通运输管理科 |
| 谷秀山 | | 副科长 | 1971 年 12 月至 1975 年 11 月 | |
| 卢青山 | | 副科长 | 1972 年 3 月至 1973 年 3 月 | |
| 王道勋 | | 副科长 | 1973 年 3 月至 1975 年 11 月 | |
| 周美群 | | 局长 | 1975 年 11 月至 1976 年 2 月 | 1975 年 11 月，改称交通运输管理局 |
| 胡忻奎 | | 局长 | 1976 年 9 月至 1976 年 10 月 | |
| 谷秀山 | | 副局长 | 1975 年 11 月至 1976 年 10 月 | |
| 王道勋 | | 副局长 | 1975 年 11 月至 1976 年 10 月 | |
| 王传文 | | 副局长 | 1976 年 6 月至 1976 年 10 月 | |
| 胡炘奎 | | 局长 | 1976 年 10 月至 1978 年 6 月 | |
| 高永兴 | 男 | 局长 | 1980 年 1 月至 1983 年 5 月 | 1978 年 9 月任职 |
| 余新焕 | 男 | 局长 | 1983 年 5 月至 1992 年 3 月 | |
| 姚承权 | 男 | 局长 | 1992 年 3 月至 1995 年 12 月 | |
| 邱成喜 | 男 | 局长 | 1995 年 12 月至 2001 年 5 月 | |

续表

| 姓名 | 性别 | 职务 | 任职时间 | 备注 |
|---|---|---|---|---|
| 丰建国 | 男 | 局长 | 2001 年 5 月至 2005 年 12 月 | |
| 郭清谋 | 女 | 局长 | 2006 年 1 月至 2011 年 10 月 | |
| 柳育青 | 男 | 局长 | 2011 年 11 月至 2021 年 4 月 | |
| 蔡崇华 | 男 | 局长 | 2021 年 4 月至今 | |
| 王道勋 | 男 | 副局长 | 1980 年 1 月至 1984 年 5 月 | 1975 年 10 月任职 |
| 王传文 | 男 | 副局长 | 1980 年 1 月至 1984 年 4 月 | 1975 年 10 月任职 |
| 谷秀山 | 男 | 副局长 | 1980 年 1 月至 1984 年 5 月 | 1975 年 10 月任职 |
| 迟作云 | 男 | 副局长 | 1980 年 1 月至 1984 年 5 月 | 1975 年 10 月任职 |
| 彭安涛 | 男 | 副局长 | 1981 年 9 月至 1984 年 5 月 | |
| 常荣耀 | 男 | 副局长 | 1981 年 11 月至 1993 年 8 月 | |
| 易厚新 | 男 | 副局长 | 1984 年 4 月至 1997 年 12 月 | |
| 杨仲民 | 男 | 副局长 | 1984 年 3 月至 2003 年 1 月 | |
| 易章富 | 男 | 副局长 | 1989 年 4 月至 1993 年 8 月 | |
| 余年运 | 男 | 副局长 | 1989 年 4 月至 1993 年 8 月 | |
| 刘少堂 | 男 | 副局长 | 1990 年 7 月至 2001 年 3 月 | |
| 梅刚立 | 男 | 副局长 | 1990 年 11 月至 2000 年 4 月 | |
| 黄友平 | 男 | 副局长 | 1992 年 9 月至 2007 年 8 月 | |
| 江海明 | 男 | 副局长 | 2000 年 4 月至 2003 年 1 月<br>2007 年 9 月至 2016 年 11 月 | |
| 周新庭 | 男 | 副局长 | 1997 年 12 月至 2001 年 12 月 | |
| 柳新民 | 男 | 副局长 | 2003 年 1 月至 2007 年 8 月 | |
| 李华松 | 男 | 副局长 | 2007 年 9 月至 2020 年 6 月 | |
| 陈少鹏 | 男 | 副局长 | 2003 年 1 月至 2008 年 3 月 | |
| 杨金泉 | 男 | 副局长 | 2007 年 1 月至 2012 年 3 月 | |
| 王建弘 | 男 | 副局长 | 2008 年 4 月至 2011 年 12 月 | |
| 李 伟 | 男 | 副局长 | 2003 年 1 月至 2012 年 3 月 | |

续表

| 姓名 | 性别 | 职务 | 任职时间 | 备注 |
|------|------|------|----------|------|
| 邓和生 | 男 | 副局长 | 2003 年 3 月至 2006 年 12 月 | |
| 范良俊 | 男 | 副局长 | 2021 年 9 月至今 | |
| 胡 鸿 | 男 | 副局长 | 2012 年 10 月至 2019 年 4 月<br>2021 年 9 月至今 | 2012 年 10 月至 2019 年 4 月，物流局副局长 |

局属企业单位有：黄陂区汽车客运公司、黄陂区汽车运输公司、黄陂区汽车修理公司、黄陂区装卸运输公司、黄陂区横店装卸运输公司、黄陂区水运责任有限公司、黄陂区交通局劳动服务公司。

# 第二节　中共党组织

1980 年，黄陂县交通局设党支部委员会。县装卸搬运公司、横店装卸搬运公司、县汽车站、县公路段、县港航管理站、县航运公司、县车辆管理站、县汽车修理厂 8 个局属单位设党支部委员会。

1984 年 6 月 25 日，成立县交通局党总支委员会。同年 12 月，增设交通局机关党支部、县运输市场管理办公室党支部。

1985 年 1 月 8 日，组建成立中共黄陂县交通局委员会。至同年末，交通系统共有党支部 12 个，依次排列是：交通局机关党支部、交通局老干部党支部、公路段党支部、汽车客运站党支部、汽车货运站党支部、汽车修理厂党支部、公路运输管理所党支部、航运公司党支部、港航管理站党支部、车辆管理站党支部、县装卸搬运公司党支部、横店装卸搬运公司党支部，全系统共有党员 393 人。

1987 年，局属单位汽车货运站、汽车客运站先后成立党总支部。3 月 4 日，汽车货运站党总支建立，辖站机关生产车间、汽车队 2 个党支部。5 月 30 日，汽车客运站党总支建立，辖站离退休、站机关汽车队、站务、机务、站直属 5 个党支部。11 月 7 日，车辆管理站撤销后，组建成立公路养路费征收稽查站党支部。至同年底，交通系统共有党总支 2 个，党支部 20 个。

1990 年 8 月 25 日，成立交通局劳动服务公司党支部。

1991 年 5 月 29 日，全县 24 个交通管理站移交交通局后，建立交通管理站党支部。

1991 年 6 月 29 日，交通局纪律检查组撤销，成立中共黄陂县交通局纪律检查委员会。

1992 年 5 月 31 日，县公路管理段组建成立党总支委员会，辖段机关、工程、材料、养护、老干部 5 个党支部。至 1995 年底，交通系统共有中共党员 553 人，其中：局机关 31 人、公路管理段 64 人、航务管理站 19 人、养路费征稽所 7 人、公路运输管理所 11 人、交通管理站 54 人、汽车客运站 158 人、汽车货运站 77 人、汽车修理厂 38 人、县装卸运输公司 24 人、横店装卸运输公司 42 人、航运公司 24 人、劳动服务公司 4 人。总人数中，男性中共党员 518 人，女性中共党员 35 人。

1997 年 5 月 4 日，原县航运公司依法破产以后，重组县水运有限责任公司党支部委员会。1998 年 9 月 8 日，成立滠水大桥收费管理所党支部。

截至 2000 年底，交通局设中共黄陂区交通局委员会、中共黄陂区交通局纪律检查委员会。交通系统先后建立党总支部委员会 3 个，党支部委员会 25 个，全系统中共党员 642 人，其中男性 573 人，女性 69 人。

表 2-2　交通运输局历届党组织负责人名单

（1962 年 10 月至 2022 年 12 月）

| 党组织名称 | 姓名 | 性别 | 职务 | 任职时间 | 备注 |
|---|---|---|---|---|---|
| 文卫、工交分党组 | 程志德 | 男 | 书记 | 1962 年 10 月至 1964 年 11 月 | |
| | 王炳坤 | 男 | 副书记 | 1963 年 1 月至 1966 年 5 月 | |
| 文卫、工交分党组 | | | 书记 | | 缺 |
| | 王炳坤 | | 副书记 | 1966 年 5 月至 1966 年 11 月 | |
| | 杨佳荣 | | 副书记 | 1966 年 10 月 | |
| | 刘占春 | | 副书记 | 1966 年 10 月 | |
| 工交政治部 | 杜鹤梅 | | 部长 | 1973 年 2 月 | 1973 年 2 月恢复，与县革委公交办公室合署 |
| | 廖可干 | | 部长 | 1975 年 2 月至 1976 年 10 月 | |
| | 王炳坤 | | 副部长 | 1973 年 2 月至 1976 年 10 月 | |

续表

| 党组织名称 | 姓名 | 性别 | 职务 | 任职时间 | 备注 |
|---|---|---|---|---|---|
| 工交政治部 | 廖可干 | | 部长 | 1976 年 10 月至 1979 年 1 月 | 1976 年 10 月为工交政治部，1984 年 1 月撤销 |
| | 王炳坤 | | 部长 | 1979 年 1 月至 1979 年 6 月 | |
| | 高世忠 | | 部长 | 1980 年 5 月至 1984 年 1 月 | |
| | 王炳坤 | | 副部长 | 1976 年 10 月至 1979 年 1 月 | |
| | 张 超 | | 副部长 | 1978 年 11 月至 1984 年 1 月 | |
| | 方涛席 | | 副部长 | 1979 年 1 月至 1979 年 7 月 | |
| | 广德成 | | 副部长 | 1979 年 9 月至 1984 年 1 月 | |
| | 钟耀成 | | 副部长 | 1979 年 12 月至 1984 年 1 月 | |
| | 陈宗厚 | | 副部长 | 1980 年 12 月至 1983 年 8 月 | |
| 交通局党支部 | 高永兴 | 男 | 书记 | 1980 年 1 月至 1983 年 5 月 | |
| | 余新焕 | 男 | 书记 | 1983 年 5 月至 1984 年 6 月 | |
| | 王传文 | 男 | 副书记 | 1980 年 1 月至 1984 年 5 月 | |
| | 谷秀山 | 男 | 副书记 | 1980 年 1 月至 1984 年 5 月 | |
| | 常荣耀 | 男 | 副书记 | 1980 年 1 月至 1984 年 6 月 | |
| | 余新焕 | 男 | 副书记 | 1984 年 6 月至 1985 年 1 月 | |
| | 常荣耀 | 男 | 副书记 | 1984 年 6 月至 1985 年 1 月 | |
| 交通局党总支 | 余新焕 | 男 | 书记 | 1985 年 1 月至 1992 年 3 月 | |
| | 姚承权 | 男 | 书记 | 1992 年 3 月至 2000 年 3 月 | |
| 交通运输局党委 | 周义勇 | 男 | 书记 | 2000 年 3 月至 2016 年 2 月 | |
| | 常荣耀 | 男 | 副书记 | 1985 年 1 月至 1993 年 8 月 | |
| | 刘少堂 | 男 | 副书记 | 1995 年 3 月至 2001 年 3 月 | |
| | 邱成喜 | 男 | 副书记 | 1996 年 1 月至 2001 年 5 月 | |
| | 彭锡浩 | 男 | 副书记 | 2000 年 4 月至 2002 年 3 月 | |
| | 郭清谋 | 女 | 副书记 | 2006 年 1 月至 2011 年 11 月 | |
| | 祁建文 | 男 | 副书记 | 2012 年 1 月至 2020 年 6 月 | |
| | 丰建国 | 男 | 副书记 | 2001 年 5 月至 2006 年 1 月 | |
| | 柳育青 | 男 | 副书记 | 2011 年 11 月至 2016 年 2 月 | |

| 党组织名称 | 姓名 | 性别 | 职务 | 任职时间 | 备注 |
|---|---|---|---|---|---|
| | 柳育青 | 男 | 书记 | 2016年6月至2021年6月 | |
| | 蔡崇华 | 男 | 书记 | 2021年11月至今 | |
| | | | | | |

# 第三节　群团组织

## 一、工会

1980年，黄陂县交通局设工会工作委员会，配专职工会副主任1人。县装卸搬运公司、横店装卸搬运公司、县汽车站、县公路段、县汽车修配厂5个局属单位设工会委员会，县港航管理站设工会小组。

1985年，交通局工会工作委员会配正、副主任各1人，全系统先后改选组建基层工会委员会7个、工会小组2个，发展工会会员1433人，其中女会员279人。至2000年年末，局属各单位共有工会基层委员会11家，工会小组1家，建会率占局属单位总数的86%，各基层工会委员会在局工会工作委员会的领导下，先后建立经费审查委员会。全系统工会会员人数2555人，占职工总人数的70%，其中女会员1108人。先后被市、区总工会授予"先进职工之家"的有8家、"模范职工之家"2家、"合格职工之家"1家。具备社团法人资格工会组织的有10家。

附：1981年以后交通系统新组建转并工会组织的单位

1982年，成立县航运公司工会委员会、县汽车运输公司工会委员会。

1984年5月，成立县车辆管理站工会小组；撤销县汽运公司。7月，分别成立县客运站、货运站、修理厂3家工会委员会。

1986年5月，成立交通局劳动服务公司工会委员会。

1987年8月，交通监理体制改革，县车辆管理站工会小组随机构一并归口县公安部门。

1989年3月，成立县公路运输管理所工会委员会。

1991年4月，成立交通管理站工会委员会。

1993 年，成立交通局幼儿园工会委员会。

1996 年 11 月，县航运公司依法破产，成立县水运责任有限公司工会委员会。

1998 年 7 月，成立县养路费征收稽查所工会小组。

2000 年 3 月，成立县溮水大桥收费管理所工会委员会。

表 2-3　交通局工会工作委员会正、副主任名单
（1980 年 1 月至 2022 年 12 月）

| 姓名 | 性别 | 职务 | 任职时间 | 备注 |
|---|---|---|---|---|
| 殷大阶 | 男 | 副主任 | 1980 年 1 月至 1981 年 4 月 | 1979 年 1 月任职 |
| 金筱元 | 女 | 副主任 | 1981 年 4 月至 1990 年 8 月 | |
| 易章付 | 男 | 主任 | 1984 年 8 月至 1990 年 8 月 | |
| 金筱元 | 女 | 主任 | 1990 年 8 月至 1993 年 8 月 | |
| 黄亚玲 | 女 | 副主任 | 1990 年 8 月至 1994 年 4 月 | |
| 祝亚芳 | 女 | 主任 | 1993 年 8 月至 1997 年 12 月 | |
| 周新庭 | 男 | 主任 | 1997 年 12 月至 2000 年 12 月 | |
| 黄亚玲 | 女 | 主任 | 2004 年至 2006 年 | |
| 白克兰 | 女 | 主任 | 2007 年至 2019 年 | |
| 杜俊华 | 男 | 主任 | 2020 年至今 | |

二、共青团

1980 年至 1985 年，县交通局机关未设置共青团组织。

1985 年 8 月，成立共青团县交通局委员会，李华松任书记。1988 年 9 月，交通局团委召开第一次代表大会，选举产生第一届委员会，李华松任书记，彭运林、易春芳任副书记。

1989 年至 2000 年，交通局团委未召开换届选举代表大会，团组织机构和领导成员无变更。2000 年年底，交通系统成员无变更。2000 年年底，交通系统共设置团支部 9 个，即区汽车运输公司团支部、区汽车修理厂团支部、区水运责任有限公司团支部、区装卸运输公司团支部、横店装卸运输公司团支部、劳动服务公司团支部、区公路运输管理所团支部、区航务管理站团支部、

区滠水大桥收费管理所团支部；团总支 2 个，即区公路管理段团总支、区汽车客运公司团总支。全系统共有青年团员 347 人。

附：1986 年以后交通系统成立和改选团支部的单位和负责人

1986 年 8 月，县汽车修理厂改选团支部，范益民任书记，何利国任副书记。

1986 年 11 月，县交通局劳动服务公司成立团支部，马志旺任书记。

1988 年 10 月，县公路运输管理所成立团支部，彭运林任书记，李志武、余俊华任副书记。县航务管理站成立团支部，原卫光任书记。

1988 年 10 月，县汽车客运站改选团总支，易春芳任书记，祝笋任副书记。县汽车货运站改选团支部，邓和生任书记，汪绪平任副书记。县汽车修理厂改选团支部，何利国任书记，王海卫任副书记。县公路段改选团支部，肖新民任书记。横店装卸搬运公司改选团支部，梅乾勋任书记。劳动服务公司改选团支部，马志旺任书记。

1991 年 4 月，成立交通管理站团支部。

1992 年 10 月，横店装卸运输公司改选团支部，杨志刚任书记。

1993 年 10 月，县公路运输管理所改选团支部，易军任书记。

1995 年 5 月，县公路管理段改选团总支，肖新民任书记。

1995 年 5 月，县汽车客运站改选团总支，朱峰任书记，李耀生任副书记。

1995 年 11 月，县公路运输管理所改选团支部，易军任书记。

1998 年 12 月，县滠水大桥收费管理所成立团支部，徐兵任书记。

2009 年，周勇任区公路局团总支书记。

# 第四节　局属各单位

## 一、事业单位

黄陂县车辆管理站　1980 年，属地、县双重领导的事业管理单位，业务隶属孝感地区车辆监理所，行政属县交通局领导。1983 年 11 月，随黄陂行政区划变更，业务隶属武汉市车辆监理所。

主要工作职能：承担辖区内交通安全、车辆监理、事故调处、驾驶员考核、办理机动车辆牌、证和征收汽车养路费。

1987年，全站共有干部、职工23人。站内机构设办公室、安全股、监理股、财务股。固定资产：三层办公楼1栋，面积603平方米，职工宿舍楼1栋（2单元12户，面积840平方米）。配备娥秀牌监理车1辆，北京牌吉普车1辆，二轮、三轮摩托车各1辆，专业无线电通信设备1套。

1987年8月18日，按照国务院改革道路交通管理体制政策，黄陂县交通局、公安局达成交接协议：县交通部门保留汽车养路费征收职能，车辆监理、事故调处、驾驶员年检、办理机动车辆牌、证业务移交公安部门。交接时，全站25人（含离退休），交通部门保留7人，固定资产同时调配划分。

黄陂区公路养路费征收稽查所　单位沿革：源于黄陂县车辆管理站。改革道路交通体制后，1987年8月23日，成立黄陂县公路养路费征收稽查站。省交通厅为加强和促进公路养路费的征收工作，1989年3月，黄陂县公路养路费征收稽查站更名为黄陂县公路养路费征收稽查所。1991年11月，编委审定为县属副局级事业单位，隶属武汉市公路养路费征收稽查处和黄陂县交通局双重领导。

主要工作职能：承担黄陂区籍汽车公路养路费、营运客、货汽车的客运附加费、货物附加费的征收稽查和管理工作。

1999年3月，黄陂撤县改区，单位相应更名为黄陂区公路养路费征收稽查所，同年9月20日，经区编委审定，为正科级事业单位。2000年，所内编制干部、职工17人。内设机构：办公室、财务征费股、客货运附加费征收股、审计稽查股。配备工作、稽查车辆2台。

黄陂区公路运输管理所　区属公路运输管理事业单位，隶属武汉市公路运输管理处、黄陂区交通局双重领导。主要工作职能：宣传、贯彻、落实、执行公路运输管理法规、方针、政策；整顿、规范运输市场经营行为；维护从业人员合法权益；征收相关交通规费；依法行使公路旅客运输、公路货物运输汽车维修、装卸搬运、运输服务五项行业管理。

1980年，单位全称：黄陂县运输市场管理办公室。1985年3月31日，撤销县运输市场管理办公室，经县编委定编，成立黄陂县公路运输管理所。1986年，全所共有干部、职工108人（含代管的24个交通管理站人员），所内机构设：财务室、路检组。1987年6月，增设维修行业管理办公室。1988年，增设办公室。

1991年3月，县交通局为调动运管所、交管站双方的工作积极性，原由运管所代管的 24 个交通管理站直隶县交通局，人、财、物同时划分移交。1995 年，所内设办公室、机务股、稽查股、财务股。全所干部、职工 50 人，固定资产 300 余万元。

1999 年 3 月，单位更名为黄陂区公路运输管理所，同年 9 月 20 日，经县编委审定为正科级事业单位。

2000 年，所内设机构自 1994 年以来，经历年调整，设稽查一股、稽查二股、运输服务股、财务股、办公室、木兰宫社会客运站。全所干部、职工 65 人。全年征收公路运输管理费 126 万元。担负着黄陂区籍营运客车 534 辆（11528 座）、营运线路 231 条、1831 个班次；营运货车 430 辆（1713 吨）；区境内一类维修企业 4 家、二类 12 家，从业人员 470 人；专业装卸运输企业 2 家，从业人员 402 人；从事运输服务区级站 2 个、街（镇、乡）站 8 个，从业人员 210 人，五大行业的管理权责。

**交通管理站**　交管站是政府交通部门五级管理的基层事业单位，实行区（县）交通局与街（乡、镇）人民政府双重领导，隶属交通局为主。主要工作职能：贯彻实行国家有关交通方针、政策、法规，对所在街（乡、镇）交通基本建设、运输秩序实行行业管理，做好统筹、协调、监督、服务工作，征稽农用机动运输车辆交通规费。

1980 年，全县以公社（场）布局设 24 个交通管理站，行政、业务交通局委托县运输市场管理办公室代管，受编制限制，有 17 个站仅配 1 人 1 站。因人员分散，力量薄弱，为便于统一管理，1986 年 1 月 8 日，成立城关、环城、鲁台、姚集、长轩岭、罗汉、李集、祁家湾、横店、滠口、王家河、六指 12 个中心交通管理站。同年，运管所和各交管站共 108 人，其中临时工 6 人，借用人员 7 人。

1989 年 11 月 6 日，全县各乡、镇（场）交通业务量增大，交管人员有所增加，经县编委批复，恢复原 24 个交通管理站，同时撤销 12 个中心站，同年共有交管人员 136 人。

1991 年 3 月 18 日，交通局委托运管所代管的 24 个交通管理站移交交通局，审定为局属二级事业单位。局机关各股室按职能分管交管站工作，主要由业务科（行业管理办公室）主持日常工作。至 2000 年，交管站隶属关系和体制无变更，全区 24 个站共有交管人员 508 人，征收拖养费 413 万元、运管费 13.4 万元。

黄陂区航务管理站、港航监督站　属市、区双重领导，行使水上运输安全管理的事业单位。对内一套班子，合署办公；对外统一领导，"一门两牌"。主要工作职能：贯彻执行上级关于水上交通安全运输方针、政策、法令、规章；负责黄陂区境航运、航政、航道、港口管理；征收水上交通规费；审批水上运输企业、船舶开业条件；管理区籍船舶检验发证船员培训、考试和水上事故处理。

1980年，单位全称黄陂县港航管理站，业务隶属孝感地区港监部门。1983年11月，黄陂划属武汉市，港航管理、监督业务分别归口武汉市航务分局、港航监理所领导。1985年，站内设置机构：业务、港监、计财、后勤四组，共有干部、职工19人。

1986年5月29日，经省交通厅命名，黄陂县港航管理站更名为黄陂县航务管理站。至1999年9月20日，经县编委审定，单位级别为正科级。2000年，全站共有干部职工73人，其中离退休13人、在职60人，下设前川分站、滠口分站、武湖分站；内设办公室、政工股、计财股、稽查股、航政股、船检股、综合服务部。配备港监艇2艘、舷外机高速艇1艘。担负着区水运有限责任公司、滠口航运公司、滠口水运开发公司、武湖航运公司4家水运企业、6家船舶修造厂、47处渡口、持证船员200人、客货船舶136艘（其中载客船舶90艘）等行业安全管理权责。

黄陂区公路管理局（段）　属市、区双重领导的事业单位，业务隶属武汉市公路管理处，行政归区交通局领导。主要职能：按照全面规划、合理布局、确保质量、保障畅通、保护环境、建设改造与养护并重的原则，负责区域内国、省、区（县）、乡道（含公路桥梁、公路隧道、公路渡口）的建设、管理、养护和列养公路的绿化工作。

1980年，单位全称黄陂县公路段，业务隶属孝感地区公路总段。1983年11月，黄陂县划属武汉市，业务归口武汉市公路总段（后更称武汉市公路管理处）。1985年，下属养护道班在1980年原有基础上，增设夏三、鲁台、五岭、罗汉、石门、木兰山6个，全县养护道班共计31个，段部机关内设办公室、政工股、财务股、工程股、机料股、行政股、汽车队。全段336人，其中行政干部12人，技术干部9人，正式职工252人，合同制工人17人，代表工35人，计划内临时工11人。拥有筑路机械36台，其中工程车7台、压路机2台、碎石机1台、拌和机2台、拖拉机24台。承担列入国家投资养护的公路19条315.7公里，以及桥涵测设修建。

1986年8月，黄陂县公路段经县编委审批，更名黄陂县公路管理段。由于公路建设、养护事业不断发展，1990年4月28日，县编委审定公路管理段为副局级事业单位。翌年，全段共有干部职工424人，段机关设8股1室：政秘股、财务股、机料股、养护工程股、路政股、化验质检股、计划统计股、审计股、行政办公室；4个直属单位：工程队、汽车队、采石场、木兰山休养所；下设32个道班，其中油路养护道班16个，砂石养护道班16个。全段养护干、支公路21条，共356.26公里（其中干线3条128.28公里，支线18条227.98公里；含国道53.35公里、省道75.17公里、县道129.97公里、乡道97.77公里），在公路列养里程中，油路175公里，砂石路181.26公里。

至1999年5月，黄陂撤县设区后，区编委批复，单位冠名"黄陂区公路管理段"，为交通局属唯一副处级事业单位，全段干部、职工750人，核定事业编制439名（含段机关45名）。配段领导职数6名，机关内设8个科（室）：办公室、人事科、财务科、审计科、计划管理科、养护管理科、质量管理科、路政管理科，配正科长（主任）8名，副科长（副主任）10名。段下设滠口、横店、石门店、什仔铺、蔡柘、横山、研子、十棵松、韩畈、仁和、姚山、塔尔、甲山、鄂竹、石门、罗汉、孝一、达义、送店、天河、汉丰、三里桥、新集24个养护道班，同年更名为"黄陂区公路管理段××养护管理站"。

2000年，全段在职人数697人。其中副处级干部2人，正科级干部17人，副科级干部8人，女职工208人，段机关46人。从事公路养护410人，工程施工241人。段机关机构设置同上年。段下辖路桥工程处、养护中心、材料供应站、劳动服务公司4个直属单位，共有11个经营实体。其中，路桥工程处辖工程施工队、机械供应站；材料供应站辖汽车队、石门团山采石场、浙青拌合场、横山加油站、材料供应公司；劳动服务公司辖木兰山职工休养所；养护中心为独立实体。段下属养护管理站减少罗汉，共设23个站；另设黄陂区公路管理段苗圃、石门店车流量观测站。

截至同年12月底，全段拥有筑、养护工程机械、配套设备、专用设备、运输工具、测设器材、机械、路检和试验工具、公路用料生产设备、供油系统设施（加油站、油库）、办公服务设施、变电及配套器材、消防设施焊接工具共334台（套），总价值1347万余元。

承担区境列入国家投资养护的公路 25 条 409.87 公里的养护职能。其中国道 1 条 53.35 公里，省道 4 条 96.58 公里，区、乡道 20 条 259.94 公里。

### 表 2-4 黄陂区公路管理局（段）党政负责人员名单

（1950 年 2 月至 2022 年 12 月）

| 机构名称 | 职务 | 姓名 | 任职时间 | 备 注 |
|---|---|---|---|---|
| 中南公路局汉李工务段 | 段 长 | 甄荫楠 | 1950 年 2 月至 1953 年 | |
| 黄陂养路工程分段 | 段 长 | 马长春 | 1951 年 7 月至 1953 年 | |
| 湖北省交通厅公路局黄陂养路工程段 | 段 长 | 程瑞杰 | 1953 年 10 月至 1955 年 4 月 | 本机构由"中南公路局汉李工务段"和"黄陂县养路工程分段"合并而成 |
| | 段 长 | 张来久 | 1955 年 4 月至 1956 年 7 月 | |
| 宋埠公路汽车管理处 | 段 长 | 郑国昌 | 1956 年 7 月至 1957 年 6 月 | 本机构并入"宋埠公路汽车管理处"，设为"养路股" |
| 湖北省公路局黄陂养路工程段 | 段 长 | 肖桂生 | 1957 年 7 月至 1959 年 9 月 | |
| 孝感地区养路总段黄陂县养路分段 | 书 记 段 长 | 孟兆福 | 1959 年 9 月至 1961 年 | |
| 湖北省公路局武汉区黄陂分段 | 书 记 段 长 | 王福贵 | 1961 年 1 月至 1961 年 11 月 | 1959 年 11 月黄陂县划归武汉市，段名随之改为"湖北省交通厅公路管理局武汉区黄陂分段" |
| 孝感地区养路总段黄陂县养路分段 | 书 记 段 长 | 王福贵 | 1961 年 12 月至 1965 年 | 1961 年 5 月黄陂县复属孝感地区 |
| | 书 记 | 白绍文 | 1965 年至 1966 年 | |
| | 副段长 | 胡宗福 | 1966 年至 1970 年 | |

| 机构名称 | 职务 | 姓名 | 任职时间 | 备 注 |
|---|---|---|---|---|
| 黄陂县养路段革命委员会 | 主 任 | 谷秀山 | 1971 年至 1971 年 12 月 | 1971 年更名为"黄陂县养路段" |
| | 书记 主任 | 贾基生 | 1972 年 3 月至 1973 年 7 月 | |
| | 副书记 副主任 | 迟作云 | 1973 年 7 月至 1975 年 4 月 | |
| | 书 记 主 任 | 姚世宏 | 1975 年 4 月至 1978 年 | |
| 黄陂县公路段 | 书 记 段 长 | 易章付 | 1979 年 1 月至 1984 年 8 月 | 1979 年正式更名为"黄陂县公路段",1983 年 11 月黄陂县划归武汉市,黄陂县公路段业务归口"武汉市公路总段"(后更名市公路处)管理 |
| | 书记、副段长 | 白松焱 | 1984 年 8 月至 1986 年 8 月 | |
| | 副段长 段 长 总 支 副书记 | 周新庭 | 1980 年 1 月至 1984 年 8 月 | |
| | | | 1984 年 8 月至 1986 年 8 月 | |
| | | | 1985 年 7 月至 1987 年 9 月 | |
| | 副段长 | 程再新 | 1980 年 1 月至 1984 年 8 月 | |
| | 副段长 | 严裕厚 | 1984 年 8 月至 1986 年 8 月 | |
| | 副段长 | 张家谋 | 1984 年 8 月至 1986 年 8 月 | |
| | 副段长 | 余明洲 | 1984 年 8 月至 1986 年 8 月 | |
| | 副段长 | 祝亚芳 | 1986 年 2 月至 1986 年 8 月 | |
| | 副段长 | 张勋晏 | 1986 年 2 月至 1986 年 8 月 | |
| 湖北省黄陂县公路管理段 | 总支书记 | 白松焱 | 1986 年 8 月至 1987 年 8 月 | 1986 年 8 月更名为"湖北省黄陂县公路管理段",1990 年 4 月县编委审定为县属副局级事业单位 |
| | 总支书记 段 长 | 周新庭 | 1987 年 10 月至 1997 年 12 月 1986 年 8 月至 1997 年 12 月 | |
| | 段 长 | 张宗保 | 1997 年 12 月至 1999 年 8 月 | |
| | 副段长 | 严裕厚 | 1986 年 8 月至 1999 年 8 月 | |
| | 副段长 | 张家谋 | 1986 年 8 月至 1990 年 12 月 | |

| 机构名称 | 职务 | 姓名 | 任职时间 | 备　注 |
|---|---|---|---|---|
| 湖北省黄陂县公路管理段 | 副段长 | 余明洲 | 1986 年 8 月至 1987 年 1 月 | 1986 年 8 月更名为"湖北省黄陂县公路管理段",1990 年 4 月县编委审定为县属副局级事业单位 |
| | 总支副书记<br>副段长 | 祝亚芳 | 1987 年 10 月至 1991 年 2 月<br>1986 年 8 月至 1991 年 2 月 | |
| | 副段长 | 张勋晏 | 1986 年 8 月至 1999 年 8 月 | |
| | 副段长 | 徐声耀 | 1988 年 8 月至 1992 年 12 月 | |
| | 副段长 | 张宗保 | 1990 年 9 月至 1997 年 12 月 | |
| | 副段长 | 汤志安 | 1992 年 4 月至 1999 年 8 月 | |
| | 副段长 | 罗菊华 | 1992 年 4 月至 1999 年 8 月 | |
| | 副段长 | 熊兴元 | 1992 年 4 月至 1999 年 8 月 | |
| | 总支副书记 | 王治安 | 1993 年 6 月至 1999 年 8 月 | |
| | 总支委员 | 张绪卓 | 1992 年 4 月至 1999 年 8 月 | |
| | 总支委员 | 胡克方 | 1993 年 6 月至 1999 年 8 月 | |
| 武汉市黄陂区公路管理段 | 总支书记<br>段　长 | 张宗保 | 1999 年 9 月至 2001 年 6 月<br>1999 年 9 月至 2001 年 6 月 | 1999 年 9 月,黄陂撤县设区后,区编委陂编〔1999〕95 号文批复:单位冠名"武汉市黄陂区公路管理段",为副处级事业单位 |
| | 总支书记 | 余明洲 | 2001 年 6 月至 2003 年 3 月 | |
| | 总支书记 | 阮耀华 | 2003 年 3 月至 2007 年 8 月 | |
| | 段　长<br>总支副书记<br>副段长 | 陈少鹏 | 2001 年 6 月至 2004 年 6 月<br>2001 年 8 月至 2004 年 6 月<br>2000 年 3 月至 2001 年 6 月 | |
| | 总支副书记 | 王治安 | 1999 年 9 月至 2002 年 1 月 | |
| | 总支副书记<br>副段长 | 汤志安 | 2000 年 10 月至 2004 年 6 月<br>1999 年 9 月至 2004 年 6 月 | |
| | 副段长 | 张勋晏 | 1999 年 9 月至 2004 年 6 月 | |
| | 副段长 | 罗菊华 | 1999 年 9 月至 2004 年 6 月 | |
| | 副段长 | 熊兴元 | 1999 年 9 月至 2000 年 2 月 | |
| | 副段长 | 方和江 | 2000 年 3 月至 2004 年 6 月 | |

| 机构名称 | 职务 | 姓名 | 任职时间 | 备　注 |
|---|---|---|---|---|
| 武汉市黄陂区公路管理段 | 副段长 | 张庆平 | 2000 年 6 月至 2004 年 6 月 | 1999 年 9 月，黄陂撤县设区后，区编委陂编〔1999〕95 号文批复：单位冠名"武汉市黄陂区公路管理段"，为副处级事业单位 |
| | 副段长 | 甘云祥 | 2000 年 8 月至 2004 年 6 月 | |
| | 副段长 | 陈见伟 | 2002 年 8 月至 2004 年 6 月 | |
| | 副段长 | 蔡崇华 | 2002 年 8 月至 2004 年 6 月 | |
| | 总支委员 | 张绪卓 | 1999 年 9 月至 2000 年 2 月 | |
| | 总支委员 | 胡克方 | 1999 年 9 月至 2004 年 6 月 | |
| | 总支委员 | 夏　芳 | 1999 年 9 月至 2004 年 6 月 | |
| 武汉市黄陂区公路管理局 武汉市黄陂区公路管理段 | 局　长 总支副书记 | 陈少鹏 | 2004 年 7 月至 2008 年 4 月 | 2004 年 6 月，陂编〔2004〕18 号文批复：同意在"黄陂区公路管理段"加挂"武汉市黄陂区公路管理局"牌子，机构性质、级别、隶属关系不变动。次月正式启用"武汉市黄陂区公路管理局"印鉴 |
| | 总支书记 党委书记 局　长 | 王建弘 | 2008 年 4 月至 2009 年 3 月 | |
| | | | 2009 年 3 月至 2011 年 12 月 | |
| | | | 2008 年 4 月至 2011 年 12 月 | |
| | 局　长 党委副书记 | 祁建文 | 2011 年 12 月至 2016 年 6 月 | |
| | 党委书记 局　长 | 黄宏华 | 2012 年 11 月至 2019 年 4 月 | |
| | | | 2016 年 6 月至 2019 年 4 月 | |
| | 党委书记 局　长 | 胡　鸿 | 2019 年 4 月至今 | 2009 年 3 月，中共黄陂区委陂文〔2009〕10 号文，调整区公路管理局（段）党组织设置，正式批复成立"中共武汉市黄陂区公路管理局（段）委员会"，隶属中共黄陂区交通局委员会，同时撤销原"中共武汉市黄陂区公路管理局（段）总支委员会" |
| | 总支副书记 副局长 | 汤志安 | 2004 年 6 月至 2006 年 10 月 | |
| | 总支副书记 副局长 党委副书记 | 罗菊华 | 2005 年 5 月至 2009 年 3 月 2004 年 6 月至 2014 年 12 月 2013 年 3 月至 2014 年 12 月 | |
| | 副局长 | 张勋晏 | 2004 年 6 月至 2014 年 12 月 | |
| | 副局长 | 方和江 | 2004 年 6 月至 2016 年 4 月 | |
| | 副局长 | 张庆平 | 2004 年 6 月至 2007 年 1 月 | |
| | 副局长 | 甘云祥 | 2004 年 6 月至 2016 年 4 月 | |

续表

| 机构名称 | 职务 | 姓名 | 任职时间 | 备注 |
|---|---|---|---|---|
| 武汉市黄陂区公路管理局<br><br>武汉市黄陂区公路管理段 | 副局长 | 陈见伟 | 2004年6月至今 | 2004年6月，陂编〔2004〕18号文批复：同意在"黄陂区公路管理段"加挂"武汉市黄陂区公路管理局"牌子，机构性质、级别、隶属关系不变动。次月正式启用"武汉市黄陂区公路管理局"印鉴<br><br>2009年3月，中共黄陂区委陂文〔2009〕10号文，调整区公路管理局（段）党组织设置，正式批复成立"中共武汉市黄陂区公路管理局（段）委员会"，隶属中共黄陂区交通局委员会，同时撤销原"中共武汉市黄陂区公路管理局（段）总支委员会" |
| | 副局长 | 蔡崇华 | 2004年6月至2012年3月 | |
| | 副局长 | 夏 芳 | 2009年9月至2014年12月 | |
| | 副局长 | 肖新民 | 2009年9月至今 | |
| | 纪委书记 | 胡克方 | 2009年9月至2016年4月 | |
| | 副局长 | 黄克嵘 | 2019年6月至今 | |
| | 副局长 | 姚俊杰 | 2019年6月至今 | |
| | 总工程师 | 徐 明 | 2017年10月至2020年12月 | |

黄陂区滠水大桥收费管理所　1997年4月17日，经省人民政府批复，同意设站收取车辆通行费，用于还贷。站址位于318国道黄陂滠水公路大桥东岸接线段距桥头400米处。同年9月20日，县编委批准成立黄陂县滠水大桥收费管理所，隶属县交通局、市公路管理处双重领导的事业单位。主要工作职能：收取过往车辆通行费，偿还银行贷款，维护大桥设施和安全管理工作。

1999年3月，黄陂撤县设区以后，冠名为"黄陂区滠水大桥收费管理所"。同年9月20日，区编委审定为正科级级别，核定事业编制78名。所内设机构：综合办公室、财务室、稽查室、费收室、监控室，全所干部、职工78人。

1998 年至 2000 年，3 年中收取车辆通行费分别为 737 万元、726 万元、773.6 万元，分别超出年计划的 164%、121%、122%。

交通局幼儿园　1982 年 10 月 15 日组建成立，时为局属企业单位。拥有幼儿活动场地 490 平方米，其中室内面积 380 平方米，托幼设施配置齐全。教职员工 18 人，配园长 1 人，教养员、财务员、炊事员若干名。每季入园儿童 100 名左右。在计划经济时期，为交通系统职工子女入学难解除了后顾之忧。

1986 年 5 月，经武汉市人民政府托幼领导小组验收，批准交通局幼儿园为"合格幼儿园"。1990 年 12 月 29 日，县编委批复该园为局属二级事业单位，列事业编制 16 名，经费开支在托幼管理费中列支。

1993 年以后，国家鼓励私营经办托幼事业，由于周边办园甚多，生源竞争激烈，交通局幼儿园管理不力等方面因素，生源逐年减少，至 2000 年，仅招收 10 余名幼儿入园，无经济来源，年末解散。

黄陂区汽车客运中心　站址位于黄陂前川 318 国道与黄孝公路交叉处东侧，占地 3 公顷（45 亩），设计建筑面积 10767 平方米，1999 年首期竣工 3045 平方米（其中站房 2375 平方米，保养车间 300 平方米，食堂 370 平方米），站前广场 6000 平方米。建设规模为二级长途汽车客运站标准，旅客日发送量 7000 人次。总投资 1100 万元。

主体建筑工程经市、区领导、专家评估验收后，1999 年 5 月，区编委批复，组建成立"黄陂区客运中心"，为交通局属事业单位。同年 7 月 6 日，更名为"黄陂区汽车客运中心"。同年 9 月 20 日，定编为正科级事业单位。

主要工作职能：加强对客运市场宏观调控和管理；对进场客运车辆有序调度发班；组织实施"二归"（车归站、人归点）、"三统一"（统一管理、统一调度、统一排班），保证旅客集散和转乘。

2000 年 6 月 25 日，汽车客运中心开业投入使用，通过省、市运输管理部门的评审，服务信誉达"AAA"等级，中心可容纳参与营运汽车 550 辆。同年 11 月 20 日，开征站务收费，两个月征收 4 万元。同时开办第三产业，建商亭收益 3 万元，服务总台收益 8000 元，征收非机动车管理费 6000 元，半年共收费 8.4 万元。中心内设机构：办公室、主任办公室、财务室、开发办公室、稽查股、运调股、治安股。共有干部、职工 58 人，其中男性 28 人、女性 30 人。

## 二、企业单位

黄陂区汽车客运公司　1980 年，全称"黄陂县汽车站"，县属地方国营专业客货运输企业，隶属县交通局。主要职能：担负着全县大部分旅客、货物运输，特别要确保防汛抢险、救灾、春运重点运输。同年，汽车站拥有客车 20 辆（830 座），完成客运量 180 万人次，周转量 4946 万人公里；货车 34 辆（155 吨），完成货运量 7.6 万吨，周转量 432 万吨公里。

1982 年 8 月 9 日，经县编委批准，县汽车站、县汽车修配厂合并，成立"黄陂县汽车运输公司"，公司下设汽车客运站、汽车货运站、汽车修理厂，客运、货运、修理由公司统一领导管理。

1984 年 5 月 12 日，经县编委批准，县汽车运输公司撤销，客、货、修理三家分别为独立法人单位。客运方面成立"黄陂县汽车客运站"，从客、货运输转为专营旅客运输。客运站下设 13 个区、镇汽车站。1985 年，站内设劳资、财务、审计、后勤、调运、计财、机务、站务、基建、服务社、派出所、站长工会办公室 12 个职能科室，全站共有 378 人。同年，增设祁家湾、罗汉、甘棠、长堰 4 个区镇汽车站。

1991 年 6 月 4 日，县汽车客运站由过去单一经营汽车运输转向以运输为主、多种经营为辅的模式。为便利对外开展业务，经县编委批复，县汽车客运站易名"黄陂县汽车客运公司"。公司共有 560 人，营运客车 66 辆（3340座）。是集旅客运输、汽车修理、车站车队、运输服务、生产销售于一体的综合经营公司。公司下设财务组、劳资组、党政办公室、客运站、汽车队、服务公司，其中客运站辖站务、乘务、稽查、派出所、区（镇）汽车站；汽车队辖若干行车分队、保养厂、调运组、安全组、成本核算组、设备能源组；服务公司辖后勤、基建、综合服务社、油库、油料、旅社、餐馆。

1994 年，公司拥有固定资产 762 万元，净值 506 万元，大、小型营运客车 80 辆。在岗干部职工 818 人（其中女工 365 人）、离退休 66 人，共 884 人。同年 8 月，交通局调整公司主要领导班子，精简机构和人员，副经理干部由 16 人减至 6 人，中层干部 48 人减到 27 人。内设机构由 23 个减为 17 个。同时，在全站职工中推行"内退内待"制度，精简 70 余人。1995 年年末，公司通过"资产重组、转换经营机制、单车拍卖、转让经营、合股购车、承包营运"等措施，一年多时间，公司国家资产增值 103 万元，归还银行贷款 39 万元，完成营业收入 770 万元，创利润 25.9 万元。

2000 年，区汽车客运公司面临市场激烈竞争，突出矛盾是区内客运市场运力过剩，专业运输企业困难较多。但公司领导班子通过系列管理方案、制度改革，较好地实现各项经济指标：完成客运量 1321 万人次，周转量 42544 万人公里，营业收入达 1231 万元（其中客运营收 711 万元、第三产业 520 万元），实现利润 12 万元，向国家交纳税金 21 万元。公司拥有固定资产原值 1691 万元，运输工具 227 辆（7760 座），其中大客车 75 辆、中小客车 152 辆。干部职工 924 人，其中离退休 105 人。公司设置机构：13 个科室、4 个汽车队、1 个汽车修理厂、1 座加油库。下设长轩岭、李集、蔡店、塔尔、研子、长堰、泡桐、祁家湾、蔡榨、罗汉、石门 11 个街（镇）汽车客运站。

**黄陂区汽车运输公司** 黄陂区属国营专业货物运输企业，隶属区交通局。公司沿革溯至 1982 年 8 月 9 日，属当时县汽车运输公司下设的"汽车货运站"。1984 年 5 月 12 日，原县汽运公司撤销后，汽车货运站分离为独立法人单位。

1984 年 6 月 13 日，驻黄陂环城新村的孝感地区汽运公司第三汽车队撤迁，经地区行署和县人民政府协商达成协议：地区第三汽车队房屋、设备、16 辆东风牌货车、64 名黄陂籍职工一并转入县汽车货运站，固定资产价值 45 万元，由货运站同时贷款支付。

1985 年，货运站下设行政工会办公室、政工组、财务组、统计组、生产组、石油库、配件库。全站 228 人，其中管理人员 38 人、驾驶员 75 人、修理工人 92 人、其他 23 人。拥有大型货车 47 辆（255 吨），同年完成货运量 12.8 吨，周转量 849.4 万吨公里，营运收入 180 万元，利润 2.1 万元。拥有固定资产 166.3 万元。

1987 年 9 月，县汽车货运站与交通局签订合同，在企业中实行第一轮"以营运单车承包为主的全员承包经营责任制"，经测算，制订"定额上缴、自负盈亏、全奖全赔"的承包方案。至 1990 年 12 月，3 年零 4 个月中，完成营运、销售收入 926 万元，创利润 59.8 万元，向国家上缴利税 40 万元。

1992 年 7 月 9 日，根据中央 2 号文件"加大改革力度、转换机制、发展第三产业"精神，汽车货运站从建站初专营汽车货运，逐步拓宽经营范围，以货运为主、兼营客运、小车出租、汽车修理、汽车配件燃油出售。为便利对外业务交往，经县编委批复，县汽车货运站更名为"黄陂县汽车运输公司"，企业性质、隶属关系不变。公司内设5个经营实体：运输车队、保养厂、材料供应站、加油站、运贸服务公司，经济分别独立核算，自负盈亏。

1995年11月，根据《劳动法》，公司与在职驾驶员、修理工人、油库及材料库承包人、行政管理员5种岗位职工共152人签订首批劳动合同。同年末，公司共有职工334人，全年总营收475万元，利润25万元。

2000年，区汽运公司共有干部、职工404人，其中在岗133人、待岗210人、离退休61人。下设机构：经理室、工会、办公室、劳资科、后勤科、财务科、安全科、机务科、清收科、汽车队、木兰驾校。公司占地面积14006平方米、建筑面积6995平方米，其中厂房500平方米，仓库121平方米，营业570平方米，办公室204平方米，住宅5600平方米。同年度，公司运输、生产、经营极其困难，货源短缺、市场疲软、车辆报废增多、无资金更新，在籍车辆大部分为私有挂靠户，合有货车73辆315吨，挂车17辆68吨。截至同年底，公司累计亏损76.9万元，通过全员努力克服困难，全年仍实现营收193万元。

黄陂区汽车修理厂　1980年，全称"黄陂县汽车修配厂"，县属地方国营专业汽车修理企业，隶属县交通局。1982年8月9日与县汽车站合并成立"黄陂县汽车运输公司"，下设汽车修配厂更名汽车修理厂。1984年5月12日，运输公司撤销，恢复成立"黄陂县汽车修理厂"。同年11月12日，修理厂从县交通局划出，隶属县汽车工业公司。至1985年10月，又重归属县交通局。

1985年，厂内设办公室、财务组、生产组、汽车队、材料库、蓬垫门市部。全厂职工94人，配置各种汽车修理设备30余台（套），承接国产、进口汽车修理，加工汽车蓬、坐垫，兼营汽车配件销售和汽车货运，年修理量2000台次，营收35万元，利润3.2万元，固定资产62.4万元。

1988年，修理厂在武汉市汽车维修行业分类评审中，审定为黄陂县首家"一类汽车维修企业"。至1992年年底，固定资产原值147.8万元，年产值213万元，汽车修理年利润11万元，上缴税金10.65万元。全厂职工268人，下设三大车间、28个班（组），修理机具设备96台（套），年修理量8980台次。形成以汽车修理为主，兼营汽车客、货运输、蓬垫加工、汽车配件、玻璃油漆、五金建材的综合经营企业。

1995年6月，县汽车修理厂被评选为"武汉市一类'二十强'维修企业"。同年底，全厂312人，修理班（组）30个；拥有中巴13辆，完成年客运量4万人次，周转量327万人公里；货车7辆，年货运量2.6万吨，周转量229万吨公里。

1998年，修理厂从建厂以来，经济效益历年盈利在3万至6万元之间，首次亏损16.79万元。主要原因：各行业和个人纷纷开办汽车修理业、场地狭窄、无资金扩改、借贷不缜密、部分合股汽车产权转让。至2000年，厂内设工会、办公室、生产股、后勤股、财务审计股。下设汽车队、轿车维修中心、配件销售门市部、玻璃安装门市部。全厂干部职工245人，其中离退休24人，待岗13人。固定资产原值362.6万元，企业通过加强管理，提高竞争能力，全年扭亏为盈，实现营收136.2万元，利润0.213万元，上缴税金5.9万元。

黄陂水运有限责任公司　1980年，单位全称"黄陂县航运公司"，县属大集体专业水上运输企业，从事多种经营。1983年10月转为县二级单位，隶属县交通局，公司干部职工427人，固定资产342万元，全年营收130万元。

1986年1月，公司下设轮船、黄沙开发、劳动服务3个公司，船舶修造厂、驻沪、驻汉工作组，内设机构：计财、生产、技术、政秘、安全、后勤、治保经理办公室、工会，共有职工381人，全年营业收入217.3万元。

1987年3月，公司建立企业管理委员会，决策公司重大事项，同年精简机构，撤销轮船、黄沙开发、劳动服务3个分公司。年底，公司在职干部职工474人，退休257人。拥有运输船舶36艘，1950匹马力，拖轮3艘，下设28个船队，8个砂场（含个体承包），2个陆上工厂、林场。全年完成货运量15万吨，货运周转量3060万吨公里，营业收入270.9万元，利润1.1万元。

1993年3月，公司因运输工具陈旧、材料价格上涨、运输货源减少多种因素停业9个月。翌年1月，公司开业。在职职工340人，退休234人。拥有船舶20艘3622吨，拖轮1艘、铁驳7艘、机驳7艘、挂机船3艘、挖沙船2艘。公司内设办公、计财、生产、安全、技术、后勤、保卫7个股（室）；下设船舶修造厂、林场、砂场、服装厂多种经营实体。

1996年8月，公司资产总额357万元，负债总额610万元，资不抵债253万元，依照《企业破产法》，经县人民法院核准，航运公司破产。同年11月，重组成立"黄陂水运有限责任公司"。股份结构：法人股、集体股、职工股，为合股经营，独立核算，自负盈亏。公司设董事会、监事会、股东大会。主营水上货运，兼营船舶修理、林场养殖、黄沙销售。

2000年，公司干部职工487人，在岗280人，退休离岗207人。内设机构：董事会、监事会、办公室、安全股、财务股、业务股、工会。全年完成货运量10.9万吨，货运周转量3660万吨公里，产值68万元。由于水上货运市场货源少，运价低，燃油价格涨幅大，利润亏损36.4万元。同年12月，公司在册干部职工487人整体纳入基本养老保险统筹。

黄陂区装卸运输公司　1980年，全称"黄陂县装卸搬运公司"，县属地方国营专业装卸搬运企业，隶属县交通局。主营城关地区装卸搬运业务。至1985年，公司内设经理办公室、政工组、财务室、后勤组、车队、船队，共有职工157人，拥有载货汽车6辆，铲车2辆，年装卸量23.9万吨，货运量1.2万吨，货运周转量135万吨公里。

1989年，公司拥有载货汽车9辆，完成货运量2.9万吨，货运周转量126万吨公里。此期间，公司经营方式结合市场，由主营装卸搬运转向装卸运输，同时兼营汽车修理、黄沙开采销售，1989年营收45.3万元。

1992年7月，经县编委批复，公司更名"黄陂县装卸运输公司"。同年9月，原隶属县交通局的黄沙运销公司合并到装卸运输公司，资产、债权、债务一并转入，职工纳入县装卸运输公司编制。

1993年5月，成立县交通土建工程公司，与装卸运输公司"一门二牌"，经济独立核算，自负盈亏。1995年5月，公司投资61万元，在石门乡开办采石场，当年盈利2.2万元。同年底，公司在职职工159人，退休52人，固定资产104.6万元。拥有营运汽车45辆（中巴车26辆、货车16辆、出租小车3辆），全年完成装卸量18.3万吨，客运周转量1490万人公里，货运周转量224万吨公里，营业收入140.9万元。

1998年，公司内设经理办公室、财务科、政秘科、车管科、后勤科、清收科、生产班、汽车队。公司拥有营运中巴50台（含挂靠），货车3台、铲车2台、起重车1台，汽车修理装卸设备若干台（套），当年完成营业收入239.7万元。

2000年，公司内设机构无变更，在职职工167人，退休58人，完成货运量8.9万吨，周转量466万吨公里，全年营业收入177.8万元。公司主营方面，由于市场运力过剩，挂靠车主向公司上交税费减少纯利13.8万元；加上前川地区中小企业关、停、并、转，装卸货运量大幅下降，公司全年亏损25.8万元。

**黄陂区横店装卸运输公司** 1980年，单位全称"黄陂县横店装卸搬运公司"，地方国营专业装卸运输企业，隶属县交通局。主要承担横店火车站货物集散和中转任务。1985年，公司内设政工、生产、财务、后勤组、经理工会办公室、生产调度室、汽车修理厂、旅社。全公司员工266人，年装卸量62.8万吨，货运量2.9万吨，固定资产68万元，全年营收105万元。

1986年至1990年，公司增设结算室，下设8个生产作业队，1个汽车队，开办停车场、旅社。1990年10月，由于横店铁路货场关闭，公司停业8个月。

1991年6月，横店新货场启用，公司整体向南迁徙，毗邻新货场，重新开业。1992年7月31日，经县编委批复，公司更名为"黄陂县横店装卸运输公司"。

1994年，公司内设机构有所调整，成立退休职工管委会，隶属公司工会，撤销政工组，成立劳资人事组、政宣组。1995年，公司内设办公室、退休职工管委会、劳资人事组、治安稽查队、机械调度室汽车队、2个机械助理班、1个铲车班、8个生产作业队，共有干部、职工247人。

1997年，北（京）九（龙）铁路通车，鄂东地区麻城、新洲、红安货物发送不再途经横店车站中转，公司装卸运输业务骤减，经济效益陡降，公司先后撤减2个作业队、2个机械助理班、治安稽查队，停办旅社、停车场。

2000年，公司内设经理室、财务室、调度室、工会、结算室、人事室、调度室、工会、结算室、人事组、政宣组。下设汽车修理厂、4个生产作业队、汽车队、铲车班。全年完成装卸量108.8万吨，货运量6.2万吨，货物周转量413万吨公里，营业收入52.9万元，年末固定资产165万元，全年利润亏损11.1万元。

**黄陂区交通局劳动服务公司** 1983年10月10日开业，隶属县交通局。目的为发展第三产业，安排系统内人员就业。经营项目：餐饮、旅社、停车场。1985年11月经县编委批准，正式成立"黄陂县交通局劳动服务公司"，属集体所有制企业，实行独立核算、自主经营、自负盈亏。1988年10月，公司开办综合门市部，经营建材、副食、交电、小百货商品。共有员工30人。

1993 年，公司固定资产 12.5 万元，历年累计利润亏损 5.7 万元。1994 年 9 月，为了强化公司管理，交通局对劳动服务公司实行风险抵押，公有私营、所有权与经营权分离、隶属关系不变的经营机制。至 1995 年 12 月，公司在册职工 32 人，退休职工 4 人，其中女工 26 人，行管人员 4 人，固定资产净值 32 万元。

1998 年，公司通过公有私营扭亏为盈，实现利润 9.8 万元。至 2000 年，公司营业收入 21.4 万元，利润亏损 0.56 万元。

# 第三章　黄陂水码头和驿道考

## 第一节　水码头

一部人类的文明史，也是一部交通发展史。说起交通，最早的交通是水码头和陆路的驿站。早在殷商时期，黄陂先民筚路蓝缕，历尽艰辛，在盘龙筑城开埠。当年汉水和府河连在一起，北上殷商，沿长江上下倚仗水路来往。

至明代以后，商贸始荣。崇祯八年（1635），袁公堤（今长堤街）筑成后，堤外渡桥东北方向有一片较大的湖淌，淌淌相连，四季不干涸，人称"十八淌子"。从黄陂、孝感到汉口的人，大多从府河顺流而下，经"十八淌子"穿过其中的连通港到达汉口中心的土凼码头。

行船所要经过的"十八淌子"，宽窄不一，窄处两舟仅能相擦而过，水浅时还要用人力拉纤才能通行。汉口开埠以后，汉口的商业贸易更趋繁荣，黄陂和孝感的行商更加多了起来，他们通过船只往返于黄孝与汉口之间，人们便扩宽了"十八淌子"之间的连通港，进而使其成了一条河。这条河因为连通黄陂、孝感，而且依靠船只行走于其中的也大多是黄陂和孝感人，人们便称这河为"黄孝河"。

黄陂人进入汉口后，按照各自的行业自然形成了帮派，拓展自己的势力。后来，很多行业以汉口作为立足之地，沿长江上下闯码头。明清以后，随着商品经济的发展，汉口人激增，消费市场扩大，刺激了更多的黄陂手工业者抢占汉口商机。在手工业和商贸业快速发展的情况下，黄陂人又把眼光瞄向长江沿线的诸多港口，所以在上海也形成了黄陂人聚居的黄陂路。在上海的码头工人中，也有黄陂人组成的帮派，当时的沿江城市大多有黄陂人聚居的地点。如南京下关有黄陂人开设的板鸭店，芜湖鹅卵石路有黄陂人开设的皮毛店，安庆的大西门外有黄陂人开的作坊，钉秤的、做麻袋的，整条街几乎都是黄陂人。由于商业活动的不断扩大，黄陂人不断走向四面八方，最终形成了"无陂不成镇"的历史格局。

有了陂商进入汉口，才有汉口的兴起和发展。明代以前，汉口即汉水入长江之口，为长满芦苇的水洲。明成化年初，汉水改道，将汉阳一分为二，汉水之南仍为汉阳，汉水之北就叫汉口，汉口逐渐淤成陆地，至天顺年间，始有民居。至明末清初，汉口已成为全国四大名镇（佛山、景德、汉口、朱仙）之一。当时，黄陂人凭借便利的水路，码头工人、手工业者进入长江及汉江交汇处的集家咀聚众经商，逐步形成了临水而居的经商群体。

黄陂紧邻商业古镇汉口，当时谌家矶、岱家山为黄陂管辖（20世纪50年代划归武汉市江岸区）。汉口淤成后，黄陂人捷足先登。一些手艺人和做苦力的，或沿滠水来江岸一带的，或沿黄孝河进入四官殿以下沿江码头，或由府河经姑嫂树寄身于统一街一带。他们有的从事渔业，有的经商、做手艺。由于人数众多，形成带地域色彩的街道。清道光年间，浙江乌程（今吴兴县）人范锴在《汉口丛谈》中所列汉口街和路的明细表中就有黄陂街。他有注释中写道："正街至此分而为二，一稍南而东为打扣巷、一由北而东为黄陂街。"而据王葆心《续汉口丛谈》考证，黄陂街在明嘉靖以前就已出现。这是当时汉口唯一以县名命街名的街道。俄租界曾有夷玛街，1925年收回后，因民国大总统黎元洪系黄陂人，此路系改称黎黄陂路。

往昔，黄陂的水上交通十分繁荣。县城有护城河，城外有很多的码头。黄陂西南的大码头商船往来十分繁忙。城北的下石港、定远村的曹门口都曾经是水码头。黄陂沿江也有很多码头，位于武湖农场的五通口、横店西的左家巷、盘龙城的黄花涝，当年就是十分热闹的通商码头。

传说，很早以前在滠水边有老两口以烤烧饼为生计，当时河边是码头，南北船只往来运输，且渡口人来人往，路人购买烧饼充饥，由于烧饼糖多又甜，吃起来糖从口中流出，称之糖浸口。明洪武年间，江西填湖广，移民落于此地，系建立埠口街。其他地方人员来此做堤，水陆两用码头扩大，往来人员更多，路人称为塘埠口。

以前人们过河没有桥时，要走水路只有渡口。下面简介几个主要渡口：

**五通口**　位于长江中游北岸。武湖之滨的五通口，是区南滨湖地区较著名的集镇，北距前川24公里，南距长江仅1华里，与青山区天兴洲相望。原为龙王庙沟、草庙湖、窑沟、小河口、江明5河汇合入江之口，后因江水满溢、泥沙淤积，通口已无一口可通了。现5条小河均已填平，仅留下其名。

此地民国时系一水码头，沿江靠岸，樯帆林立，号子声声，为黄陂东南乡和红安、黄冈边界地区的商品集散地，大量粮食、木籽油饼肥及土特产经此地运往武汉、江南等地，而布匹、杂货又从武汉等地经水运进口，当时的五通口仅饭店就有数十家，大部分居民以经营小生意、驾船、捕鱼等为生。1966年修筑武湖大堤之后，人们在堤内修建了一条南北走向的新街，过去的老街已成为居民区，新区则成为武湖的重镇，隔江与武昌、青山区相望。如今，远近闻名的木兰八景之一的农耕年华风情园在其附近。昔日五通口俨然成为一大街市，今天五通口社区成为武湖街道的驻地。

**陡马河渡口**　位于滠口街，是滠水河连通滠口以西地区东往武湖等地的水上通道，渡运水面宽约300米，先是木船后为汽渡。1977年，黄陂县城以下至陡马河一段主河道进行河床改道，裁弯改直21.3公里。码头随之消失。

**黄花涝渡口**　位于黄花涝西部。主要承担着往返黄花涝到汉口、孝感两地交通。因渡口处在古镇黄花涝，故名。始建于1956年，80年代末停用。全程长约30公里。平均水深5米，最大水深8米。

**庙店至野人岛汽渡口**　位于木兰湖中心，东码头在庙店旁，西码头在野人岛旁。以所在地得名。原为木船渡运的临时码头，1988年至1989年兴建渡口码头，添置铁壳渡船。1997年11月底省市验收为达标渡口，2014年初更新渡船。渡运水面宽约400米，平均水深约10米，年均渡运汽车5000辆次，乘客2万人次。

**木兰湖旅游渡口**　位于木兰湖广场东部，木兰湖船舶管理站驻地。以渡运水域及特性得名。始建于1988年，1989年建成，1997年被省、市评定为达标渡口，2009年成立股份制船务公司并购买使用环保型画舫船。主要开行本渡口至静山庙、大埠街精品旅游景点3条航线，亦可按游客需求提供浏览服务，年客运量2万余人次。

桥李村渡口　位于罗汉寺街道桥李村正北上湾，西至南新村，东至滠水河，南至齐岗村，属一河两岸物资交流唯一交通渡口。以所在居民点得名。1958 年属永前大队渡口，1980 年因重名改称桥李村渡口。渡船载重 5 吨，额定 16 人。渡程长度 250 米，最大水深 20 米，年客运量 0.3 万人。

黄陂远航开创者就是黎元洪了。

黄陂人黎元洪是武昌首义后推举的第一任湖北军政府都督，他先后三任副总统、两任大总统，人称"黎黄陂"。他走下政坛后就开始商旅生涯，先后投资银行、厂矿等金融、实业近 70 家，投资总额超过 300 万元。后来又向华侨创办的中国远洋轮船公司投资 1 万余美元，购进万吨级洋轮，命名为"中国号"，开通了中国香港经上海至美国旧金山的远洋航线，填补了我国远洋业的一项空白，这只航船实现了炎黄子孙真正意义上的扬帆远海。

# 第二节　驿道考

驿道是古代信使往来、差使公文、护送粮饷、递解人犯的主要道路，称之为"国道"。在驿道上设有驿站，站分大、中、小三级，大者设驿丞及若干驿司驿马 3 匹，中者驿司 3 人驿马 2 匹，小者驿司 2 人驿马 1 匹，专司传递工作。遇京中圣旨和地方奏折以及紧急文书，在文书上必须插上鸡毛，以示文件紧急，这种文书又叫"疾马文书"（鸡毛文书）。第一站必须以快马传递，飞送第二站，而第二站闻驿马铃声，即先上马俟之，接递至第三站，如此传递直至达目的地为止。

唐代从长安、南阳到襄阳、江陵有一条驿路，文化商业活动通过这一条线路得以交流。人们以沿途的驿站交换信息、休息或从事商业活动。江陵是驿站的一个重要枢纽，唐代颜真卿在《谢荆南节度使表》中说："荆南巨镇，江汉上游，右控巴蜀，左联吴越，南通五岭，北走上都。"说的就是唐代驿站的盛况。

驿站制度在我国从秦汉到明清长期存在，驿站负责接待过往人员和传递官府公文，传递公文有急脚递、马递，用马传递公文可日行 400 里。除了江陵、襄阳之外，商人也时常从黄州北上大别山，从光州、蔡州到开封去。

黄陂历来交通便利，早在春秋时期已有驰骋战车的宽阔大道，也就是驿道。驿道属于重要的军事设施之一，主要用于转输军用粮草物资、传递军令军情。而驿站是沿驿道设立的负责官方接待、信息传递、道路管理和军队供给的机构。驿道和驿站合称为驿传系统，作用相当于今天的邮政电讯、政府招待所和兵站，现在的公路管理机构的职能只是驿站的一部分，驿卒的工作之一就是从事驿道的管理。在明朝，就有一个著名的驿卒——李自成。

到清朝末年，黄陂境内共有 4 条驿道（相当于今天的国道，俗称官路）。分别是：

1. 县前铺—黄安县高林铺，走向朝东，长 50 公里，经过天井铺—黄龙铺—茶陂铺—浐铺。

2. 刘家铺—黄冈县三山铺，长 20 公里，经过甘棠铺—三山铺。

3. 县前铺—孝感县旧镇铺，走向朝西，长 70 公里，经过表紫铺—枣林铺—廖公铺—达义铺—贾佳铺—旧镇铺。

4. 县前铺—汉阳县旧镇铺，走向朝南，经过黄浒镇—向家镇—滠口镇—县前。

黄陂的那些带铺的地名，如十里铺、骆驼铺、甘棠铺等，都是古代的驿站所在地。

这一时期的道路以服务畜力车、人力车为主，多土路、片石路，就地取材，因陋就简，对道路的平整度、压实度没有技术要求，管理也多是取土填平，雨后及时排水。

烟礅（灯）是古代传递信息的重要标志，设在驿道边较高的地方。如某地发生敌情或紧急情况时，应由发生地的烟礅（灯）负责人立即点燃烟火，邻近的烟灯发现后也逐一焚起，以此传递情报。相传古代的驿道是 40 里一站，10 里一棚（黄陂 108 国道上就有十里棚），5 里一灯。

当然，古驿道在黄陂一段所经路线，传说不一。一说在黄陂境内设二站，一为长咀，一为万家店。长咀在丰荷山东麓，万家店在今天河镇南。至清顺治年间（约 1650），万家店集市分别由道士店、两路口取而代之。驿站亦由万家店移至道士店。其中尚有一段插曲：京汉铁路线自北而南，皆循原驿道线修建，使无弯处，于地图上可见，唯独自孝感三汊埠站时，即向东延伸，由祁家湾、横店而达汉口，形成一段曲线。此一改道之经过，有如是说：当年有任蒙古总督之陈彰武其人，闻修京汉铁路曾回乡来，鉴于各地交通便利之处，一遇兵荒马乱，首受其扰，其家住道士店南，为铁路必经之地。他思虑终日，即以同僚之谊，拜会当时两湖总督张之洞，托词京汉线如按原驿道建设，势必通过丰荷山至张公堤一段长 10 余华里之湖地，须筑长堤一道，路基既不坚固，又多耗投资、人力，且三汊埠至丰荷山一段，两侧濒湖，路基亦弱，不若在三汊埠南，向东延伸，经祁家湾、横店一带岗岭之地，行车为佳。张之洞乃商于承建之外商，外商有利可图，乐于就范，故改用今线建修之。此说均属民间传闻，无历史记载，无从考证。另据《黄陂县志》（同治刘昌绪重修徐瀛总辑）卷一第 22 页记载：至孝感驿站有滠口、潭咀、冯长岭、皂林咀、乔家岗、双庙、郝家庙、孙家亭、九子墩、达义铺等。其中并无长咀、万家店、两路口、道士店等地。

经了解，今横店街政府对面约 50 米处（铁路西侧）有一烟墩（灯）。1937 年国民党军在烟灯旧址修建了一座炮台，当日军侵驻横店时，无数无辜平民被日军宪兵、特务关押在这里，有的受到酷刑拷打，有的被暗中处决。昔为人民服务的烟灯，成了日军残害我国人民的魔窟，这是日本侵略军屠杀中国人民的有力罪证。镇南约 5 华里的乔家店是当时驿道上开设的小店，店北 28 号碑附近（外贸处）有一个烟灯，店南附近的杨家田（又称号房湾），据说是驿站喂马（马厩）的地方，驿站的马厩都编有号码，杨家田现仍称号房湾；十里铺附近马路东有一个烟灯，清末时期横店镇北约 5 公里的双庙设有驿站，下坡店设有烟灯。

驿道通过横店始于何时？据光绪十四年（1888）德安府记载：清乾隆三十年（1766）前，国道线是"自江夏县（今江夏区）起渡江十里至汉阳县，八十里至黄陂县，七十里至杨店，五十里至孝感县，四十里至云梦县，六十里至安陆县，九十里至应山县，七十里至平靖关，八十里至河南信阳州出境北上京师。全程在本区境内为五百五十里。乾隆二十九年（1765）改由东路自江夏县起渡江十里至汉阳县，四十里至滠口，四十里至双庙站，六十里至杨店，九十里至小河溪，七十里到广水站，五十里出武胜关至观音店，八十里到信阳，较旧（国道）近一百一十里"。于《清代驿道图》上可见，横店正处于驿道上。当驿道经过横店时，为方便过往行人，在驿道边（横排）开有几家小店。"横店"亦因此而得名。

历史上的黄陂有"九里十八铺"之说，诸如甘棠铺、沈嘉铺、什仔铺、骆驼铺、天井铺、急递铺、青仔铺、枣林铺、廖公铺、达义铺、贾家铺、朱铺、滠口铺、黄浒铺等，这些驿站的地名至今存在着。境域的水路亦较为发达，水码头较多，于是出现了滠口、五通口、塘埠口这样的地名。迄今仍保留的古驿站要津的地名中，人们可想象昔日黄陂水陆交通的繁荣。

下面略举几例：

骆驼铺　位于六指街新华村中部。古为一驿站，为"九里十八铺"之一，传说古时曾有珠宝商人率驼队自远方来此，乡里闻讯，扶老携幼，纷至沓来，见各式金银器皿、珠宝古玩琳琅满目，蔚为奇观，骆驼铺因此得名。也有说骆驼献宝之地，骆驼驮宝围着村子转。也说这里人像骆驼一样，有耐力有韧性，能负重致远。因此村湾历来发富发贵。还有说是因此地有一骆驼桥而得名，据清同治年间《黄陂县志》载："骆驼桥在县东二十里，按《舆地纪胜》'魏人来伐，以骆驼载辎重，坠桥下'故名。"据史料记载，骆驼铺村东确实有两座古桥。此地的骆驼桥是黄陂境内最古老的石桥。建于周烈王五年（前371），距今已有2380年了。

达义铺　位于祁家湾街道达义村中部。据悉，龚氏先祖乃江西赣江筷子街人士，明末清初动乱时迁此处安居，并开荒种地。后子孙在此繁衍生息，形成村落。因久居在黄孝公路边，交通便利，过往官府人士和行人频繁，借此便利之处，设有达驿铺。后因达驿铺名声极好，有侠义，故称达义铺。

什仔铺　过去十里一铺，东有甘棠铺，西有骆驼铺，民国时期红安人去汉口途经此需落脚开铺，且处于十字路口（黄陂方言称为什仔），故名。

青仔铺　位于前川街道青仔村北部。过去因五里一墩、十里一铺，此地有古刹名曰"青仔"，故名青仔铺。

图 3-1　黄陂县清代驿道图

# 第四章　民国时期至解放战争时期
# 黄陂道路建设和管理状况

## 第一节　民国时期

　　1921 年，直皖战争爆发。直系军阀力图牢牢控制湖北全境，以利与皖系军阀相抗衡。当时任湖北省督军的肖耀南急欲加强鄂北襄郧一带防务，苦于驿道交通不便，军火辎重不能及时由汉口运抵鄂北。适逢荆门县包庆裕倡议创办襄阳至沙市长途汽车路，当即得到官方赞同。几经筹措，由地方绅商集资修筑了湖北省第一条汽车路。民国元年，孙中山在南京建立中华民国临时政府，1 月 19 日他在江阴演讲时说，"造了铁路的地方也要加造马路"（注释：公路引入中国时，开始叫"马路"，马也就是大的意思，马路就是大路，民间现在依然有叫公路为大路的习惯）。民国三年，京都市政公所公布《公修马路简章》，正式称公路为马路。后又称军路、汽车路，如浙江叫省道路局、四川叫马路总局、陕西叫路工局、新疆叫汽车总局等，各省叫法不一。民国九年，广东省政府军路处改为公路处，军路局改公路局，公路这名遂由此开始，但在民间，到 20 世纪 80 年代才放弃汽车路叫法，固定称公路应运而生。当时，由国民政府颁布的《商办道路规则》及《商办桥梁规则》，对绅商集资修筑汽车路予以鼓励与促进，集资修筑汽车路成为盛极一时的"热门"。湖北省各地继起修筑了襄（阳）花（园）、汉（口）新（沟）、武（昌）豹（子澥）、广（济）武（穴）等汽车路，这些汽车路对繁荣湖北各个地区的商业贸易起到了积极的作用。

由于公路交通处于初生阶段，筑路资金、技术力量和管理等方面都无准备，各地汽车路都是绅商以营利为目的集资修筑的，不仅测设、施工标准低，又只管修筑不重养护，通车不久便损毁严重。再加各路管理紊乱，弊端丛生，渐有难以为继之感。尽管如此，公路交通这一代表先进生产力的新兴事业开始在湖北兴起的短短 6 年时间内，仍然显示出强大的生命力。

1922 年 6 月，黄陂商绅提议筹股 20 余万元，拟修横（店）河（口）、滠（口）武（湖）、祁（家湾）界（河）、河（口）大（别山）等 4 马路，但未实现。所以这是黄陂现代公路的萌芽发始。

1924 年，由黄陂商绅陈仇九等募集公债 20 余万元，修筑黄（陂）滠（口）公路 24 公里（时称"汽车路"），负责勘测线路的是毕业于陆军测绘学堂的陈警帆，陈另聘了测绘人员，包括测工、路警和勤杂人员等共 30 余人成立了测量队，这是全省成立最早的测量组织。当时商办公路（商人建设的公路）均由各商自行组建公司经营业务、管理，湖北省省长公署实业厅只负责登记、发给营业执照和进行监督 [注释：黄（陂）滠（口）公路在被收归国有后成了汉小线的一部分，后又成汉麻线的一部分，80 年代后又成 G318 线一部分，现在成了石道线、川龙线的一部分]。

黄陂县道路协会会长陈仇九在倡议修建该县汽车路时，曾制定县道局章程、购地章程、投标章程、集募有奖道路公债章程及实施细则等规章。这些规章曾刊登在湖北《道路》和《国民新报》上，这在全省汽车路创办阶段起了积极作用。后来，黄陂县成立县道局，陈仇九即成为该局的主管人。

该路总计有职工、道路警察 100 余人。该条路的管理机构是私人性质的县道局，具体从事管理的是道路警察，这是现代黄陂公物警察管理之始。

1928 年 3 月，湖北省政府在武汉成立，同年 4 月成立了湖北省政务委员会，下设建设科，科长詹大悲，撤销了原实业厅。

1928 年 5 月，省政府鉴于商办公路多因陋就简，必须由政府接管进行改建，于第八次委员会议通过了"湖北省道局组织条例"，为将商办公路收归官办做好准备。这是为湖北公路的统一建设与发展埋下伏笔。

1929 年 3 月，石瑛接任省建设厅厅长后，开始接管商办公路，并设公路管理局。

湖北省成立建设厅后，出于经济和军事的需要，开始接管主要商办汽车路，逐渐过渡到公路统一建设的局面。由省建设厅委派各县县长为督修委员，专业工程人员负责督修。同年，国民政府第30师参加了黄陂至麻城路基的施工。

1929年10月，湖北省政府建设厅决定将商办汽车路收归省管，由建设厅管辖。省建设厅分路设立管理局（处），统筹负责掌管全省的农林、工商、矿、渔、牧及交通各业的行政事务，统一公路管理，开办道路讲习所，培训工程技术人员，加速了公路事业的发展。

从此，湖北省的公路管理工作才开始纳入议事事宜。

1930年1月，省建设厅为完成地方自治，提请湖北省政府颁布《湖北修筑县道暂行条例》，规定各县应修道路分为县道、乡道和村道3类，筑路经费由各县政府自筹，必要时发行县道公债。通令各县于5年内完成全境道路修筑，要求斟酌地方财力及交通需要，拟具分年建设计划，包括每年应修的县乡道名称及其起讫经过地点；每年应修的县、乡、村道路线略图及说明书；每年应修的县、乡道工程计划大略；每年应修的县、乡、村工程费用概算及其筹集方法。准许私人筹集兴筑，自竣工之日起专利20年，期满收为县有。各县每年应修的道路，因限于财力，不能一次完成者，就先将路基、桥梁、涵洞筑成通车，再以营业收入加铺路面砂石。

1931年元月，省建设厅派员会同鄂东省道工程处，将滠横、横黄两段收归省办，并将两段路基改建成8米宽的公路。同年8月，汉口至黄陂全段通车。黄陂公路由私有转为国有。

1931年春，鄂豫皖交界区连成一片，建立了鄂豫皖革命根据地。从此，仅在经济上有一定价值的汉小公路，急剧转为蒋介石"围剿"革命根据地的军事要道。

1931年10月，成立湖北省道鄂东路管理局，黄陂的公路就属于其管辖范围。业务范围还包括汽车运输等。

1932年6月，黄麻段建成通车，路幅宽8米。1934年4月1日，黄麻段归并汉宜路管理局管理。这是省管公路之始。

1933年7月，省政府召集全省地方政治整理会议，又颁布《湖北各县修筑道路暂行办法》13条，并颁发补充办法3条，限令各县县长会后返县10日内，邀请地方团体及各乡绅成立筑路委员会，就境内经济生产需要，选定主要路线与省道或邻县县道相接。

1933年11月2日至10日，鄂豫皖"剿共"总司令部受蒋介石之命，在汉口主持召开鄂、豫、皖、赣、苏、浙、湘7省公路会议，专题讨论发展公路事宜，参加会议的除上述 7 省建设厅厅长外，还有国民政府军事委员会总司令部参谋长曹浩森、总参谋朱绍良、全国经济委员会秘书长秦汾、道路工程师赵祖康等，并邀国际联盟来华道路专家散京斯基顾问，共计 25 人。湖北省建设厅厅长李书城、技正周家龙参加了会议。蒋介石在闭幕会上发表了进一步筑路"剿共"的训词。这次会议，以"剿共"为目的，以"联络""督造"为特点，为公路建设畸形发展的一次重要会议。这一时期，以汴粤国道黄陂段的建设为突出点。

从鄂、豫两省交界的小界岭至汉口，简称汉小公路，系 7 省公路会议规划的汴粤国道干线在湖北境内的一段。该路自汉口经黄陂、麻城，至豫鄂省界的小界岭，全长 181.5 公里，是武汉通往豫南的省际联络干线。

汉小公路分汉口至黄陂段、黄陂至麻城段、麻城至小界岭 3 段修筑，分期通车。

汉黄段长 41.5 公里，由汉口大智门，经刘家庙、丹水池、岱家山、杨家嘴、横店而至黄陂。其中汉口至岱家山路属市区，已有马路可通汽车；岱家山至杨家嘴仅长 2.57 公里，因要跨府河，须建 100 米以上大桥一座，杨家嘴至滠口，可利用民生垸堤防作路基，此堤坚固，堤面宽 24 尺，此段稍加修补即可通车；滠口至横店，地势平坦，经该县陈仇九以县道局名义组织公司，筑成路基 90%；横店至黄陂已有轻便铁路通行。

黄麻段长 85 公里，为鄂东官办的第一条公路。该路段由黄陂县城小西门起（今老车站木兰宫），经甘棠、李集、柳子港、歧亭、宋埠、中馆驿、浮桥河至麻城。

1932 年 6 月，黄麻段建成通车，路幅宽 8 米。1934 年 4 月 1 日，黄麻段归并汉宜路管理局管理。

1933 年 6 月，在庐山"清剿"会议上，麻小段被列为鄂东重要军事路线。同年 10 月，蒋介石电令湖北省提前限期完成。湖北省建设厅当即组织汉安工程处驻设黄陂，主修麻城至小界岭一段，担任修建桥涵及开山工程。该段土路由当地驻军 31 师负责修筑，11 月 1 日开工，月底完成。

1939 年秋，日军侵入，汉小公路曾遭局部破坏，麻城至小界岭一段破坏最烈，几乎全部化路为田。

府河大桥的修建。府河大桥，现名岱家山 3 号公路桥，距汉口岱家山东约 1 公里，跨越府河，临长江，为汉口通往鄂东地区的通道，通豫、皖两省的要道。府河大桥原为木桩木面桥，1936年夏，襄河发生特大洪水，其支流府河水位升高，致使堤防决口，泛滥成灾，汉口附近公路桥涵多被冲毁，府河大桥也遭淹没。次年10月，汉口至黄陂段公路军运紧急，国民政府军事委员会即电令湖北省政府，组织力量星夜赶修，限期完成。在工程尚未完成以前，应迅速安排渡船2艘，以济急需。湖北省建设厅奉令后，一面指令湖北省公路管理局筹备渡船，修整便道码头，一面由湖北省公路工程处迅速计划动工。为不碍军运，仍按临时式木结构桥修复。同年10月8日，由鄂省公路工程处与康生记营造厂订约承包，于同年10月13日正式动工，同年10月30日建成通车，历时仅17天，其工程进展之速，实为罕见。

机构设置 1929年开始接管几条主要商办公路，公路设局管理，厅内则由第二课负责公路业务。1931年2月，改由第三课管理公路业务。同年8月，成立省道工程处，继续负责修建武汉近郊公路。7月，设立鄂东路管理局筹备处。

湖北公路实行统一管理的10年中，公路管理机构经历过分路设局管理和以省设局管理的尝试。在此期间，也以工程较大和急需而临时成立工程管理机构，虽各有优劣，以省设局较为宜。1929年，省设局统一管理。

分区设置的公路管理机构及基层组织 湖北省的公路由商办改为官办后，开始分路设局管理。

1931年10月，成立湖北省道鄂东路管理局，负责管理鄂东汉口至麻城、柳子港至界子墩等营运业务。

鄂东片区

1929年11月，成立鄂东省道工程处，由建设厅委派李鸿斌为工程处主任，侯家源为工程师。

1933年，撤销鄂东省道工程处，其业务并入鄂东路管理局。同年4月，成立汉（口）黄（安）工程处，处址设在黄陂，处长为何远经，负责修建黄陂、麻城、黄安（红安）、罗田等县的干支新路及已通车公路的改建工程。

1934年根据公路建设及管理的需要，设立5个工程处。3月，在鄂东成立第一和第三工程处，处下设立4个分段，即麻城分段（麻城至浠水段）、浠广分段（浠水至广济）、黄广分段（黄梅至广济）和麻界分段（麻城至小界岭）。

1936年4月，刘寿朋担任厅长后，提出全省设公路局统一管理。同年7月1日，将襄花、襄沙、鄂东、汉宜4个省道管理局及省公共汽车管理处合并，成立湖北省公路管理局，统管全省的公路运输及养护业务。同时，成立湖北省公路工程处，负责全省路线测设及新建，省管分路设局（处）的管理方式随之结束。湖北省公路管理局、湖北省公路工程处各课室见下表：

表 4-1　湖北省公路管理局组织系统表

（1935 年 7 月）

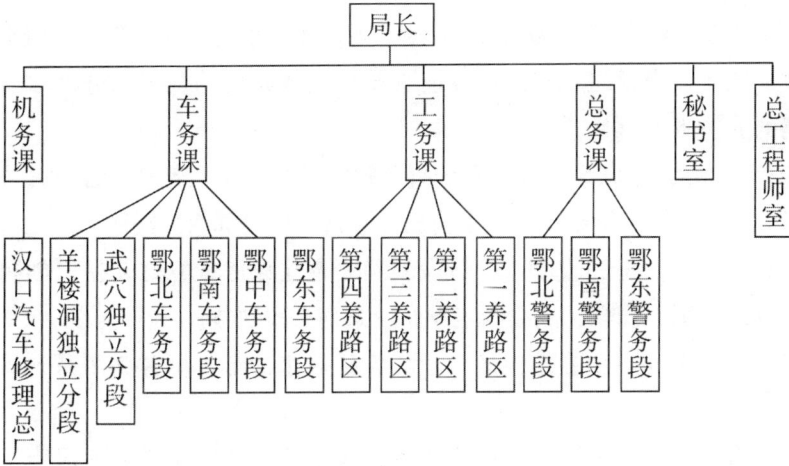

表 4-2　湖北省公路工程处组织系统表

（1935 年 7 月至 1936 年 12 月）

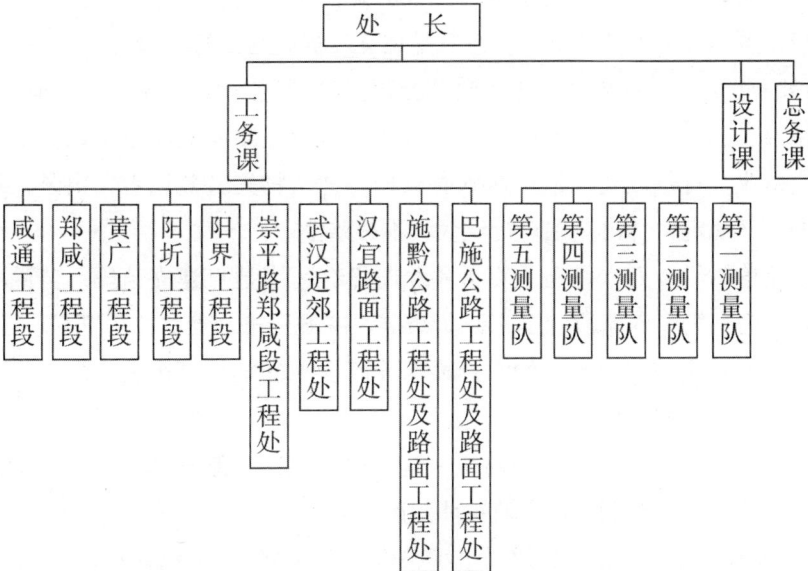

省级公路管理部门开始建立养护组织及养护制度，修复水毁公路工程，推行公路植树，并将公路的养护逐步提到议事日程。较之商办汽车路时期有较大的进步。

养护组织与养护制度的建立　初由局掌管全省公路的养护、运输监理等业务，由工务科管理养路工程事宜，并划全省公路为东、南、西、北4个区。东区设于黄陂，每区设主任1人、工程员1至2人、监工若干人。全省共设养路道班115个。每个道班10至15人，平均每2公里有1人。当时正值水灾之后，收入锐减，为紧缩开支，将各道班原有人数先后约裁去二分之一。此举对公路的养护不无影响。

1937年10月，湖北省政府命令有公路的县组织民众养路，首颁《民众养路暂行办法》。1937年4月，又重新划分养路区增设鄂西养路区。

1939年元月，分路设立总、分段。湖北省建设厅成立之初，以创制法规为修治省道的第一步骤，陆续制定颁布一系列公路法规。

1931年7月，黄陂县境内的李家集大桥被水冲走，历时2个月，始修复完工。

1932年，湖北又一次发生特大洪水，汉江溃堤，洪水进入武汉市区，省道干线均遭水毁。其中汉麻公路汉口至滠口段，路基冲断多处，滠口至麻城间的木桥被冲毁15座。

公路植树（绿化）　初步推行湖北公路两旁植树，始于商办公路收归省管时期，虽然开展不够普遍，但总算是在逐步提高与推行。

1929年7月，省政府第3次政务会议上通过的《湖北省收用土地条例》第八条第二、三款规定私人植树的权益，省道所经路线应收用土地上的种植物，应由业主自行收益，但未达到收获期，种植物失其效用者，由公家给予赔偿费。又规定树林由业主自行砍伐，不另赔偿。

公路植树经费列入修路预算，各养路段在适当地点建立苗圃。苗圃初步设置地点为：第一养路段（鄂东）为黄陂、麻城；第二养路段为鄂城、通山；第三养路段为应城、当阳、沙洋；第四养路段为安陆、枣阳、十堰、宜昌沙市。树苗以杨、槐、榆、梓树为主。

监护队与路警的设立　公路统一建设的初期，公路管理主要是监护路产路权，管理非机动车辆，设立监护队与路警合一。

1929年11月，《湖北省道局组织条例》开始规定路警的去留、考试由总务课职掌，分配由管理课职掌，应用名额由局长酌定。同年 8 月，《湖北省道管理（局）条例》规定，省道监护事宜，由湖北省建设厅招募监护队按各路情况调派之。派赴各路监护路警，受该路管理局局长的指挥监督。

1934 年 1 月，依照《湖北省道管理局组织章程》第 21 条规定，特设监护队，并颁发《湖北省道管理局监护队组织章程》，监护队属于各路管理局。各监护队队长和总人数均由各管理局呈请建设厅核定，监护队设正副队长各 1 名，每班班长各 1 人、队员 9 人、传令兵 1 人、号兵 1 人、伙夫 1 人。同时颁发《湖北省道管理局监护队队员服务规则》，共计 5 章 27 条，规定监护队队长对省道路基、路面、桥涵、渡船、车站、车场、房屋材料及其他设备、汽车驾驶等均应负责；还对监护队队员的戒律、警服、职责等做出严格规定。

1937 年 10 月，湖北省公路局鉴于路警有时因故开除，或请长假，虽警务段随时添补，然而多系介绍而来，体格学识都不合要求。经局务会议决定，招考路警 40 名，组织训练班，严格训练 1 个月，期满后，遇到缺额即行派补。报考条件为年满 20 岁以上、30 岁以下，能写简单报告并熟刀枪法者。第一期毕业生当即分到各段，其中，管辖黄陂的鄂东警务段 8 名，以后，又陆续从各段抽调路警进行训练。

## 第二节　抗日战争时期

抗战期间公路建设与管理　1939 年 7~8 月间，日本侵略军进逼武汉，湖北省政府西迁恩施。同年 10 月 26 日武汉失守，鄂东陷入敌手。日伪期间，即 1939 年 10 月，日军侵占武汉后，设在武汉的伪省政府成立建设厅。厅属第二科分管交通、矿业、航电 3 个部门的业务。在武汉外围各条公路上，分别设有 5 个工程队。第 1、2 工程队设在汉口至沙洋公路线上，第 3 工程队设在汉口至麻城公路线上，第 4 工程队设在武昌至大冶公路线上，第 5 工程队设在武昌至咸宁公路线上，各自负责该路段的桥涵维修及路面养护。

1940 年 4 月 24 日，伪武汉特别市政府成立，为适应战争需要，湖北公路管理机构也随之变化和紧缩。1940 年 8 月，湖北省公路处撤销，省建设厅内设路政科。

抗战胜利后公路建设与管理　湖北省政府于 1946 年 9 月通过"湖北省复

员工作计划"。省建设厅根据该计划中有关公路方面的安排，先后开展了两次"复路运动"。

1946年10月，省建设厅责成鄂北养路段组织一个抢修总队，负责抢修包括黄陂谌家矶经团风至黄冈等共长461公里的公路路面、路基和桥涵的抢修工程，以及黄陂渡口渡船的修复，均利用日俘，每日上路日俘达5000人。

1947年1月1日，在汉口恢复成立湖北省公路局。1947年3月1日，国民政府交通部第二区公路工程管理局由湖南省晃县迁驻汉口后，国民政府行政院令湖北省政府将原由省管之公路，划出部分交该局管理，从此全省公路第一次实行分级管理。

恢复成立的湖北省公路局，统一管理全省公路的修复、改建、养护及运输、车辆监理等业务，分区成立8个工务总段，下设若干分段，还组成2个测量队，测设修复路线。同年3月，对汉小等8条主要干线公路的修复及局部改善工程进行了勘测。截至1947年5月中旬，已修复通车的干线公路有汉口至麻城等路线。各县还修复了许多支线公路。这些路线的修复，基本上适应了复员运输的需要。

# 第三节　解放战争期间的公路建设和管理

**主要干线的修复**　1931年7月，蒋介石撕毁"双十协定"，调派军队进攻中国共产党领导的解放区，挑起了内战。自此时起至武汉解放前夕，湖北省公路的修建，完全服从于国民政府为"戡乱"军运需要。

1947年8月，省公路局奉命加强汉宜、襄沙两条公路的桥梁改建，并对麻城至小界岭、宋埠至广水、黄陂经孝感至云梦等公路，继续进行修复和改善。当时除汉宜、襄花、汉小3条公路干线拨有部分专款外，其余各线经费均无着落。同年10月、11月，省公路局又先后奉武汉行营和"豫鄂皖三省清乡指挥部"的命令，对汉小、柳界、兰滕、宋河、广中、黄（陂）宣（化店）等公路进行抢修。

1948年7月4日，国民政府武汉行营为了进攻大别山解放区，召开"绥靖"会议，决定由湖北省立即修复及改善的公路计有：汉口至宜昌、汉口至小界岭、柳子港至界子、襄阳至东岳庙、襄阳至花园、樊城至老河口、中途店至中馆驿等。按当时物价估算，共需工程费 94.2 亿元（法币）。

1949 年 4 月 2 日，蒋介石又以府防字第 2246 号代电，附发华中地区公路整修计划要图，规定湖北省应整修路线计有：黄陂至应山平靖关、黄陂经宣化店至婆媳桥等 13 条公路。

黄陂境内主要干线——汉（口）小（界岭）公路的修复　汉小公路是武汉通往豫南之重要干线，全长 181.5 公里。抗日战争期间，汉麻段路基曾遭局部破坏，其中麻小段破坏较为严重，日本侵略军占领时虽经修复，但无人养护，路面坑凹，车辙满布，桥梁木料全部腐朽，不能通车。

1946 年 8 月下旬，鄂东北工务总段在麻城宋埠镇设立分段，对汉小公路做了实地查勘，编具了择要抢修的工程计划。直至 1948 年 4 月，交通部先后共拨工程款 7 亿元（法币），择要改善路基、铺筑简易路面，并修复了靠山店、刘杰士河、郭三屋等 8 座中桥，共长 622 米。还对 15 座小桥进行了维修加固。此时，"鄂、豫、皖三省边区清乡指挥部"又电令湖北省公路局修复麻城至小界岭路段，以配合"围剿"大别山革命根据地军运之需。但由于麻小段路基路面均遭挖毁，修复工程艰巨，所需 18.9 亿元（法币）工程费又未能拨发，因而无法开工。至 1948 年底，汉小公路仅汉口至宋埠段 97.6 公里勉可通车，宋埠经麻城至小界岭 83.9 公里仍不能通车。

1948 年 1 月，湖北省公路局鄂东北工务总段将武汉近郊汉小公路干线上的岱家山 3 号大桥的木面翻修工程包给渝隆营造厂承办，2 月开工，3 月完成。该桥长 135.10 米，共 18 孔，孔距 6.1 米到 10 米不等，桥面宽 4~6 米。

1949 年 10 月，国民政府为进一步控制鄂东地区局势，令湖北省公路局架设汉小路上的黄陂浮桥，鄂东北工务总段配合黄陂县政府强征民船，并由国民政府部队派出工兵，强行拆除船篷，于当月的一个夜晚完成了黄陂浮桥的架设任务。河宽度 160 米，码头 2 个，拖船 1 艘，水速 20~30 米每分钟，渡夫人数 18~35 人。

1949 年 12 月，华中"剿总"司令白崇禧命令修复和加强武汉近郊及其外围公路，计有黄陂到孝感、谌家矶到阳逻等。全省公路第一次实行分级管理。

国道、省道、县道的区分　1947 年 1 月 1 日，国民政府军事委员会战时运输管理局撤销，恢复成立交通部公路总局，对全国公路首次实行分级管理。总局将全国公路分为 9 个区，以区设 9 个公路工程管理局，湖北省的国道属第二区公路工程管理局（简称二区局）管辖。

1947年，二区局以汉口为中心，管辖湘、鄂、赣、豫、皖、陕6省国道公路，共长7603公里，并负责管理武汉长江汽车轮渡。次年，又奉命只管辖湘、鄂、赣3省国道，管辖公路里程共为4938公里，其中在湖北省境内管辖国道公路10条，共长2445.35公里（详见表4-3）。从此，湖北省的公路开始区分国道、省道、县道，第一次实行分级管理。

表4-3　湖北省国道公路里程表

单位：公里

| 路线名称 | 起讫及经过地点 | 里程 |
| --- | --- | --- |
| 汉麻 | 汉口、黄陂、柳子港、宋埠、麻城、小界岭 | 181.50 |
| 柳界 | 柳子港、浠水、广济、黄梅、界子墩 | 209.20 |
| 武界 | 武昌、葛店、鄂城、大冶、茶铺、辛潭铺、界牌 | 197.90 |
| 武长 | 武昌、咸宁、楠林桥、崇阳、通城、界上 | 227.58 |
| 汉宜 | 汉口、长江埠、应城、皂市、沙洋、十里铺、河榕、当阳、宜昌 | 363.97 |
| 襄东 | 襄阳、宜城、荆门、沙市、公安、东岳庙 | 279.90 |
| 花孟 | 花园、安陆、马坪、随县、枣阳、樊城、老河口、光化、孟家楼 | 360.10 |
| 老白 | 老河口、谷城、石花街、草店、十堰、鲍家店、白河 | 230.20 |
| 巴咸 | 巴东、建始、恩施、咸丰、石门坎 | 345.00 |
| 绿野 | 绿葱坡、野三关 | 50.00 |
| 合计 | | 2445.35 |
| 汉潜 | 汉口、汉川、岳口、潜江 | 130.00 |
| 汉沔 | 汉阳、蔡甸、仙桃镇、沔阳 | 170.00 |
| 蒲郝 | 蒲圻、嘉鱼、新堤、监利、郝穴 | 210.00 |
| 孝郎 | 孝感、隔蒲潭、郎君桥 | 30.00 |
| 皂钟 | 皂钟、京山、钟祥 | 114.00 |
| 自南 | 自忠、南潼 | 49.00 |
| 宜石 | 宜昌、江陵、郝穴、石首 | 295.00 |

| 路线名称 | 起讫及经过地点 | 里程 |
|---|---|---|
| 快钟 | 快活铺、钟祥 | 45.00 |
| 沙荆当 | 沙洋、荆门、当阳 | 90.60 |
| 广马信 | 广水、应山、马坪、信阳 | 76.50 |
| 樊黄 | 樊城、黄渠河 | 50.00 |
| 广宋 | 广水、礼山、河口、黄安、宋埠 | 125.00 |
| 兰滕 | 兰溪、浠水、罗田、滕家堡 | 119.17 |
| 罗英 | 罗田、英山 | 46.00 |
| 广武 | 广济、武穴 | 36.20 |
| 黄阳 | 黄安、靠山店、阳逻 | 91.99 |
| 黄宣 | 黄陂、河口、宣化店、婆媳桥 | 112.50 |
| 黄孝 | 黄陂、孝感 | 60.00 |
| 汉团 | 汉口、阳逻、团风 | 70.00 |
| 茶界 | 茶铺、阳新、界首 | 60.42 |
| 大贺 | 大冶、金牛、贺胜桥 | 70.58 |
| 武珞 | 武昌、珞珈山 | 8.50 |
| 武青葛 | 武昌、青山、葛店 | 46.00 |
| 大石 | 大冶、黄石港、石灰窑 | 27.00 |
| 辛赵 | 辛潭铺、通山、楠林桥、崇阳、赵李桥 | 104.60 |
| 咸羊 | 咸宁、蒲圻、羊楼洞 | 80.50 |
| 咸来 | 咸丰、忠堡、来凤 | 52.00 |
| 随资枣 | 随县、环潭、资山、枣阳 | 90.00 |
| 合计 | | 2610.12 |

实行公路分级管理,国道和省县公路分别由各区公路工程管理局和省公路局管理,养路费也分别征收和使用。而国道技术状况一般比省、县道好,通行能力和交通量也比较高,养路费的收入比省县公路多,致使各省公路局

的养护路财力受到"剥夺",难以进行维修工作,故对分级管理制度不满。1949年5月,江苏、浙江和四川等15省公路局曾经召开会议讨论公路分级管理的体制问题,会后曾联合呈文报交通部,要求改变现行管理制度。当年11月,交通部批复:现行管理制度不能改变。但对省道经费,可视实际需要,尽量增加补助款额,所需工程及运输器材,可予补充。

这一公路分级管理问题的争议,就此不了了之。鉴于中国幅员广大,各地区的经济和交通条件差异也很大,公路管理究竟应该采用何种制度,是分级管理还是分省管理?对于这一历史问题是值得探讨的。

## 第四节  国民政府驻鄂公路管理机构

(一)第二区公路工程管理局

1947年4月,二区局由湖南省晃县迁驻武汉,局址设在汉口六合路2号。同年6月,武昌至界上、武昌至界牌以及汉口至小界岭3条路线移交该局接管后,又分别成立了武长路修复工程处、武全路修复工程处、汉小公路总段。

(二)鄂、豫、皖3省公路督修委员会

1949年年初,国民政府对鄂、豫、皖边区大别山革命根据地进行"围剿"。武汉行营召集二区局及湖北、河南、安徽3省公路局长在汉口开会,成立鄂、豫、皖3省公路督修委员会,加强督修通往大别山地区公路的抢修工作。

(三)省属公路管理机构

根据交通部对全国各省公路管理机构统一名称为公路局的规定,湖北省公路局经省政府批准于1947年1月1日正式成立。

1947年6月和9、10月间,鄂南西段、鄂东南段以及鄂西段3个工务总段所管辖的干线公路划为国道,奉命移交二区局接管。上述3个工务总段随之撤销。为节约开支,不久又撤销了鄂南东段工务总段,改组为第一工程队。

1949年1月,柳界公路奉命移交二区局接管,撤销鄂东北段工务总段,另成立鄂东工务段,负责修复和养护鄂东地区的支线公路。同年8月以后,很多路线因战争关系不能通车,乃将全省工务总段和工务段改组为4个工程总队,同时撤销分段一级机构,按任务大小设立若干分队。第一工程总队设于鄂东，第二工程总队设于鄂中，第三工程总队设于襄沙路，第四工程总队设于鄂北。

1949 年 1 月，湖北省建设厅决定紧缩开支，调整机构和人事，以期加强指挥权，将全省 5 个运输段与 5 个工程段（总队）合并，组成 5 个办事处。即将第一、第二两个工程总队与汉口运输总站及鄂东运输段合并，成立汉口办事处；第三、第四两个工程总队与鄂中运输段合并，成立沙市办事处；鄂南工务段与鄂南运输段合并，成立武昌办事处；巴咸运输段改为恩施办事处，统一规定于同年 1 月起开始办公。第一、第二两个测量队及修车总厂、车辆监理所、材料库等单位，仍然保留至武汉解放前夕。

1949 年 3 月，湖北省建设厅由陶述曾继任厅长。此时，武汉已临近解放。湖北省公路管理机构及其负责人，上下均无变动，一直维持到武汉解放。

1949 年年初，中国人民解放军挥师南下，待命渡江。华中"剿总"司令白崇禧令其部队在撤退前对公路进行破坏，妄图阻止中国人民解放军继续南下。

1949 年年末至 1949 年 2 月间，国民政府溃军向南败退时，将鄂东地区（今黄冈地区）的汉口至小界岭公路宋埠经麻城至小界岭段 83.9 公里、阳逻至汉口 35 公里等 6 条干支公路，进行了不同程度的破坏。1949 年 5 月新中国成立前夕，鄂南这一地区被破坏的公路共有 182.62 公里。

武汉解放前夕，国民政府溃军又对以武汉为中心的公路进行彻底破坏，过桥炸桥，过渡毁船，破坏的大小桥梁计有 100 余座。

截至 1949 年秋湖北全境解放，全省只有 997.06 公里公路可以通车。

1949 年 2 月 16 日，鄂豫区支前司令部以第一号命令发布了《支前工作条例》，强调指出："各级支前司令部、指挥部为最高权力机构"。同年 4 月，鄂豫 3 分区司令部转达华中支前司令部紧急抢修公路命令，并发布了几项交通联络工作命令，主要内容是抢修被破坏公路、桥梁的经费、民工组织形式、民工工资、施工原则、技术标准等。

鄂东地区广大人民群众，根据华中支前司令部颁发的紧急修路命令及其12 条暂行规定，在中国共产党各级党政部门的领导下，为保证中国人民解放军渡江南下的公路交通畅通无阻，全力以赴积极投入抢修公路桥梁、支援渡江的工作。

1949 年 3 月中旬，中国人民解放军第二野战军第四兵团进至麻城县城关、中馆驿、宋埠一带，同时第四野战军先遣兵团一部也向中馆驿、宋埠推进。但由于汉口至小界岭公路严重毁坏不能继续前进，麻城县人民政府立即动员组织数以万计的人民群众，主动配合工兵部队，日夜抢修汉小公路路基，铺筑简易路面，架设临时便桥，很快就修通了汉小公路，有力地支援了中国人民解放军继续西进南下。

1949年4月7日，中国人民解放军第四野战军主力部队到黄陂姚家集时，黄陂县人民政府立即组织汽车44辆，帆船1317只，抢修公路240公里，修复大小桥梁72座。

1949年5月16日，武汉解放后，中国人民解放军武汉军事管制委员会交通接管部，接管了交通部二区局和湖北省公路局。同年7月1日，在武汉成立了华中公路管理局，下设江南、江北两个工程处，并组织了抢修队，协助公路沿线各县人民政府，发动群众抢修汉宜公路，于9月4日修复通车，并于7月中旬对武汉近郊岱家山3号大桥进行了抢修。经抢修队日夜24小时奋战，终于完成了在原木桥面上铺设单层三排贝雷式钢梁的抢修加固任务，保证了汉小公路干线的畅通。

1949年8月，湖北省人民政府交通厅公路局成立后，及时组织了工程队，协助公路、沿线各县人民政府，发动群众对襄阳至沙市公路和皂市至钟祥公路皂市至京山段，以及沙市至东岳庙公路进行了抢修，并迅速抢修了武汉外围的公路和桥梁，及时恢复了公路交通。从此，包括公路的建设管理在内的交通管理从建设厅脱离开来。在湖北，这种改变一直延续到现在。

表4-4　湖北省1949年年底修复公路里程统计表

单位：公里

| 路名 | 起讫及经过地点 | 里程 |
|---|---|---|
| 长孟路 | 汉口—长江埠—随县—樊城—孟家楼 | 435.19 |
| 汉麻路黄麻段 | 黄陂—麻城 | 83.70 |
| 楠通路 | 楠林桥—通山 | 17.73 |
| 汉宜路 | 长江埠—宜昌 | 300.65 |
| 崇赵路 | 崇阳—赵李桥 | 39.81 |
| 大黄路 | 大冶—黄石市 | 22.55 |

续表

| 路名 | 起讫及经过地点 | 里程 |
|---|---|---|
| 老白路 | 老河口—十堰—白河 | 230.2 |
| 黄土路 | 黄陂—河口—土岗 | 110.88 |
| 兰胜路 | 兰溪—罗田胜利（滕家堡） | 129.05 |
| 盛贺路 | 盛洪卿—贺胜桥 | 72.26 |
| 安花路 | 安陆—花园 | 28.97 |
| 襄东路襄沙段 | 襄阳—沙市 | 223.26 |

表4-5　湖北省1949年全省解放时实有通车公路里程表

单位：公里

| 序号 | 路名 | 起讫及经过地点 | 里程 |
|---|---|---|---|
| 1 | 武全路武浮段 | 武昌—鄂城—大冶—浮屠街 | 136.89 |
| 2 | 武界路 | 武昌—咸宁—崇阳—界上 | 232.88 |
| 3 | 宋马路河河段 | 宋埠—黄安（今红安） | 33.80 |
| 4 | 宋马路河礼段 | 河口—礼山（今大悟） | 31.09 |
| 5 | 宋马路马广段 | 马坪—广水 | 46.50 |
| 6 | 巴石路 | 巴东—建始—恩施—石门坎 | 345.00 |
| 7 | 咸来路 | 咸丰—来凤 | 52.00 |
| 8 | 汉麻路汉黄段 | 汉口—黄陂 | 43.90 |
| 9 | 襄东路沙东段 | 沙市—东岳庙 | 75.00 |
|  | 小计 |  | 997.06 |

# 第五章  交通往事

## 第一节  最早的公路建设

新中国成立前，黄陂县境最早的公路工程，首推民国十二年（1923），由黄陂商绅陈仇九招股集资修建的城（关）滠（口）公路，全长24公里。当时的政府仅在行政上给予支持，其筑路资金由黄陂县道局募集公债20余万元（旧币）。在制定各项表、证和规章制度后，聘请了毕业于陆军测绘学堂的陈警帆（庆湘）率测工、警卫、勤杂等30余人的测量班子进行勘测。线型优化比对后，最后勘定了现在仍在行驶汽车的黄陂城关至滠口镇的线路。线路走向已定，随即进行设计绘制与招标，公布《黄陂县道城滠线投标章程》，当时负责这项工程的工程师是由全国道协推荐、由黄陂县道局聘请来的刘士倚。承包这项任务的有裕通建筑公司的郭毓贤、冯铭记建筑公司的冯铭三两人。虽横店到滠口一段工程半途而废，但县城关到横店的一段公路在全省早期公路的修筑史上，不论在设计和施工质量上都是符合当时最高标准的。

## 第二节  渣油路面的铺设

1964年冬，原省长张体学从广东请来养路行家，由省公路局副局长范继武带队在汉（口）小（界岭）线黄陂段试铺全省第一条松散保护层路面，对改善公路的技术状况起到了积极作用。1966年5月继而实施油路新建工程，即在松散保护层路面上，加铺2.5厘米渣油表面处治，此施工工艺当时尚属新生事物，故省、地、县非常重视，省公路管理局派熊景涛、孝感地区公路总段派周西安等工程师亲自在工地指导。东西湖公路段段长带领一个班的技工和县公路段的30余名干部、工人组成施工队伍，并由县政府派领导成立指挥部。施工组织形式仍按民工建勤的规定，由沿线5区1镇51个小公社定员组织民工，按所辖行政区划分段包干，每日上路施工人数平均达千余人。

这次渣油路面的铺设，是在原有松散保护层路面的基础上，加铺渣油表面处治。由于这项工程是县境有史以来的第一次，缺乏施工经验，特别在表处中对底层"补强"未加重视，加之施工高潮正处在"文化大革命"时期，操作者未能按技术标准要求施工，对渣油用量失控，留下不少后遗症。但为整个湖北公路路面技术改造提供了技术储备。

在1979年黄（陂）孝（感）线铺设渣油路面的施工过程中，认真总结经验，按照"薄面、强底、稳路基"的质量要求，提出在施工中要做到"一看、二严、三注意、四勤、五不铺"的规定。一看：看气候、气温高低；二严：严格控制用油量，严格操作规程；三注意：注意初期养护，注意石料规格，注意安全生产；四勤：勤观察分析，处理病害，勤栏车碾压，勤排水清扫路面，勤修补；五不铺：强度及稳定不够不铺，不干燥不清扫干净不铺，石料不干有杂物不铺，油石比及石料不合规格不铺，大风低温天及油温不够160℃~180℃不铺。路面铺筑质量得到保证。

## 第三节　早期干线公路改线

黄（陂）孝（感）线的改建，是在1977年9月开始的，由12人组成的勘测班子，对该线进行了3次线路测量，最后确定起点在城关小西门汽车修配厂以北84米处，经涂店、枣林铺、花石桥、花园站、达义铺、方安集、青松岗粮店至界河桥与孝感县境公路相连接。改建线路24.06公里，按二级公路标准设计，路基宽9米，路面宽7米，林道与公路并列各1米，两旁边沟各1米，总计宽度13米（无边沟处11米）。

1981年10月，继黄孝改线后，黄（陂）土（岗）公路城关至河口段44公里（不包括1970年改建6公里）开始动工。该线测设任务由公路段负责，技术指标按平原微丘二级标准，路基11米、路面9米执行。工程劳力由沿线环城、罗汉、研子、长岭、姚集5个公社分别承担。1984年元月，改线工程竣工。竣工后，黄陂城关至河口路段，缩短运输里程4.5公里。据同年3月份的车流观察统计，交通量昼夜平均达906车次（拖拉机除外）。

图 5-1　新中国成立初期的黄土公路姚集段

图 5-2　1981年改建后的黄土公路

## 第四节　高等级公路的修建

汉（口）小（界岭）线自岱家山至黄陂县城关的一段公路，原设计标准低、路面窄、车辆通过能力差。20世纪七八十年代来，车流量日均约6000车次，相当原设计标准的10倍左右，车辆受阻，车流不畅时有发生，故有"横店横，滠口塞，到了汉口天已黑"一说。

为了确保国道线路的畅通，武汉市政府于1984年11月14日开始筹建岱黄高级公路，并于同年12月21日成立"武汉市军民共建岱黄高级公路指挥部"。正、副指挥长分别由市城建委、武汉军区、市交通局、市政工程总公司、市物资局、黄陂县人民政府等部门的负责同志组成。并抽调30余人成立办公室，负责筹集资金、征用土地、拆迁建筑物、制订设计图纸、落实原材料指标、掌握施工质量、进度和组织工程验收。该工程初步估算：需填挖土方170万方，修建中、小桥8座，控制投资总额6725万元。工程于1985年4月破土动工，1990年5月全线竣工通车。

## 第五节　早期公路桥梁修造

黄陂县的公路桥，大多在民国十六年（1927）至民国二十一年（1932）间公路兴建时所造。由于所筑公路或为军运，或由民办，均系乡间大路填、挖加宽，桥梁亦多为木架木面或石墩木面结构，就地取材，现场组织红炉锻制建桥铁件，路成桥成，比较简陋。

民国三十五年（1946），对黄（陂）土（岗）线的危桥进行过一次改建，据当时长轩岭工务分段电称："柳树店桥开工，在夏山乡征购桥料，五日内可运到工地，姚家集、十棵松桥料已备齐，现正赶做桥面，中石桥仅桥面及立桩工程已完成。女儿桥修筑桥基时，被乡民擅自挖坝放水，已商请该乡公所严予制止。如天晴水退，该桥可于十日内修竣，其他小桥已完成百分之八十以上等……"同年五月二十五日，由湖北省政府对黄陂县签发的"训令"中写道："查由汉口经县至宣化店一段公路，中外均极重视……武汉行营催促整修，工程紧急，刻不容缓，除由建设厅督饬该路工程段积极赶办外，兹将该县应行协助事项分示如下：（一）工程段已在该县复兴乡征用桥梁木料九百七十四根，又夏山乡二百二十五根，着限各该乡分所于两星期内砍伐，运至指令工地，不足之数，并应饬乡公所会同工段征足。此项伐运征用树木之工资，即以丐粉折价发给，按工计算，每工丐粉三市斤。（二）略。（三）略。（四）……所饬征用民工，每人每日发丐粉三市斤。唯应挑选年轻力壮者出任工作，不得以老弱妇孺充数，致碍工程进展。上开各项，关系重要，该县长应切实遵照办理，勿得疏延为要。"（以上两文摘抄，均录自湖北省档案卷 1998、1941 字号）。由此可知，当时修建公路桥的劳力、材料的来源和主持负责技术等项的有关单位职责。所建桥梁，大都是木桁构桥，一般跨径在 3~8 米之内。其次是梁桥，建桥时无须复杂的加工设备和工具，可就地取材。因其木质易于腐朽，需在用材前涂柏油防腐。这种桥型，在现代公路上也没有再采用的价值。

图 5-3　木兰大桥远眺（长塔线，1990 年建成，2005 年改造）

公路中遇宽阔河流，因财力不济，或通车紧迫等原因，常编舟架梁为浮桥。县境第一座军用浮桥是在民国三十六年（1947）9 月 6 日拂晓竣工的。

施工指挥所设在城关小东门滠水河西岸渡口。8 月 31 日在汉口市驳船业工会征用船只 40 艘（其中勘定 20 艘）。由当地政府供杉料 134 根；省局供跳板 104 块（长 4 米、厚 10 厘米、宽 80 厘米），杉条 60 根，面板 1100 块，6 分铁丝缆 2 根，12 号铁丝 2000 市斤。并赴柳子港征集木工，由鄂东北工务总段会同县府征工连夜赶搭，耗时一星期。

## 第六节　黄陂大桥修建背景

县境城东鲁台河上的黄陂大桥，是新中国成立后在滠水河上架设的第一座永久式大桥。1956 年 9 月 8 日，孝感专署交通科曾行文上报省公路局，文云："黄陂鲁台河正处在汉（口）小（界岭）线上，来往汽车经过此河，全靠大船载渡。一遇山洪季节，就有中断交通的威胁。我们考虑这座桥正处在汉（口）小（界岭）线上，应由省公路局研究解决，故特此再次呈请要求修复桥梁。"

1958 年，正是我国"大跃进"、大炼钢铁搞得热火朝天的时候。11 月，中共中央在武昌召开政治局扩大会议，周总理和陈毅副总理利用会议休息的时间，决定到麻城县（现麻城市）视察凤凰锅炼钢基地。周恩来总理从黄陂汉小线在滠水河乘渡船过河，渡船靠了岸，总理下船，他将张平化（时任湖北省委第二书记）、梅白（时任省委副秘书长）及县委领导石思、张怡如叫上岸，感慨地说："黄陂是武汉的北门户，扼鄂东北要道，连安徽、河南，位置非常重要，可这么大一条河，却没有一座桥梁怎么行呀？"张平化书记插话说："县里没有钱，要修桥需要上级支持。"总理说："那就支持呗，桥一定要修，有困难我支持。"省委领导直接表态："按总理指示办！"事后，省委领导遵照总理指示，将黄陂修桥的任务交给了省交通厅，经勘测设计，黄陂大桥于 1959 年 9 月 10 日动工，1960 年 6 月建成通车，总造价 87 万元。桥长约 300 米，宽约 7 米，可通行 60 吨重的汽车。在通车典礼上，建桥指挥部指挥长胡幼阶代表县人民政府讲了话。他说："黄陂大桥的建成，首先要感谢党中央、毛主席的正确领导，感谢周总理的亲切关怀，感谢省委、省政府和省交通厅的大力支持。"该桥的建成通车，结束了滠水河上无永久式大桥的历史。

图5-4　建设中的黄陂双凤大桥

图5-5　并跨黄陂滠水河的黄陂大桥及老桥拆除

图5-6 承载了黄陂三代人记忆的黄陂大桥拆除中（2012年4月）

# 第七节 老姚集大桥的改建

黄（陂）土（岗）线上横跨姚蔡河上的姚集大桥改建工程，是由省公路局测量拟定桥位，随后由公路管理局第二测量队反复测设鉴定，绘制图表及施工方案后开始施工的。设计为4孔30米悬链线双曲拱桥，跨矢比为1/6，拱轴系数为2.814。

桥基度为云母片麻及石英片麻交错，层次多而薄，承载力较差，故采用了组合式桥台。1980年二季度下达设计文件及投资标准，概算投资为364325元。施工是由指挥部自筹组织民工，按单项经济承包签订承包合同书进行的。施工中，南北桥台及3个中墩未达到标高已到岩层，承载力均能满足基底要求的承载力。经认可，采取了增减基础厚度、台身高度不变的方法，调整与实际设计的差异。原设计主拱采用吊装，根据设备不足的实际情况，改用现浇主拱圈的办法进行。竣工后的统计资料记载：共用劳力 149802 个工日；木料 241.6 立方米；水泥 1014.9 吨；钢筋 26.21 吨；决算金额为 728033.96 元，平均每米造价 5185.42 元。

图 5-7　建成于 20 世纪 60 年代的黄土线（姚集段）石板路（2012 年摄）

公路林场（苗圃）起源：区公路局现在的林场位于陈玉宫村、滠水堤外，建于 1969 年，原址位于现在的化肥厂片区，旧名叫"公路苗圃基地"。

旧苗圃始建于民国二十五年（1937）11 月，是当时的湖北省公路局首次在黄陂县建立的公路苗圃，也是武汉公路最早设立的苗圃场地。

20 世纪 50 年代初期，当时的黄陂县公安局为体现党的宽大政策，将一批"反动分子"组成劳改队，把鲁台双凤亭东北方向、汉麻公路以北、任家大湾以南的一片苗圃场地，面积大约有 350 亩，作为犯人的劳改场所。当时的苗圃工人与所谓的劳改犯两种不同身份的人，在同一块场地上同劳动，以致苗圃工人很有情绪。

1958 年"劳改队"解散，经县政府同意，交通局申请将该片土地划归养路段〔现在的公路管理段（局）〕，作为全职公路绿化苗圃基地。

1969年，县政府为了筹建化肥厂，又将苗圃基地中的80亩划给化肥厂建生活区，另在陈玉宫南堤外划出一片荒地重建现在的公路苗圃基地。

## 第八节　岱黄公路修建始末

党的十一届三中全会以前，黄陂通往武汉市仅有一条老岱黄公路。该路始建于1931年，路面平均宽度只有7.5米。1964年，加铺了松保层，形成了泥接碎石路面。1966年，改铺渣油表层处理，交通条件得到改善。党的十一届三中全会后，随着经济体制改革的不断深入，经济不断发展，客车、货车、农用车不断增加，岱黄公路日平均车辆流量达到5000车（次），节假日高峰期达到9000车（次），因此，公路上出现了"滠口塞，横店横，城关堵得难行人"的状况。特别是1983年11月，黄陂县划归武汉市管辖后，交通流量发生更大改变，岱黄公路上的交通流量明显增加。省、市、县的领导非常重视和关心这条公路的改建。1983年，湖北省公路局第三测量工程队曾两次对改线工程进行了测量设计，根据省、市政府有关文件精神和省、市有关部门领导同志的意见，1984年2月18日，黄陂县人民政府提交了《关于汉小线公路岱黄段改建工程的请示报告》，同时抄报武汉市交通运输管理局、湖北省交通厅、省公路管理局。武汉市交通运输管理局接到黄陂县人民政府报告后，于1984年3月8日，以武交字〔84〕15号文件报送省交通厅，并抄报省、市计委。1984年11月，武汉市人民政府正式批准兴建岱黄高速公路。

1985年3月，军民共建岱黄公路工程指挥部在滠口成立，黄陂县交通局派出副局长常荣耀、业务股长杨宗海、公路段副段长张家谋等13人参加指挥部工作。该路1985年4月破土动工。路基设计宽24米，路面宽23米，硬路肩2×1.5米，土路肩宽2×0.75米，中央分隔带1.5米，4车道，最大纵坡2.5%，货载标准汽20、挂120，设计时速100公里，通过能力（昼夜）1.55万车（次），全长24.635公里，起于汉口张公堤，止于黄陂黄孝路口。其中，中桥4座241米，小桥4座127米，设互通立交2处，公路与铁路分离式立交桥一处，路下设箱形涵道36处957米，涵洞60道1844米。路边安装波形钢防撞护栏，全封闭式栅栏和铸铁丝网，按部颁标准设计反光标志，采用全反光示导器清晰醒目的6条光带引导司机夜间行驶。第一期工程由刘店起止于千波店，全长 11 公里。1990 年 12 月 8 日，黄陂至刘店段建成通车，总投资 9350 万元。1992 年 9 月，开始修建 1.94 公里的剩余工程和兴建府河大桥。武汉市人民政府批准成立了府河大桥建设项目指挥部，余新焕任协调办公室主任，负责征用土地、迁拆房屋、处理纠纷等事宜。府河大桥位于岱家山大桥上游 2500 米处，属特大型桥梁，是武汉市北大门的重要通道，北连 318 国道岱黄一级高速公路，南接市区公路，全长 891.58 米，其中，主桥长 180 米，引桥长 690.2 米。引道 21.38 米，桥面宽 24 米，上下设 4 车道，全桥 26 孔，桥墩钢筋混凝土分离式薄外形，通过能力（昼夜）25000 车（次）。1994 年竣工，总投资 1.018 亿元。府河公路大桥建成后，岱黄一级高速公路实现了全线通车。

岱黄公路建成后，可西连黄孝公路，北接黄土公路，东通鄂东地区，彻底打开了武汉的北大门，对城乡连通、依托武汉、发展黄陂区经济奠定了坚实基础。

# 第六章　黄陂桥梁考

　　桥梁建筑，历来是在功能与艺术相结合的传统要求下，不断发展提高。它以多种多样的形态，协调融合于天然风景与建筑群体之中，因而很自然地给人以画一般的意境、诗一般的情感。它不仅是一种具有交通实际功能的工程，而且是既有美感又多情趣的艺术作品。从《诗经》"亲迎于渭，造舟为梁"，到清代黄仲则的"独立市桥人不识，一星如月立多时"之句，历代诗人词客，为桥写下了无数脍炙人口的佳句。另有以桥诗入画，或以画记桥，从对桥梁的欣赏，触绪牵情，引起一系列的联想，有赞叹而形之歌咏笔墨。这些文艺性的描绘，更为桥梁的艺术形象增添了风采。

　　桥梁之所以能称得上艺术品，原因是多方面的。桥梁本身从布局、选形、用材、装饰等客观的物质因素中，体现了人类很多积极的思想因素；而桥在特定的环境中，又会引起人浮想联翩的情感，使桥梁艺术丰富而多彩。我国古代的桥梁建设者，积累下丰富的经验，有很多卓越的成就和宝贵的遗存，至今还有值得借鉴之处。

　　一般说来，桥造在哪里，仅是服从交通的需要，但是在众多可以选择桥址的地方，有意识地配置桥梁，这也是艺术。我国河道存在3种情况，即大河、支流和小溪，因此，城镇的建设必循河道而有别。城濒大河，镇依支流，村傍小溪，几成为不移的规律。而桥梁的建造，亦随之而异，各臻其妙。各地山区、水乡或平原城镇，将至该地，必遥见一塔；入城镇前，必经一桥。这样的布置随处可见，亦标志了中国城镇的独特风貌。这些控制城镇通道的桥梁，如"灞桥折柳""板桥夜月"，送往迎来，联系着人间离合悲欢的种种复杂感情。

建筑群里往往配置一定的桥梁，这些桥梁常是建筑在人工开挖的池沼曲水之上。这已不是为了克服自然险阻而修桥，而是在建筑群的总体布置中作为一个有机的组成部分，服从社会生活中一定时代的政治礼制或宗教思想，使人产生庄严肃穆或清虚幽静的感受。

中国园林，是天然胜景和人间美丽的建筑的集中组合，供游人开畅襟怀、赏心悦目的地方，往往使人流连忘返，徘徊不去。所以，对桥的要求又有不同，中国园林中桥梁的布局和形式，完全不同于西方艺术而特具中华民族风格。

桥梁的选型，基本上决定于功能、技术、材料等因素，但是，一定的形式会联系到一定的艺术感受，再结合着所处的环境，更衬托出桥的姿态。燕赵的联拱平驰，屹立在骏马秋风的冀北，气势雄壮；水乡的薄拱轻盈，凌波于杏花春雨的江南，更觉秀丽如画。泉州安平长桥，一如压海长堤，雄健为闽南之冠；大渡河边，群山高耸，泸定桥一线横空，凌云飞渡。这些，都是桥梁结构本身所表现出来的艺术形象。

不同种类的材料质感相殊，石桥的凝重，木桥的轻盈，索桥的惊险，卵石桥的危立，令人赞赏，且色彩灿烂，在不同的环境中，如山麓、平畴、水乡、海岸、园林、市街，又因晨曦、暮霭、竹翠、枫丹、涵月、漱流，景物各异，动静自殊而形成了不同的画面。

桥梁除了结构本身必须具有外，有时服从于保护结构材料等原因，而在桥上增加亭廊楼阁等建筑，使桥梁的构图起了根本性的变化。这些从功能需要出发的桥上建筑，由朴素到繁华，装饰性起了更多的作用。即使桥上并无建筑，也往往在桥头树华表，立牌坊，傍守狮像，侧立幢塔，而栏板、柱头、石梁边、拱券的龙门石面，都可以作艺术装饰，表现出艺术的魅力。虽然桥梁主体结构的艺术性是桥梁艺术形象的主导部分，但装饰亦关重要，"好花须映好楼台"，锦上添花，益增风韵。即使不采取精雕细琢的装饰艺术加工，桥的曲折，坡的缓急，踏跺的节奏，也能别赋情趣。"市桥携手步迟迟"，即咏富于韵味的拾阶登桥的乐趣。

由桥而产生的感情的联想，常常形诸文字，所以桥廊、桥亭每多题壁。而桥的命名，如丰河桥、双凤桥、板桥等，点景标题，楹联诗文，亦甚多妙笔，这也是桥梁艺术的一个方面。经过千年沉淀，黄陂古桥众多，历史悠久，底蕴深厚。

# 第一节 古 桥

**张都桥**

位于长轩岭街东街 3 公里处。始建于明中叶。万历四十一年（1613），由任明延都察院右御史、辽东巡抚的长轩岭人张涛捐银改建，故名张都桥。张都桥位于滠水河东的汉港上，石拱单孔，桥墩平面北雕龙头，南刻龙尾。石桥全长 28.8 米，主桥 20.5 米、宽 4.4 米、高 6.5 米，底孔直径 6.8 米，桥所连接的是北通豫皖南达武汉的大路，且是木兰山西南傅家大湾、南场湾、周家畈等 40 多个自然村交通要道。

张都桥万历四十一年改建后，崇祯十五年（1642）前后遭炮火损毁，在清顺治、康熙年间做过一般性修缮。每遇泄洪，"人车均不能过桥"，至乾隆二十七年（1762），才基本修复。道光年间，桥孔与桥面出现破裂，给行人车辆行驶带来不便。桥北周家畈湾"武解元"周汉章、"文解元"周华延父子俩知道后，慷慨捐银请石匠修缮，"以益利乡民路人"。今保存下来的张都桥，即周汉章、周华延父子捐银修缮的。周汉章是道光初年名噪"两湖"（湖北、湖南）的五品武解元，周华延是道光二十三年（1843）的五品文解元。由于周家畈湾在道光年间一家出了"武文"两解元，且两解元情系乡里、为民修桥等事迹感人，故清道光至宣统年间，六品以下文武官吏到周家畈湾或途经周家畈湾，在距离湾前一华里的张都桥，"文官下轿""武官下马"。

**自在桥**

位于长（长轩岭）塔（塔尔岗）公路边的陈家冲右拐再东行 1 公里，就来到了木兰山西麓木兰山村的自在桥边。

木兰山村辖张家冲上湾、张家冲下湾、李家港 3 个自然湾，隶属木兰山风景管理处。眼前的自在桥保存完好，坐落在张家冲上下湾之间田畈的涧港上，桥长近 10 米，宽 2 米，高约 2.5 米，菱形单桥墩，桥面铺厚重的长条石，上垒青石护栏。

据张家冲下湾张振延老人介绍：明代前，自在桥曾称竹林桥，明永乐后改称石板桥，叫自在桥是清道光末年的事。宋元时，今张家冲上湾一带是一片茂密的竹林，涧港被竹林遮蔽，故称竹林桥。明永乐年间，随着木兰山佛教、道教的发展，尤其是道教的发展，朝山进香的香客增加和今张家冲上下湾先祖从江西迁徙此地后建房开荒对竹林的毁挖，几十年间，竹林被毁挖干净。于是，木兰山僧道和张家冲的百姓就改叫竹林桥为石板桥。明清时，朝木兰山的香客每年多达数十万。香客上木兰山有 4 条主路，即东路烟沟，南路木兰川、祈嗣顶，西路长轩岭、张家冲，北路铁屎墩、北泉寺。4 条上山道路，数西路最大、上山香客最多。张家冲上下湾之间涧港上的石板桥是西路香客朝觐的必经之路。由于木兰山西的地形复杂，山水大，加之石板桥修建得不够牢固，所以，每隔几年就要被洪水冲垮一次。有的年份雨水多、山水大，一年中有时两次毁而复修。石桥冲垮后，给当地人出入、外地香客上山带来不便，故有香客抱怨说："石板桥颤颤摇，发个大水桥冲跑，三丈水港过不去，绕道绕得好心焦。"张家冲上湾一绅士听后觉得脸上无光，于是，他商量族人，求助木兰山僧道，并在西路上木兰山的几个河南信阳香客的主动捐助下，筹集了一批银两，然后挑选了几个建筑技艺高超的石匠，精心设计、精选长大石料，于道光二十六年（1846）修起了这座石板桥。

石板桥建成后，道光二十九年（1849），木兰山一带降特大暴雨，山洪暴发，涧港水满，但石桥却坚如磐石，岿然不动。洪水时过桥，人们再也不用为安全问题提心吊胆了。人们自在悠闲地走在桥上，看着桥下滚滚奔流的洪水，相反，还感到惬意和开心。道光末年（1850）夏，一个大雨过后的晴天，一孝感香客上木兰山，来到张家冲下湾时，遇一信阳香客。信阳香客问他："涧港上的石桥是否好过？"孝感香客随口答道："石桥今非昔比，可自由自在安稳过桥。"正在桥上看滚滚洪水的那位张家冲上湾绅士听后受到启发，觉得"自在"这两个字非常好听，于是，就提议将当时仍称为石板桥的石桥改叫自在桥，得张家冲人的一致赞同。由西路上木兰山的香客更是喜欢这个桥名。

**二太桥**

大桥由 4 个石墩支撑，逆水的面作成菱形分水尖，坐落在滠水河中游西岸的大港上。据年逾古稀的村民徐淳有等老人告知笔者：二太桥始建于明万历三十八年（1610）前后，相传由一权贵的二太太捐银修建而得名。此前大港上的这个地方曾架设过木桥和简易石板桥。由于年代久远，桥名无从考证。现保存下来的二太桥，长 20.15 米、宽 3.3 米、高 5.5 米，部分是清光绪二十二年（1896）复修的。早期的二太桥曾在明崇祯年间被洪水冲垮，清顺治年间复修后，咸丰六年（1856）又在太平军与清军征战的炮火中损毁，至同治九年才得以复修。同治后，由于人为和洪水的毁坏，二太桥先后于光绪二十二年（1896）、1933年、1958年做过修缮。其中，1896年的那次修缮较大，有近百人为此次修缮捐银。

来到二太桥北，徐淳有老人十分惋惜地说："二太桥北首原有一块高2米、记载二太桥历史的石碑，遗憾的是，这块石碑在1960年前后被人砸毁了。"

从万历三十八年前后算起，二太桥距今近400年，不论朝代如何更迭，历史风云如何变幻，但桥一直存在，桥名一直未改。这主要是此处的地理位置十分重要，桥处在滠水中游西岸南来北往的主干道和周边集镇、码头、村湾较多的交通要冲。20世纪30年代前，豫皖一些地方货物的出入必经二太桥，且陂北蔡店、姚集、梅店、柿子、长轩岭、碾子岗等集镇许多货物的进出也得走二太桥。明清时，二太桥还是通往滠水河莺鸡坡、大城潭两大码头的捷径。二太桥附近，更有百余村湾。二太桥桥名沿袭未改，则是人们对那位二太太的敬重而不愿更易。

关于二太太捐银修建石桥，民间传说是这样的：二太太姓陈（一说姓闵），因婚后多年不育，遂忧虑成疾，卧床多年，医治不见好转。一天，一心地善良的老尼劝告她"施善做好事，方能得福添子"。二太太把老尼的话记在心里。这天，二太太问伺候她的丫鬟，离她娘家不远的大港上损毁的简易木桥修好了没有？丫鬟打听后告诉她，损毁的木桥多年无人修缮，过往行人有怨声，期盼官府和有钱人出银修建。于是，二太太即作出了把木桥改建为石桥的决定。二太太捐出银两，请石匠把小木桥改建成了一座较大的石桥。石桥建成数月后，二太太的身体奇迹般地康复了，一年后，又生育了一个儿子。二太太施善得以善报不但自己高兴，更主要是方便了行人。徐淳有老人说："二太太捐银修建的石桥虽早就不存在了，但她施善捐银建桥的美德却永远留在了人们的记忆里。"

**青石桥**

青石桥始建于明朝。现保存下来的青石桥，长约15米、宽5.2米、高6.5米，它在黄陂北乡小有名气，木兰乡青石桥村即以此桥命名。青石桥位于木兰山北一低洼弯曲的小河上，东距今木兰湖3公里，南距木兰川4公里，西距木兰将军庙1公里。

关于青石桥的修建，民间有几种传说。当地一个李姓老人为我讲述了其中一个传说：明万历年间的一年五月，黄陂北乡普降大雨，山洪暴发，今木兰乡青石桥村竹林湾北小河上的小石板桥被冲毁，有数十个行人被洪水围困在小河以南的一个土丘上。正当人们又饿又冻（已有一孩、一少妇被淹死）感觉生命受到严重威胁、焦急万分之时，幸好一士绅察看水情来到这里。士绅见情况危急，于是回村发动村民冒雨拿来门板和大圆木。放下水后让人们伏在上面，才使被洪水围困的百姓得以解救到了小河北岸。事后，士绅心想：要是小河上有座高大坚固的石桥，就不会出现受困洪水淹死人的事。因此，他发誓要在小河上修建一座桥，以利行人车辆，造福桑梓，自己也会落个好名声。于是，他带头捐银，募集钱粮，挑选石匠，亲自监工，以青石为材，修建了一座石拱桥，并取名青石桥。青石桥的修建，既方便了附近村湾的出行，也联通了北去大城潭、南到木兰川的古道。人们无不称赞这个士绅的义举。李老汉说："青石桥在修建后300多年的时间里，经历了毁而复修和维修的过程。"相传"癸未劫案"是青石桥受创最重的一次。

明崇祯十六年（1643）六月，张献忠在武昌建立农民政权后，原麻城"里仁会"会首汤志为表归张献忠之忠，以珠宝、黄金和名画进献。为防不测，他派心腹家人绕道黄陂北乡去武昌。当汤志心腹的马队出麻城时，还是被当地地主武装肖某的侦骑探得。肖某率马队随后追来。护送珠宝、黄金、名画的马队离石桥不远时，发觉有悍骑追赶，估计是肖某等人。于是，汤志心腹过桥后毅然用所携带的炸药炸垮了青石桥。肖某等人被阻隔小河北岸，等他绕道青石桥继续追赶时，汤志心腹的马队已无影无踪。青石桥此次被炸后，因复修银两一时难以筹措，只好用石板搭建了一座便桥，直至清康熙初才得以复建。之后百余年间，曾历经损毁、修缮。今保存下来的青石桥，即是道光末年在原桥的基础上，沿袭明桥风格改建扩建的。

### 左家港桥

位于横店街左家港村。清同治《黄陂县志》记载："左家港，在县西南三十里。"与今左家港桥遗址相吻合。为石拱桥，单孔，桥宽2米，长5米。建于清，几经修缮后，修横天公路时改建。左家港年承雨量38万立方米，南通后湖，北通独木桥。旧时，此为码头，也是西部重要水路通道，是黄陂水上货物重要集散地之一。相传该桥为一姓吕的大户兴建，故名为吕家桥。吕家桥旁建有一庙普济寺，寺内上下两重，有娘娘殿、罗汉殿等两厢共12间，中间有天井。寺门前有一对石狮。每年庙会期间，这里是当地最热闹的地方，当时流传"程家墩，吕家桥，普济寺"的民谣。吕家迁居后，因港西集居左姓人氏较多，分上左家港和下左家港，改称左家港桥。

**乌泥港桥**

建于清，毁于 1946 年。位于横店街同合村乌泥港。桥宽 5 米，长 10 米，两孔一墩。传说有一年河南一猪贩路过此地，那时此处还未建桥，一妇人过河不幸溺水身亡。商人见此，遂举资修桥，无奈资金不足，遂卖儿捐资，终建成此桥，了却心愿。所以当时又叫这座桥为"卖儿桥"。桥建成后，这里成为一条重要通道，北通光山，南通汉口。1946 年被国民党军毁于一旦。

**县署平易桥**

清同治《黄陂县志》载："平易桥在县治前，邑令石巨川建，欲平易近人，故名。"又据 1985 年黄陂城关老人关于县城津梁的口碑资料，平易桥为石拱桥，已不存。资料记录的城关镇城建所傅德威老人口述：古县署遗址新中国成立后为黄陂县第一中学校园，县一中校园南墙外 20 世纪 60 年代还可见一条自东而西、宽 3 米有余的水沟，校门口的路下仍留有流水孔，这流水孔处即条石结构的平易桥遗址。傅还说，古时百姓到县衙上告必经此桥，如到桥前就将气平下来，消气后就不过桥打官司了，故民间又称平易桥为平气桥。

1998 年后，在古县署遗址上贯通了大南街，黄陂一中迁新址后原地又改设区实验中学，今实验中学校园的西南角就为古黄陂县署前的平易桥遗址。

**小西门外板桥**

民安街上，今街南的杨园村委会楼与街北的信用合作社楼之间那段街道，旧时为大板桥，桥下自东向西流的小河即沙港。据清同治《黄陂县志》，大板桥为宋嘉定十六年建，明永乐间重修，据传桥上有仙人足迹，即黄陂十景之一。傅德威老人讲，条石结构的大板桥，1950 年改为石拱结构，其桥宽 5.2 米，1983 年又扩为 10 米，随后其桥东西两侧建起楼房，大板桥也就隐没在街市之中。

世传，城西护城河洪水滔滔，百姓进出县城，车马受阻，过往极为不便。黎民百姓急盼架座石桥。这一年终于开工建桥了。谁知下石打基时，石料常被河水冲走。众工匠一筹莫展望水兴叹之际，一朵祥云飘然降落，一鹤发童颜的老者出现在大家面前，望着河水淡然一笑。众工匠见是泥木祖师鲁班，连忙上前求助。鲁班微微点头，说道："尔等不知，石料卷走，是河中水蛇精作怪。"说罢随手捏一泥齿抛入河中，霎时白光一闪，血水翻涌，巨浪滔滔。鲁班趁机投石镇水，差人架桥。水中余波未平，板桥也随之颤动不定。鲁班知是妖孽作怪，便走上桥去猛蹬一脚，踩出一尺多长的足迹，不仅镇住了妖孽，也平息了水患。护城河变通途，黎民皆欢腾。从此，石板桥上就留下了鲁班的仙迹。人称板桥仙迹。

## 女儿桥

在研子岗的南边 150 多米远的地方有一条港，港里长年不断的流水源自伏马山北面和赶鸡山南面而流入大河（滠水河）。这条港沟在古道经过处曾经有座桥，名叫女儿桥。

相传很早以前，有个叫吴才德的财主，请前湾一个叫钱世宗的穷汉帮他做了 3 年长工，当初讲的工钱是每年一匹牛。3 年后，吴才德硬说是一瓶油。钱世宗辛辛苦苦做了 3 年，吴才德才给他 3 瓶油的工钱。钱世宗有口难辩，提着 3 瓶油回到家里，心中闷闷不乐，他想：非把这老家伙整治一下不可！于是，他来到木兰山的地王庙，找到好友伍和尚给自己出个主意，想个办法。钱世宗将刚才的情况和想法说了一遍。伍和尚气愤地说："附近农民的血汗被吴才德吸干了，是得狠狠整他一顿！"他们两人合计利用吴才德信神怕鬼的弱点，想出了一个办法。

这年的正月十五凌晨，吴才德带着妻子和独生女儿来到地王庙烧香还愿，伍和尚连忙上前，边打躬边说："哎呀！吴老爷，你今天来得太早了，不吉利呀。"吴才德一怔，忙问："我今天抢了头香，有何不吉利？"伍和尚说："老爷哪里晓得，我昨夜在梦中得一天书，那天书上写道：为抢头香心非诚，来生变驴磨面粉。"财主上前问："真有此事？"

"小人还敢胡言？"过了一会儿，伍和尚嘴贴财主的耳朵低声说："当时我还在宝镜里看见您在推磨哩。"

"啊！"财主"扑通"一声昏倒在地。他妻子也扑上前痛哭。吴才德被哭声吵醒，叹了口气，望着伍和尚，求情说："伍兄弟，你能不能给我解一解呀？"

伍和尚手捻佛珠，微闭双目，故意想了想说："解是有解，可你办不到哇。""办得到，办得到。"吴才德张口望着伍和尚。伍和尚道："天书上说的解法是把你的女儿抛入渡口，搭成浮桥，方便行人，以示赎罪，你来生才不会变驴。"财主一听，痛哭起来："我就只有一个女儿呀！这……"他的妻子、女儿也蹲在地上号啕起来。伍和尚手捻佛珠说:"老爷,不要急,地王爷给你还指出了一条明路……"财主打断了和尚的话,忙问:"什么明路?兄弟快说、快说!"

伍和尚说:"你就近找一个长工,他会给你出主意的。"财主想道:只有钱世宗最近,就找他。又一想:不行,20天前我只付给他3瓶油的工钱,他这会儿能帮我的忙吗?财主婆看透了男人的心思,上前说:"哎呀!快带上300两纹银去求钱世宗吧!"

吴才德带着纹银来到钱世宗家里,一把鼻涕一把泪地把在庙里的情况说了一遍。钱世宗听了暗自发笑。他接过纹银,摸了摸后脑壳,把大腿一拍:"有了!"财主一喜:"怎么办?兄弟。""用你正堂屋的全部材料,在渡口修一座桥,然后叫你女儿在桥上烧3年茶,让过往行人解渴,也就没有违背天书和地王爷的旨意。"财主听了,只得照办。第二天,就把正堂屋的材料统统拆下来,不到一个月,桥就修成了,并叫他女儿在桥上烧了3年茶给过往行人喝。

到清朝末年,田铺湾刘洪发因在新疆伊犁抵御外侵之敌,战功显赫,被大清光绪皇帝钦赐黄马褂,头品顶戴双眼花翎。荣归故里后,在女儿桥外用石头重修了一座石桥,并把皇帝钦赐的3米多高的大碑立在桥头。当时过往官员"文官下轿、武官下马"是路人皆知的事。日军侵占黄陂后,在女儿桥上10米处修了一座公路桥。新中国成立后,多次维修。近年,因公路拉直加宽,在原公路桥上50米的地方又修了一座公路桥。

**石龙桥**

在研子岗北1公里处有一个湾叫石龙叫湾。在湾的南面几十米的地方有座两孔的公路桥,这座桥叫石龙桥。

这座桥的西边10多米处曾有一座桥,这座桥实际上是一块大石头搭建而成的。这块石头长5米,厚40厘米,宽90厘米。在石头的中间还有红车碾过而形成的车辙,有用什么东西砍过的三道石印。

很早以前,这里是从河南河口到黄陂的一条古道,抬轿的、骑马的、推车挑柴担货的,南来北往的人们都要从这里经过。人们搭建的桥总是被堰沟里的水冲垮,过往行人很不方便。有一天,天下大雨,洪水暴发,冲下一块大石头正好落在此路处搭成座桥。因为石头大,任凭水怎么样冲,屡冲不垮,但是,这个石头每到起风时就叫,因为石头既长又大像条龙,所以人们就叫它石龙叫。有一天，鲁班从这里经过，听到石龙叫，很不高兴，就挥舞斧头砍了它三下，石头上还有三道用斧头砍过留下的印迹。他一边砍还一边说：叫你配做女儿桥，你跑到这里来，还叫。这块大石头被鲁班砍后，不管起多大的风，它再也不叫了。但是，因为石龙叫名声远扬，石龙叫的名字至今流传。

### 百步三道桥

在研子岗南不远的古道东边，有个湾叫易家大湾，民间流传着"百步三道桥、五里三知县"的说法，无不说明人杰地灵。在研子岗南，古道东曾有一个易家老店，就是现在易家大湾前面不远处，这个地方的水是由东向西流，弯弯曲曲的堰沟水流进易家堰。相传这个地方是个龙脉地，有处窄窄深深、弯弯曲曲的堰沟路要从这里经过，人们在百步以内的堰沟上搭建了三道桥，所以"百步三道桥"流传至今。1970 年，人们把这里的路拉直、水拉直，把三道桥改为一道桥，叫三治桥。

那个"五里三知县"是什么意思呢？清朝同治年间，易家大湾出了一个知县六品衔贡生易绳祖，陈冲湾出了一个知县附生陈同文，吴家大院也出了一个知县增生吴凤遴，而易家大湾到陈冲湾是 5 里，陈冲湾到吴家大院是 5 里，这就是所谓的"五里三知县"。

### 前川大东门落瓜桥

落瓜桥实为黄陂古城昭明门（俗称大东门）外跨越城壕的便桥，位于今前川大道与东门巷的交叉处。傅德成老人介绍，此桥原为木板桥，1923 年改建为条石结构桥，1950 年又改建为石拱结构桥，多次改建后桥宽 8 米许。改革开放后，在日新月异的城市建设中，东门城壕被填平，此桥也埋没在地下。

东门城壕上的这座桥，与古县署前的鼓楼等建筑物一样，也流传着宋代三朝宰相吕蒙正的故事。宋太宗、真宗年间，3 次任宰相的河南洛阳人吕蒙正，系后唐户部侍郎梦奇之孙，后周起居郎龟图之子。吕蒙正的父亲妻妾众多，但与吕蒙正的母亲即妻刘氏不睦，吕蒙正年幼时随母亲一起被父亲赶出了开封官邸。吕蒙正在宋太平兴国二年（977）中状元，踏入仕途前，同他母亲一样，也受尽了困窘贫乏之苦。世传，被父亲赶出开封官邸的吕蒙正，曾流落黄陂，在黄陂县城饥寒度生。黄陂椅子山（今双凤大道电力大楼附近）有他寄住的破窑，古城大东门处有他桥上落瓜的落瓜桥，西门外有他闻钟赶斋的古木兰寺（遗址在今西寺大道东端的黄陂老汽车站）……传说穷困潦倒的吕蒙正，有一天在黄陂城内捡到一个瓜，欲抱回寒窑与母亲共享，哪知在东门木板桥欢喜忘形不慎将瓜掉落桥下湍急的河流，于是，人们就将此桥称为落瓜桥了。

### 罗汉半河桥

半河桥位于罗汉街河李湾西南龙须河上，历史悠久，结构奇特。

半河桥建于明末清初，桥全长 61 米，宽 3 米，高 4 米左右。由于注重利用河心原有的礁石为桥基，所以桥身分成东、中、西 3 段。桥共 5 个孔，拱形桥孔 3 个，均采用拱圈石镶边纵联砌置法砌筑，拱跨 3 米左右。长方形孔 2 个，是在两段桥身之上平铺厚大青石板而成，孔宽 2 米左右。桥身选用打磨规整的青石条为石料，以石灰为基本黏合料，平铺顺砌，错落相衔。两侧原建有石桥栏，现已俱毁。

半河桥兼有单曲拱式和石墩石面板式两种结构，而且桥身在河中部两度曲折反向，看上去桥面像"S"形，所以这座桥还流传一个名字叫"半弯桥"。

这桥造型构造奇特、形式优美，在中国的建桥史上是绝无仅有的。

半河桥在罗汉寺南、河李湾西 150 米处的龙须河上。此处是人们南来北往的必经之地，明末清初以前，这里没有桥，人们过河，如少雨干枯时，就从裸露在外的黑色岩石上走过，一遇雨季涨水，过河就只能靠摆渡，很不方便。当时河李湾有位道人叫李善人，见此非常着急，决心筹集资金建一座桥，方便过往乡民。为此，他一路化缘到河南周口，在一个姓周的员外家门口静坐了三天。周员外大受感动，答应出资助李善人建桥，并带资金同他一起来到河李湾查看地形，准备建桥材料动工建桥。在当时建的是直体桥，当年雨季，新建的桥一夜之间就被洪水冲毁。李善人见状彻夜难眠，非常着急。一天夜里，他在睡梦中来到被冲毁的残桥处，在朦胧的月光下，见一叫花子躺在河边沙滩上，他上前问："为何躺在这里？"叫花子道："你要造好这座桥，就得按躺的姿势去做。"李善人想再问他是何道理，转眼间那个叫花子就不见踪影。李善人大声寻呼，这叫声把周员外吵醒了，周员外忙问："发生了什么事？"李善人醒来后才知道自己做了场梦。李善人把刚才梦中情景讲述一番后，两人急忙更衣，来到河边，确见一叫花子远远而去。第二天，他俩来到河边找到了那个叫花子躺卧的地方，看到了"S"形躺卧的形状，赶紧组织工匠按此形状再重新建桥。工匠们看了沙滩上躺卧的"S"形状后，仔细查看了地形，认为按这形状建桥确有道理，于是他们也一改过去一桥一种结构的一字形建桥方法，因势造形，建造多结构"S"形的桥。他们分析了这里的水流量，改3孔为5孔，增加了桥的排水量，并在石桥正中转弯处建造一个主桥墩，起着中流砥柱的作用。这种桥建成后，经受了无数次洪水的袭击，有时整个桥体都被洪水淹没。几百年过去了，这座桥依然傲立在龙须河上。尽管桥体上显露出岁月的沧桑，但古代劳动人民利用自然、改造自然的伟大创造力，深深地植根在人们心中。

半河桥于1989年被列为武汉市文物保护单位。

新中国成立初期，由罗汉商会出资，吴家大院吴传先师傅带人把中间主桥墩重修加固。

1990年由市文管办拨款维修桥西岸桥墩。

1999年市文管办再次拨款，对桥进行整体维修。

**前川学宫状元桥**

说起状元桥，不得不提起黄陂儒学即学宫。今大南街实验中学以南包括光润里、光荣里一带均为黄陂学宫遗址。黄陂自宋代即夫子庙为学宫后，学宫遭屡毁屡建，今前川大道北侧的人民会场就是清康熙年间重建的学宫大成殿（圣殿）。学宫为较大的建筑群，不但自北而南建有启圣祠、明伦堂、圣殿、泮池等，泮池之上还建有石拱桥，即状元桥。

状元桥的具体方位为何处，傅德威老人指认其遗址就在人民会场对门的文化馆院内。新中国成立前住在今光荣里一带的人家均以状元桥为这里的地名，1952年后这一带渐被填平，桥也不见踪迹。

**前川河街黄婆桥**

清同治《黄陂县志》卷十五的《兴复带河记》一文曰："带河一道蜿蜒余三里，发源于东坂，西抵黄婆桥……"傅德威老人讲，河街（今人民道）旧有条石结构的黄婆桥，处在县城水系的末端，桥西距文教巷口约40米。解放初在附近读过县完全小学的老人们回忆，童年时，这里还可见桥的痕迹，夏天大雨，黄婆桥处经常因溃水阻断他们上学放学之路。那时，黄婆桥也只保留一米见方的涵洞。在后来的城镇建设中，黄婆桥渐渐地埋没于平整的街道之下。

清同治《黄陂县志》还称，黄婆桥世传一段宋朝开国皇帝赵匡胤登基前浪迹天涯的故事。出生后唐、后晋、后汉、后周4代王朝禁军将领之门的赵匡胤，受家庭熏陶，自幼练武并有一身好武艺，还颇有冒险精神。他21岁就告别父母妻子浪迹天涯，先后到过华北、中原、西北的不少地方，在闯荡中寻找自己的事业。赵匡胤浪游楚地时，曾路过黄陂。那是一个寒冷的冬日，长途远涉抵达黄陂的赵匡胤已是饥渴难忍，在滠水汊河口只得向石桥旁的黄婆求水。乐善助人的黄婆却以酒相进，并告之不要因朝廷严禁民间酿酒而慌张，提醒急于充饥解渴的赵匡胤慢饮，以免把酒洒漏。赵匡胤"陈桥兵变"建立宋王朝登位宋太祖后，一天回想起在黄陂"求水黄婆以酒相进"之旧情，便发诏书开放黄陂酒禁，并命名黄陂滠水汊河上的石桥为黄婆桥。

民间也流传，宋朝杨家将的杨令婆佘太君也曾率军到过黄陂，并在今文教巷南端旷地（今前川第一小学校园）休整操练，练兵地附近的黄婆桥也得名杨婆桥。

### 大西门月城演武桥

演武桥也为城壕桥，条石结构，3墩2孔，宽约3米。桥址在古城豫泰门（俗称大西门）之月城外，因大西门城门向西开，而其月城门朝南开，故城壕上的演武桥位于大西门正门外偏南约20米处（今共和巷西侧距康乐巷口约30米，原城关合作豆腐店内）。新中国成立后，古城墙为"让路"城镇建设被拆毁，演武桥也毁于"文革"中。

清同治《黄陂县志》记载，教场在县治西3里（今向阳大街教育局西北处），旧建有演武厅，为营兵操阅武艺放枪炮之所，县试阅看武童马射亦在此处。因守城营兵等去教场必由大西门出城，故称大西门城壕这座石桥为演武桥。

### 前川西郊长港长河桥

古时，出大西门去教场还要走长河桥。长河桥位于今前川大道西端的向阳村委会大楼西侧。傅德威老人说，长河桥为石拱结构，始建于清代。傅还说，黄陂古城的北郊和西郊曾是水港绵延，西郊程家墩附近的水港称千工港，"燕子扒梁"一带又被称为长河，故该桥称为长河桥。

长河桥又简称长桥，"长桥"曾用作这一带的地名。新中国成立初期农业合作化时，这里的农业合作社曾称长桥社，人民公社时又称长桥生产大队。如今的长河桥也非古时的石拱桥，经过多次扩建，石拱桥的桥宽已由民国年间不足3米增加到了10余米。

### 前川小西门小板桥

古城丰享门（俗称小西门）之月城外城壕曾有条石结构的小桥，北与大板桥相距约 80 米。傅德威老人讲，1983 年曾扩建此桥，桥宽由 3.8 米扩为 10 米。自 1988 年，填平小西门外护城河，沿城壕旧址改建板桥大道，板桥也填埋在城市街道之下。2006 年改建板桥大道下水道，藏于地下的小板桥也毁无残迹。

清同治《黄陂县志》卷之所列县城周围 15 里内的桥梁有：县北沙港桥、石港桥，县西丁公桥、程夫子桥、洋漫湖桥、乌泥港桥。随时代变迁、灾害损失、建设发展，这些小桥也都无存。如龙须河汇入滠水处的条石结构石港桥，20 世纪 70 年代兴水利、改河道，因河道的变迁而桥也被拆毁。

### 天河范四桥

范四桥已有 480 年历史了，它是天河地区古老的历史遗迹。1368 年，朱元璋定都南京，翌年即下达移民令。范氏先祖于 1369 年由江西南昌瓦宵墩移民湖北大悟县河口镇，历经二代，一支人马仍驻河口，一支人马北上河南，一支人马南下黄陂。天河范氏先祖首居高家田。他生有 4 个儿子，第四子范石潭，小名范四，自幼聪明过人，成年后移居仰家田，广置屋宇、田地、河湖，广行善事。据史料记载，明正德十年（1515），范石潭为了沟通东北至县城、东至横店、东南至滠口的交通，为了促进商贾流通，也便于家乡子弟赴县乡试，造福故里，独资兴建了一座石桥，按他的小名取名为范四桥。范四桥为 3 孔石砌桥，跨度 2 丈 4 尺（8 米，含中间 2 桥墩），桥长 6 丈（20 米，含引桥），宽 7 尺 5 寸（2.5 米）。

### 包公称赞铁板桥

黄陂前川街道约 10 里处的枣林村，有两处湾子相隔很近，一个叫徐家垱，一个叫夏家垱。在徐家垱、夏家垱湾东，沿河有条南北通行的古道。古道跨过一条溪流，溪上有座古桥，这就是远近闻名的铁板桥。铁板桥并非由铁板做成，而是一座传统的石板桥。该桥石板南北架设，由 3 块厚大的石板并列组成。每块石板长 2 米许，宽 0.6 米左右，厚约 0.3 米。按理说，别处的石板桥，由于车轮的反复磨轧，石板上都会出现很深很深的车辙槽印，而这座石板桥，古往今来不知经过多少南来北往的车辆，却未现车轮碾轧的痕迹。据传北宋时，包公经过此地，见到这坚硬无比的石板桥，特别下车看个究竟，并在桥下石板上拍了拍，称赞说："这真是座神奇的铁板桥!"

从此，铁板桥名声远扬。特别是塔耳、红安南下的人们，没有人不知道铁板桥的。据说铁板桥下还留有五指手印，传说是当年包公在桥下抚摸石板留下的。当人们观看这座桥时，乡民们都会绘声绘色地说起当年包公在桥下拍石板桥的情景。

**最长古桥骆家畈桥**

骆家畈桥位于王家河街道南堰村骆家畈南，横跨滠水支流港上，与三岔流子港交汇处。桥以其所在自然村命名。该桥建于明代。主桥结构为石砌。桥梁总长 46 米，桥面宽 3 米，高 3 米，最大跨度为 5 米，最大载重量 2 吨。据文物普查成果显示，此桥是黄陂境内最长的古桥。因河道超宽，桥因势修建成"S"形，石拱桥有 4 孔，但是无论你站在哪一点，都只能看到 3 孔。当地村民管这座石桥叫"大桥"。在小小河港上，这座石桥确实也称得上大了。古时这里是交通要道，北边黄冈、红安、随州地区的人要去汉口，都得从这桥上通过，以至桥面石板的车辙有一寸多深。20 世纪 90 年代后，由于火塔公路与前王公路的建成，该桥已失去了交通功能，成了田间的便道桥。

由于骆家畈地势平坦，桥面与路面齐平，只有走到跟前才能发现这里卧着一座老桥。三岔流子港上河道早已淤积，水草肆意蔓生，满是浮萍，几乎没有流水。村中的稻草垛旁有一块断残的有关该桥的石碑，由于风化的缘故，碑文不可辨识，几乎成了一块无字碑。

**灵感造就徐路桥**

徐路桥位于罗汉寺街道夏店村李家畈湾东南部，贯通夏店村至前川街道。

传说很早以前这座木桥经常被河水冲垮，屡建屡毁，屡毁屡建，这让建桥的徐师傅困扰不已。有次，一个乞丐睡在桥上，被正在此地观察的徐师傅看见了，于是突发灵感，按照那个乞丐的"睡姿"设计桥梁，并重新修了这座石桥。该石桥重修后再也没有被洪水冲垮。后人给桥取名为徐路桥。该桥为一座 4 孔石拱桥，长约 50 米，跨长 25 米，以每 2 孔为一组，石材色泽、建造形态各不相同，有新旧之别，猜测或是因水患而后增补修建的。每个拱尖迎水面都雕刻着龙头，另一面为龙尾。2015 年，黄陂市政部门在此新建桥梁，桥全长 50 米，宽 6 米，桥高 4 米，为钢筋混凝土结构。

# 第二节　跨江大桥

　　武汉青山长江大桥位于天兴洲长江大桥和阳逻长江大桥之间，起点南岸位于武汉化工区八吉府大街新集村附近，接四环线东段，向北过天兴洲尾，接北岸黄陂区武湖街，终点位于黄陂区汉施公路北部，接四环线北段；是武汉的第 11 座长江大桥，又称青山长江公路大桥，原名武湖长江公路大桥；是一座公路斜拉桥，跨越长江，是武汉四环线的过江通道之一；桥采用双向 8 车道高速公路标准建设，设计时速 100 公里，全线均为桥梁，桥面宽 41～46 米。大桥线路全长 7547.6 米，全线桥梁比例为 100%，其中大桥全长 4373.6 米，接线主线桥梁长 3174 米。南汊主桥为主跨 938 米的双塔双索面混合梁斜拉桥，北汊副桥为主跨 110 米的 3 孔连续箱梁桥。桥梁标准横断面宽度 41 米，汽车荷载等级为公路 I 级。2015 年动工建设，2019 年建成。

# 第三节　大中型公路桥

　　黄陂大桥　地处石道线（原 318 国道），位于黄陂前川街。1959 年 10 月动工兴建，1960 年 10 月竣工。该桥为钢筋混凝土简支 T 型梁结构，桥长 180 米，桥宽 8.4 米，最大跨径 22.2 米，桥下垂直净高 9 米。设计荷载汽-13 级，挂-60 级。工程总投资 86.46 万元。经过 50 年的运营，主桥梁各部分结构均已老化，经鉴定该桥为危桥。黄陂二桥建成后，此桥拆除。

　　黄陂二桥　地处 318 国道，位于黄陂区前川街，横跨滠水河。1994 年 10 月动工修建，1996 年 10 月竣工。该桥为预应力钢筋混凝土连续箱梁结构，桥梁全长 352.04 米，桥面全宽 24.5 米，最大跨径 70 米，桥下垂直净高 15 米。设计荷载汽-超 20 级，挂-120 级。工程总投资 2600 万元。

　　黄陂双凤大桥　黄陂前川双凤大桥起于双凤大道电力公司处，止于鲁台双凤大道与黄武公路交叉处。全长 840.319 米，其中桥梁长度为 576.13 米，接线长度为 264.189 米。采用一级公路兼城市主干道的设计标准，设计速度 60 公里/小时，汽车荷载等级为公路一级。本桥主桥采用变截面预应力混凝土连续结构，桥跨布置为30+50+50+30＝160米，城关侧引桥为11×20米预应力混凝土连续空心板+1×40米预应力混凝土T梁+3×30米预应力连续T梁，鲁台侧引桥为2×30米预应力连续T梁。主桥桥墩采用薄壁墩，过渡墩及引桥墩柱采用钢筋混凝土圆柱墩，基础均采用钻孔灌注桩，跨河段（K0+425~K0+775）桥宽24米，城关侧引桥段（K0+205~K0+425）桥宽20米，桥梁两侧通过设置挡土墙的路堤与道路衔接。双凤大桥投资7641.38万元，其中建安费为4771.43万元。双凤大桥工程于2007年6月由武汉市发改委批准立项，同年8月通过设计承建，2009年6月竣工。

**滠水河前川景观桥**　滠水河前川景观桥工程位于黄陂二桥与双凤大桥之间，属于专用人行桥，距上游黄陂二桥约930米，距下游双凤大桥约570米。桥位处河道宽度约200米，两岸堤防宽度约336米。主桥全长324米，桥面全宽6.96米，采用变高度连续钢桁梁结构形式，跨径布置为324米，桥梁两端设下桥梯道与东、西两岸大堤相连。连二程书院和双凤公园。该项目建成后，缩短了两岸居民出行绕行距离和时间，成为黄陂区人民休闲、健身的好去处。

**汉十立交桥**　地处天孝线，位于黄陂区祁家湾街，横跨汉十高速公路。2004年10月动工兴建，2005年10月竣工。该桥为钢筋砼箱形梁结构，桥梁全长56.2米，桥面全宽12.5米，最大跨径24米，桥下垂直净高5.8米。设计荷载汽-超20级，挂-120级。工程总投资180万元。

**李友亮桥**　地处姚姚线，位于黄陂区蔡店乡。1987年11月动工兴建，1988年12月竣工。该桥为钢筋空心结构，桥梁全长78米，最大跨径13米，桥下垂直净高5.3米，桥面全宽8.5米。设计荷载汽-15级，挂-100级。工程总投资80万元。

**马家湖大桥**　位于丁店村西部，因其位于马家湖得名。2012年开始修建，主要承担直通天河国际机场的一条快速通道，2014年10月建成通车。长1023米，宽31.5米，高12米，最大跨度为800米。设计速度100公里/小时，最大载重量50吨。

**彭城河桥**　地处姚姚线，位于黄陂区蔡店乡。1983年11月动工兴建，1984年竣工。该桥为钢筋砼空心板梁结构，桥梁全长53.5米，最大跨径12.5米，桥下垂直净高4米，桥面全宽8米。设计荷载汽-15级，挂-100级。工程总投资55万元。

**公铁立交桥**　地处水祁线，位于黄陂区前川街，横跨武麻铁路。1993年

11月动工兴建，1994年12月竣工。该桥为钢筋混凝土空心板梁结构，桥梁全长66米，最大跨径16米，桥下垂直净高7.1米，桥面全宽12.5米。设计荷载汽-120级，挂-120级。工程总投资165万元。

盘龙城大桥　地处盘龙大道，位于黄陂区盘龙城开发区，横跨外环线。2002年6月动工兴建，2006年10月竣工。该桥为砼箱梁结构，桥梁全长1230米，最大跨径80米，桥下垂直净高15米，桥面全宽27米。设计荷载汽-超20级，挂-120级。工程总投资15500万元。

后湖Ⅱ大桥　地处岱黄辅道，位于黄陂区滠口街，横跨后湖。1985年10月动工兴建，1986年12月竣工。该桥为钢筋砼T形梁结构，桥梁全长79米，最大跨径15米，桥下垂直净高3.8米，桥面全宽8.3米。设计荷载汽-15级，挂-100级。工程总投资85万元。

外环桥　地处横天线，位于黄陂区横店街，横跨外环线。2004年10月动工兴建，2005年12月竣工。该桥为预应力钢筋砼刚架拱结构，桥梁全长87.3米，最大跨径36米，桥下垂直净高5.4米，桥面全宽24米。设计荷载汽-超20级，挂-120级。工程总投资440万元。

木兰大桥　地处长塔线，位于黄陂区长岭街，横跨滠水河。1991年4月动工兴建，1992年10月竣工。该桥为钢筋混凝土刚架拱结构，桥梁全长253.6米，最大跨径36米，桥下垂直净高10.8米，桥面全宽20.6米。设计荷载汽-20级，挂-100级。工程总投资780万元。

鲁家桥　地处刘大线，位于黄陂区六指街，横跨外环线。2004年12月动工兴建，2005年12月竣工。该桥为预应力钢筋斜腿钢构，桥梁全长65米，最大跨径26.8米，桥下垂直净高6.2米，桥面全宽12米。设计荷载汽-超20级，挂-120级。工程总投资170万元。

长堰桥　地处老长线，位于黄陂区王家河街，横跨长堰河。1985年9月动工兴建，1986年12月竣工。该桥为钢混凝土双曲拱结构，桥梁全长100米，最大跨径26米，桥下垂直净高5.7米，桥面全宽8.3米。设计荷载汽-10级，挂-50级。工程总投资48万元。

后湖大桥　后湖大桥为川龙大道主控工程之一。全长804米，宽30米，长218米的出桥为预应力砼斜拉桥。川龙大道总投资4.5亿元。2003年5月18日破土动工，2008年底竣工。全长28.3公里，设计标准为公路一级兼顾城市主干道Ⅰ级。线路走向为黄陂前川街、京广跨线立交桥、黄陂横店街、后湖大桥、盘龙城大桥、张公堤、汉口姑嫂树。前川至横店为双向 4 车道，横店至盘龙城为双向 6 车道。川龙大道为黄陂区政府为促进全区区域经济发展而投资兴建，这条几乎与岱黄公路平行的公路，将改写黄陂区的交通格局。自此，毗邻武汉中心城区的黄陂南部"三桥两路"（盘龙、后湖、滠水大桥和汉口北大道、川龙大道）全部建成，使黄陂南部与武汉中心城区融为一体，黄陂与武汉 8+1 城市圈的联系更紧密。"大交通促进大发展"，川龙大道的全线贯通，给黄陂的经济、社会、民生等各方面发展注入新的活力。随着后湖大桥的开通运行，连接黄陂前川到盘龙城开发区的川龙大道全线贯通投入使用。后湖大桥不设收费关卡。

乔店立交桥　地处石道线，位于黄陂区横店街，横跨岱黄高速公路。1986 年 8 月动工兴建，1987 年 12 月竣工。该桥为钢筋混凝土空心板梁结构，桥梁全长 60 米，最大跨径 15 米，桥下垂直净高 5 米，桥面全宽 9.2 米。设计荷载汽-20 级，挂-100 级。工程总投资 70 万元。

外环立交桥　地处石道线，位于黄陂区横店街，横跨外环线。2004 年 10 月动工兴建，2005 年 12 月竣工。该桥为预应力钢筋砼斜腿刚架拱结构，桥梁全长 93 米，最大跨径 37 米，桥下垂直净高 6.8 米，桥面全宽 24 米。设计荷载汽-超 20 级，挂-120 级。工程总投资 490 万元。

汉十跨线桥　天河至段家岗，位于天河街大兰村。桥长 57 米，桥宽 10 余米。平板结构。2005 年建成。

南湖大桥　南湖通村路至张公堤，位于滠口街南湖村。桥长 280 米，桥宽 5 米。T 型桥梁。1986 年建成。

头道桥　双桥通村路，位于滠口街双桥村。桥长 330 米，桥宽 4.4 米。T 型梁桥。1959 年建成。

绕城付家岗桥墩　横天路至吴家湾，位于横店街新春村。桥长 86.8 米，桥宽 7.1 米。梁板桥结构。2007 年建成。

汉十杜家岗立交桥　横天路至白仕意湾，位于横店街群建村。桥长 105 米，桥宽 17.6 米。梁板桥结构。2004 年建成。

汉十高白湾桥　青松村级路至高白湾，位于横店街新年村。桥长 99 米，桥宽 4.2 米。梁桥结构。2004 年建成。

汉十董家岗跨线桥　青松路至董家园，位于横店街新年村。桥长 66.5 米，桥宽 7.1 米。梁板桥结构。2004 年建成。

武合铁路跨线桥　　谌寅路，位于横店街田寅村。桥长 75 米，桥宽 5.3 米。平板桥结构。2007 年建成。

武合铁路跨线一桥　　岱黄辅道至郭王湾，位于横店街寅田村。桥长 80 米，桥宽 5.3 米。预制梁结构。2007 年建成。

绕城畈刘湾桥　　位于横店街卫山村。桥长 55 米，桥宽 7.4 米。拱桥结构。2007 年建成。

百鹤湾武合铁路跨线桥　　陈岗村级至老观村级路，位于前川街老观村。桥长 52 米，桥宽 7 米。预制梁结构。2006 年建成。

武合铁路段堰家湾桥　　黄孝路至堰家湾，位于前川街雷段村。桥长 60 米，桥宽 6.9 米。预制梁结构。2007 年建成。

石堰桥　　李珍线龙顺河村。桥长 51 米，桥宽 6 米。拱形结构。1984 年建成。

官家砦漫水桥　　位于王官线官家砦村。桥长 80 米，桥宽 5 米。2003 年建成。

骆家畈大桥　　位于南堰村级路至花园村路南堰村。桥长 54 米，桥宽 3.6 米。拱形结构。1950 年建成。

京九铁路新屋岗跨线桥　　位于火塔线至新屋岗线新屋岗村。桥长 86 米，宽 4.8 米。预制结构。1995 年建成。

武合铁路清甘村跨线桥　　属清河村路至甘路村路，位于王家河镇清河村。桥长 50.4 米，桥宽 5 米。预制结构。2007 年建成。

姚集大桥　　属黄土至姚集线，位于姚集镇姚集村。桥长 140 米，桥宽 7 米。双曲拱桥结构。1981 年建成。

北门港漫水桥　　属黄土线至桥店村线，位于姚集镇北门村。桥长 152 米，桥宽 4.2 米。漫水桥。2002 年建成。

盛家湾漫水桥　　属群刘路，位于姚集镇盛家湾村。桥长 60 米，桥宽 4.3 米。漫水桥。1995 年建成。

青联漫水桥　　属喻刘路，位于姚集镇青联村。桥长 70 米，桥宽 4.3 米。漫水桥。2004 年建成。

谢家咀大桥　　属姚桐线，位于姚集镇刘湾河畈村。桥长 180 米，桥宽 7 米。板桥。2007 年建成。

武汉绕城濕水大桥　　位于前川街黄陂大桥下游 2 公里处，西联沙畈冷垱村，东接鲁台火烧庙村。该大桥于 2000 年 9 月通过省计委、省交通厅专家组联合预审，为武汉绕城公路东北环重要控制性工程。该桥于 2001 年 7 月 15 日动工，2002 年 12 月 26 日竣工。大桥全长 1350 米，其中主桥 1264 米，桥面宽 28 米，上下行 6 车道，主桥上部结构采用预应力混凝土箱梁，先简支后连续结构。总投资 6480 万元。

巨龙大道滠水大桥　该特大桥是武汉市"十五"路网规划建设项目之一，也是黄陂公路主干线和经济发展的重要走廊。位于区境南部巨龙大道 K6+141.97~K7+191.03 处，桥西连滠口街，桥东接武湖农场。该大桥于 2003 年由武汉公路勘察设计院设计，全长 1049.06 米，桥面宽 28 米，为双向 6 车道，另设单向 3 米宽人行道。荷载等级为汽-超 20，挂-120，人群 3.5kn/m²。桥型结构西侧引桥为三联空心板，东侧引桥为五联空心板，为 T 梁。大桥于 2003 年 5 月动工，2004 年 11 月竣工。总投资 8500 万元。

# 第四节　小型桥梁

白家桥　位于白桥村白家田东北部，在白家田通往刘辛村方向的线路上，上至刘辛水库，下至后湖的水港。据传白姓家族在此聚居而出资修建石桥，故名。1920 年修建，用石头垒砌而成。后由于年久失修，被水冲毁。2012 年原石桥北侧建一座钢筋混凝土桥梁，长 15 米，宽 4.5 米，跨度 10 米，钢筋混凝土结构，最大载重量 10 吨。

白庙河桥　位于白庙集雷家嘴湾西部，跨龙须河。因位于白庙集村，故名。始建于 1978 年 4 月，1978 年 8 月建成，同年 9 月投入使用。长 32 米，宽 8 米，高 6 米，行车宽度 6 米。主桥结构为钢梁水泥，最大跨度 30 米，为乡村人行桥梁，最大载重量为 10 吨。

碧云桥　位于雨台山，因靠近碧云宫（现已不存在）得名。民国时修建白桥一座，后在纯阳宫南白桥边修建一座碧云桥，故名。长 11 米，宽 4 米，高 8 米，最大跨度为 5 米，水泥硬化桥面，设计速度 10 公里/小时，最大载重量 5 吨。

便桥　位于王家河湾的东面，为生产方便而临时搭建，故名。1973 年搭建，同年投入使用，2013 年改建为钢筋水泥结构桥。长 12 米，宽 3 米，高 3

米，最大载重量为 4 吨。结构为钢筋水泥，为人行桥。

蔡家河桥　位于郭河村过冯楼村公路线上。因位于蔡家河，故名。1975年9月修建石孔桥，年久变危桥。2012年由黄陂公路局改建通车。长 35 米，宽 5 米，高 4 米，主桥结构为钢梁水泥，最大跨度为 12 米，设计速度 30 公里/小时，最大载重量为 15 吨。

曹家堰桥　位于六银庙村朝家堰与李馆交界地，以所在居民点得名。1935年5月修建。长 10 米，宽 4.5 米，高 5 米，行车宽度为 4 米，主桥结构为石拱桥，最大跨度为 5 米，设计速度 10 公里/小时，最大载重量为 5 吨。

昌盛桥　位于樟树湾村，以美好愿景命名。1996年修建从樟树湾到周理家田的桥。2013年洪水将原来石拱桥冲毁，同年10月重建钢筋混凝土桥。长24 米，宽 4 米，高 3 米，最大跨度为 8 米，设计速度 15 公里/小时，最大载重量为 10 吨，钢筋水泥结构。

长堰大桥　位于长堰社区西部，跨长堰河。因位于长堰社区，故名。1985年始建，1986年建成通车。因年久失修，2015年在原址上重建，2016年建成通车。长 95 米，宽 12 米，高 4 米，最大跨度 16 米，最大承载量 20吨，设计速度 30 公里/小时，桥梁结构为钢混。

朝阳桥　位于陈玉宫村西部，朝阳河上，以桥下朝阳河得名。1973年修建。长 18 米，宽 7 米，高 2 米，人行桥，结构为钢筋水泥，最大载重量为20 吨。

春风桥　位于新塔村的南部，以美好愿望得名。1975年建成。长 25 米，宽 6 米，高 2 米，最大载重量为 15 吨，为人行桥梁，结构为钢筋水泥。

祠堂湾桥　位于作京城村祠堂湾和松树湾中间，跨龙须河。因位于祠堂湾，故名。1979年修建。长 20 米，宽 10 米，高 15 米，行车宽度为 8 米，主桥结构为钢梁水泥，最大跨度为 20 米，为人行桥梁，最大载重量为 10 吨。

大陈湾桥　位于大陈湾西部界河上，以地理位置得名。2008年11月建成通车。长 75 米，宽 3.7 米，高 4.5 米，行车宽度为 2.5 米，主桥结构为钢梁水泥，最大跨度为 15 米，为村道一级公路桥梁，设计速度 10 公里/小时，最大载重量为 5 吨。2008年重建。

大黄湾桥　位于大黄湾村大黄湾跨西头河，因位于大黄湾，故名。1983年建造。长 20 米，宽 8 米，高 10 米，行车宽度为 7 米，主桥结构为钢筋水泥，最大跨度为 20 米，为乡村人行桥梁，最大载重量为 10 吨。

大黄湾一桥　位于大黄湾村南部寨家河上，以所在居民点命名。1993年建造。长8米，宽4米，高4米，行车宽度为3.5米，主桥结构为钢梁水泥，最大宽度为8米，为乡村人行桥梁，最大载重量为5吨。

大简村桥　位于大简湾村南部，在李方公路线上。因位于大简湾村，故名。2012年3月建造，同年12月建成并投入使用。长14米，宽7米，高6米，行车宽度5米，主桥结构为钢梁水泥，最大跨度8米，为乡村人行桥梁，最大载重量为10吨。

戴家大湾桥　位于戴家大湾内，在戴家大湾至蔡家榨街道的路线上。以所在地理位置得名。1988年修建。长17米，宽8米，高5米，桥墩为石头材质，主桥为钢筋水泥结构，最大跨度10米，限重5吨，设计速度10公里/小时。

戴乐桥　位于雨台山村。由东乐湾和戴小湾村民共同修建，故名。明朝前期修建有一座6米长、1米宽的简易石板桥，明朝末年东乐湾人扩建为10米长、3米宽的石桥。1995年扩建为长20米、宽8米、高7米的水泥桥面。2013年修缮。最大跨度5米，设计速度10公里/小时，最大载重量10吨，石砌结构。

戴小湾桥　位于雨台山村，东至蔡家榨街道办事处，西至王家河街道。因位于戴小湾，故名。原名方家堰桥，后更名为戴小湾桥。1995年修建。长22米，宽8米，高8米，最大跨度10米，最大载重量10吨，设计速度10公里/小时。

邓畈二桥　位于邓畈村北部，黄武公路线路上。因位于邓畈村，故名。1980年建成通车。长30米，宽12米，高5米，行车宽度10米，钢梁水泥结构，最大跨度22米，最大载重量30吨。建设单位为黄陂区交通局。

邓畈机耕路二桥　位于邓畈村基本农田机耕路上，村民投工投劳自行修建。因位于邓畈村基本农田区机耕路上，故名。1975年修建，1989年改建后以邓畈村命名。长26米，宽8米，高5米，行车宽度6米，砖石结构，最大跨度30米，最大载重量20吨，人行桥。现属危桥。

邓畈机耕路桥　位于邓畈村。因位于邓畈村基本农田区机耕路上，故名。1975年修建，1989年改建后以邓畈村命名。长26米，宽8米，高5米，行车宽度6米，砖石结构，最大跨度30米，最大载重量20吨，为人行桥。现属危桥。

丁家岗桥　位于迎群村丁家岗东部。因位于丁家岗得名。始建于 2009 年，2011 建成使用。长 50 米，高 19 米，宽 10 米，最大跨度 45 米，为钢筋混凝土结构，是连接丁家岗、张重一湾至王家院子的交通要道。

畈余湾东桥　位于宋家集村畈余湾东部。以所在居民点和方位得名。以前为石板桥，2006 年改建为钢筋水泥结构。桥长 20 米，宽 4 米，高 2 米，行车宽度 3 米，主桥结构为钢梁水泥，最大跨度 18 米，中间立了个桥座，设计速度 10 公里/小时，最大载重量为 5 吨。

畈余湾西桥　位于宋家集村畈余湾西部所在线路，为宋家集村至朱家铺村。以所在居民点和方位得名。2006 年 2 月开工，12 月竣工并投入使用。长 12 米，宽 5 米，高 5 米，行车宽度 3 米，主桥结构为钢梁水泥，最大跨度 10 米，设计速度 10 公里/小时，最大载重最为 5 吨。

方家横桥　位于周家田湾西部。因周家田湾人出行不方便，方姓老祖母在出湾处修建一座直桥，对面之处修建一座横桥。后人为纪念方姓老祖母功德，称此桥为方家横桥。建于清朝乾隆五十六年（1791），仍在使用。长 5 米，宽 3 米，高 4 米，人行桥，土石结构，承载量 5 吨。

方桥　位于方桥居民点西部。因位于方桥居民点附近，故名。1975 年修建，1985 年加固维修。长 15 米，宽 4 米，高 4 米，最大跨度 8 米，最大载重量 10 吨，砖混拱形桥。

冯家河桥　位于冯家河村冯家河。因位于冯家河村，故名。始建于 1928 年。原为石板桥，多次被洪水冲垮，2014 年再次被洪水冲垮，同年在原址重建并投入使用。长 16 米，宽 3.5 米，高 2.5 米，跨度 10 米，为人行桥梁，最大载重量为 2 吨，钢筋混凝土结构。

凤凰寨桥　位于蔡家榨街凤凰寨村龚家大湾路口。因位于凤凰寨村，故名。1968 年 10 月修建，2012 年 8 月重新翻修为钢筋混凝土结构。长 15 米，宽 8 米，高 5 米，主桥结构为钢筋混凝土，最大跨度 8 米，设计速度 20 公里/小时，最大载重量为 15 吨。

驸马桥　位于雨台山村。在明朝初期由梅姓驸马出资修建，故名。长 8 米，高 6 米，宽 3 米，桥面最大跨度 4 米，全桥以石砌为主，最大载重量 2 吨。

富家田桥　位于长兴集村富家田。因位于富家田，故名。2004 年 5 月修建，2006 年 1 月建成并投入使用。长 20 米，宽 6 米，高 4 米，行车宽度为

4.5米，主桥结构为钢梁水泥，最大跨度为6米，为乡村人行桥梁，最大载重量为10吨。

甘家湾桥　位于泉水店村南部，通过林场防火通道线。因位于甘家湾，故名。1981年前进大队修建石拱桥。2012年成危桥。2014年10月黄陂公路局重修，2015年6月建成通车。长69米，宽8米，高4.5米，行车宽度为7米，主桥结构为钢梁水泥，最大跨度为14米，设计速度20公里/小时，最大载重量为10吨。

龚大湾桥　位于蔡家榨街凤凰寨村龚家大湾路口。以所在居民点得名。1968年10月修建，2012年8月重新翻修为钢筋混凝土结构。长15米，宽8米，高5米。主桥结构为钢筋混凝土，最大跨度8米，速度为20公里/小时，最大载重量为15吨。

官圣桥　位于官家砦村西面界河上，以美好愿望命名。修建于1816年，历史上是黄陂至孝感市的交通要道。1997年被大水冲垮，1998年在桥下修建拦水坝，供水、交通两用。长100米，宽1.5米，高2米，最大跨度为4米，最大载重量1吨，桥梁结构为条石桥，为乡村人行桥梁。

广家垅桥　位于港口村东部。因位于广家垅，故名。2003年开始修建，2004年8月建成通车。长43米，宽7米，高4米，钢筋水泥结构，最大跨度15米，设计速度30公里/小时，最大重量为15吨。由黄陂区公路局承建工程的设计、规划、施工。

郭岗桥　位于郭岗村南部。因位于郭岗村，故名。1975年为石孔桥，年久失修成危桥。2012年黄陂公路局设计建造新桥。长30米，宽6米，高4米，最大跨度18米，行车宽度为5米。主桥结构为钢筋水泥，设计速度30公里/小时，载重量为15吨。

郭河桥　位于郭河村西北部，连接郭河和彭家畈河。因位于郭河，故名。1962年5月修建，1972年改建、加固，2007年添加护栏。长26米，宽4米，高3米，行车宽度为4米，最大跨度10米，主桥结构为钢筋混凝土，载重量为3吨。

郭家湾桥　位于梁港村东部。因该桥位于郭家湾得名。1980年建。长12米，4米，高6米，最大载重量20吨，人行桥，结构为钢筋水泥。

和尚桥　位于曾庙村东部，与黄孝公路并行，在老黄孝公路线上。据传有一和尚为方便来往行人而募捐修桥，故名。原名火烧桥。1977年重新修建。

长25米，宽6米，高8米，主桥结构为钢梁水泥，最大跨度15米，为乡村人行桥梁，最大载重量为5吨。

河头李桥　位于巴山砦村西北部，是连接河边王和河头李的主要桥梁。以所在地理位置命名。2010年5月新建，12月份完工并投入使用。长26米，宽4.8米，高4.7米，主体结构为钢筋混凝土，最大跨度11米，设计速度20公里/小时，最大载重量10吨。建设、设计单位均为武汉市黄陂区交通局。

恒达桥　位于应嘴村孙家大湾南部，以恒泰和信达两公司集资建造，各取其一字得名。2004年9月建设，2004年12月完工通行。长15米，宽5米，高3米，行车宽度4米，最大跨度为8米，主桥结构为钢筋水泥，最大载重量为5吨。

虎桥　位于虎桥村中部，石跑线上。因位于虎桥村得名。1978年建造，年久失修。2014年10月重建，2015年1月通车。长10.4米，宽6.6米，高3.6米，主桥结构为钢筋水泥，最大跨度为7米，为二道一级公路桥梁，设计速度20公里/小时，最大载重量为15吨。设计建设单位为黄陂区交通局。

黄龙教二桥　位于横店街新年村胡仕玉湾西部，临空南路站，以所在地理位置及编号命名。始建于2014年7月，2015年3月建成使用。长28米，宽25米，高2米，主桥结构为钢梁水泥，最大跨度为15米，最大载重量为30吨。

黄龙教一桥　位于新年村西南部，在天阳路上，以所在地理位置和编号命名。始建于2012年，2014年建成通车。长30米，宽25米，高2米，主桥结构为钢梁水泥，最大跨度为15米，最大载重量为30吨。

黄土坡大桥　位于桃园店村西部，在黄土坡出湾硬化路上，跨青龙河。因位于黄土坡得名。又因该湾有两座桥，该桥先建，故又名黄土坡老桥。2000年8月建成通车。长25米，宽3.5米，高5米，行车宽度为3米。主桥结构为钢筋水泥，最大跨度20米，设计速度10公里/小时。2013年成危桥。

黄土坡桥　位于桃园店村西部，在黄土坡出湾硬化路上，距黄土坡老桥2公里，跨青龙河。因位于黄土坡得名。2013年10月建成通车。长45米，宽5米，高6米，行车宽度为4米。主桥结构为钢筋混凝土，最大跨度为30米，设计速度20公里/小时，最大载重量为10吨。主建单位为武汉东风第七建筑有限公司。

江家大湾桥　位于江家大湾东部，在周仁湾村乡村公路上，跨凤凰河。

因位于江家大湾，故名。修建于 20 世纪 60 年代。2015 年 9 月重修，2016 年
2 月通车。长 20 米，宽 6 米，高 6 米，行车宽度为 5 米，钢混水泥结构，跨
度为 4 米，共有 2 个桥墩，设计速度为 20 公里/小时，最大载重量为 20 吨。

解放村木桥　位于解放村东部，以所在建制村和桥梁材质得名。1972 年
重建。长 24 米，宽 5 米，高 2 米，单孔跨度 12 米，最大载重量为 20 吨，人
行桥。

金光桥　位于长堤村东部，东支河下游，是三里桥街道新塔村、三里桥
街近青草湖养殖场、长堤村水产养殖场出行的主要通道。为东支河沿线第一
座桥，以美好意愿命名。1978 年 6 月开建，1979 年 12 月建成通车。2009 年
维修，2015 年 10 月拆除重建。长 21 米，宽 10 米，高 6 米，行车道宽 7 米，
最大跨度为 8 米，最大载重为 30 吨，人行桥，桥梁结构为钢梁水泥。

涝溪河桥　位于涝溪河东部。该桥位于涝溪河村，以所在建制村而命名。
1978 年修建，后因发洪水被冲垮。2012 年 10 月重建。长 20 米，宽 6 米，高
3 米，行车宽度 4.5 米，桥结构为钢混，最大载重量为 15 吨。建设、设计、
施工单位均为黄陂区交通局。

李家冲桥　位于李冲村北部李家冲，在刘李线上。因位于李家冲，故名。
建于 1942 年 9 月，1942 年 12 月完工。后年久失修成为危桥，2014 年重修。
长 21 米，宽 7.5 米，高 4 米，行车宽度为 7 米，最大跨度为 8 米，主桥结构
为钢梁水泥，最大载重量为 5 吨。

李家港桥　位于木兰山村西部，架在自东向西流向滠水河的李家港上。
因位于李家港得名。1988 年 4 月架设，同年 11 月通车。2012 年拆除并新建。
桥长 10 米，宽 7 米，高 6 米，行车宽为 6 米。主桥结构为钢混水泥，最大跨
度为 6 米，设计速度 30 公里/小时，最大载重量为 15 吨。

李家嘴桥　位于桥头寺村东北部。因位于李家嘴得名。1974 年修建。
2014 年月进行改造，次年 5 月建成通车。长 20 米，宽 6 米，高 8 米，行车宽
度为 5 米，为钢梁水泥结构，设计速度 10 公里/小时，最大载重量为 20 吨。

李文三桥　位于李文三村中部。因位于李文三小湾得名。2010 年 5 月修
建，2011 年元月建成通车。长 28 米，高 3 米，宽 7 米，行车宽度 6 米，主要
结构为钢梁水泥，为三级桥梁，设计速度为 30 公里/小时，载重量为 I5 吨。
由弘阳公司承建。

连村桥　位于胜利村和红刚村交界处，以该桥连接胜利村、红刚村得名。

2013年修建，同年建成通行。长35米，宽5米，高5米，行车宽度为4.5米，主桥结构为钢梁水泥，最大跨度为10米，最大载重量为5吨。

梁家港大桥　位于梁港村东部。因该桥在居民点梁家港得名。1979年建成通车。长13米，宽5米，高6米，最大载重量20吨，人行桥，结构为钢筋水泥。

列马岗桥　位于张家堰村余家岗，跨黄孝支河，是李家集街道中心至宋集的人行公路桥。因该桥以前侧面有石头雕刻的马，故名。2013年建成并投入使用。长25米，高5米，行车宽度为4米，主桥结构为钢筋水泥，最大跨度为6米，最大载重量为15吨。

刘家寨桥　位于长兴集村刘家砦。因位于刘家寨湾，故名。2004年5月修建，2006年1月建成并投入使用。长20米，宽6米，高4米，行车宽度为45米，主桥结构为钢筋水泥，最大跨度为6米，为乡村人行桥梁，最大载重量为10吨。

刘辛水库桥　位于刘辛村刘辛湾南部，在刘辛湾往白桥村胡家嘴方向路上。该桥位于刘辛水库，以所处位置命名。1969年修建，2012年重修，2013年建成。钢筋混凝土结构，最大载重量15吨。

龙须河桥　位于龙须河村旧砦湾东部，在李林线路上，自东向西连接李家集街至赶鸡山。因位于龙须河村，故名。始建于1958年，2010年重新修建，同年6月建成并投入使用。长30米，宽10米，高10米，主桥结构为钢筋水泥，最大跨度20米，为乡村公路人行桥梁，最大载重量为5吨。

楼子田大桥　位于楼子田村西部，在熊许公路东侧。因位于楼子田村得名。1993年修建，1999年完工并通车。长20米，宽8米，高10米，最大路度30米，主桥结构为钢梁水泥，最大载重量为5吨，人行桥。建设单位为楼子田村，设计单位为甘棠水务站。

楼子湾桥　位于建民村东部。因该桥位于建民村楼子湾，以所在居民点得名。2009年1月开建，同年12月建成通车。长40米，宽5米，高4米，行车宽度为4米，人行桥，结构为钢筋水泥，最大跨度为26米。建设、设计、施工单位均为黄陂区养护中心。

鲁家田桥　位于高庙村鲁家田东部，以所在地理位置得名。1958年6月修建，2010年5月重新修建。长12米，宽5米，高4米，行车宽度为4米，最大跨度为16米，主要结构为钢筋水泥，最大载重量10吨。建设、设计单位均为黄陂区交通运输局。

罗松湾铁路桥　位于孙亭村西北部，在孙亭村到梁岗村的路上。因位于孙亭村罗松湾得名。1993 年修建，2008 年修建新桥并沿用。长 50 米，宽 12 米，高 8 米，行车宽度 8 米，最大跨度 35 米。结构为钢筋水泥，最大承载量为 30 吨，设计速度 30 公里/小时。

骆家畈大桥　位于南堰村骆家畈。以所在居民点而命名。长 46 米，宽 3 米，高 3 米，主桥结构为石砌，最大跨度为 5 米，最大载重量 2 吨。为黄冈、红安、随州地区人至汉口的交通要道。

梅家嘴桥　位于雨台山村正东。因位于梅家嘴得名。明朝梅姓修建的石板桥。1995 年改建为长 16 米、宽 6 米、高 8 米，最大跨度 10 米，最大载重量为 10 吨，钢筋水泥结构桥。

民丰桥　位于民丰村大邓家砦南部，以所在地理位置命名。1954 年 7 月修建，1955 年 1 月完工。长 2 米，宽 12 米，高 5 米，主桥结构为混凝土，最大跨度为 22 米，最大载重量为 8 吨，供行人及牲口行走以及提供蓄水功能。

民心二桥　位于东河村 9 组，与银湖大道相连，横跨东支河。因人民心之所向、桥梁顺序得名。1985 年第一次修建土坝，2000 年第二次用红砖修建，2015 年由区水利局承建。长 80 米，宽 4.8 米，高 4 米，最大跨度为 20 米，最大载重量为 5 吨，主要结构为钢筋水泥，属人行机耕桥。

民心一桥　位于东河村中部，与银湖大道相连，横跨东支河。以人民心之所向、桥梁排列顺序得名。1977 年第一次修建土坝，2000 年第二次用红砖修建，2015 年由区水利局承建。长 55 米，宽 35 米，高 4 米，最大载重量 5 吨，最大跨度 80 米。为人行桥，结构为钢筋水配。属景观桥。

闵家嘴桥　位于绿林村中部，在鄂竹线上，以所在居民点命名。2015 年建成完工。长 263 米，宽 6 米，高 4 米，行车宽度为 5 米，最大跨度为 8 米，最大载重量为 10 吨。设计速度 20 公里/小时，结构为钢筋水泥。

潘家岗小学桥　位于仁和集村西部潘家岗，在先锋小学门口，以所在地理位置命名。1958 年因水毁重修，1988 年因水毁改建，2006 年拆除重建，同年建成使用。长 12 米，宽 6 米，高 2 米，最大跨度为 6 米，主桥结构为钢梁水泥现浇，为农村机耕桥架和行人通行桥，最大载重量为 15 吨。

潘家堰湾桥　位于楼子田村北部。因位于堰湾附近，以所在居民点命名。这座桥历史久远，1994 年重修，在原来的基础上硬化 20 公里/小时桥面，加宽、加护栏。长 30 米，宽 4 米，高 8 米，人行桥，主桥结构由石头砌成，最大跨度 30 米，最大载重量为 3 吨。系危桥。

彭城河桥　位于李谷堡村东部，姚集线上。因位于彭陈河上，故名。1974 年 6 月因石桥被水冲垮，1989 年建石桥又被洪水冲垮，2012 年 3 月由黄陂公路局设计并建造，2013 年 10 月建成通车。长 35 米，宽 7 米，高 5 米，行车宽度 6 米。主桥结构为钢梁水泥，最大跨度为 12.5 米，为四级公路桥梁，设计速度 30 公里/小时，最大载重量为 10 吨。

彭家垱桥　位于梁家港河上游彭家垱西部，以所在居民点彭家垱得名。2011 年修建。长 12 米，宽 4 米，高 6 米，最大载重量 25 吨，人行桥，结构为钢筋水泥。

彭家桥　位于下新集与彭家桥交界处，跨长堰河。因彭姓有一家人看护此桥得名。因桥墩上雕刻有龙头，故又名龙墩桥。据彭家桥碑文记载，该桥始建于 1616 年，于 1617 年建成。此桥以土筑台之法而铺成桥面。1954 年山洪暴发，桥面石板被洪水冲下河床。1999 年在老桥的基础上扩建，桥宽增加到 6 米，桥高增到 68 米，总长达到 34.5 米。最大跨度 3 米，最大载重量 5 吨，桥身石砌结构，钢混桥面。

彭家田桥　位于彭家田，跨梅店水库，连接新、老彭家田，由村内自筹资金修建。因位于彭家田，故名。原为石砌结构，因年久失修成危桥。1995 年修建。长 60 米，宽 3 米，高 8 米，由 11 个孔构成，其中 8 个孔为圆形，主桥结构为石砌，最大跨度为 2.5 米，最大载重量为 5 吨。

彭新湾桥　位于作京城村彭新湾西面。因位于彭新湾，故名。1979 年 1 月修建，2015 年 10 月重建，同年 11 月底建成并投入使用。长 35 米，宽 10 米，高 15 米，行车宽度为 8 米，主桥结构为钢梁水泥，最大跨度为 30 米，为人行桥梁，设计速度 10 公里/小时，最大载重量为 10 吨。

碰头桥　位于大屋畈村西部，以河对面的碰头山得名。初为石头砌成的石桥，1968 年被洪水冲垮，2005 年团山村重建。长 30 米，宽 5 米，高 8 米，行车宽度为 4 米，主桥结构为石头混凝土，最大跨度为 15 米，为一般人车行走桥梁，设计速度 30 公里/小时，最大载重量为 8 吨。

平安桥　位于黄寺庵村畈成湾，以出入平安的美好愿景得名。2003 年建成并投入使用。长 15 米，宽 4.5 米，高 3 米，为钢筋混凝土结构，最大跨度 12 米，最大承重量 20 吨，设计速度 10 公里/小时。

祁家河桥　位于蔡店祁家河，连接蔡店东部与蔡店中部。因位于祁家河旁，故名。原为石拱桥，桥面长 15 米，宽 4 米。2014 年重建，2015 年建成。长 30 米，宽 6 米，高 5 米，行车宽度为 5 米，最大跨度为 10 米，主桥为钢筋水泥结构，设计速度 30 公里/小时，载重量为 10 吨。

桥头李桥　位于仁和集村南部。因位于桥头李，故名。1926 年修建跨河石桥，2013 年在石桥上用钢筋水泥加固。长 14 米，宽 2 米，高 3 米，最大跨度为 10 米，可通小型农机具，最大载重量为 5 吨。

邱家畈桥　位于民安集村邱家畈，在李家集街道至罗汉寺街道线路上。因位于邱家畈，故名。长 24 米，宽 8 米，高 6 米，行车宽度为 6 米，主结构为砖石砌筑，最大跨度为 8 米，为人行桥梁，最大载重量为 5 吨。由李家集水利段建造。

群英桥　位于红联村东部。因其排渠由全村移民群众开挖，故名。1975 年在南北渠道上自西向东修建的一座公路桥，7 月建成，2015 年重建。长 17 米，宽 6 米，高 6 米，最大载重量为 15 吨，为人行桥梁，结构为钢筋水泥。

儒门嘴桥　位于高庙村北部，跨越洋漫湖。该桥位于儒门嘴河，以所在居民点得名。1958 年 5 月修建。长 12 米，宽 3 米，高 3 米，为人行桥，主桥结构为钢筋水泥，最大跨度为 16 米，最大载重量 5 吨。

阮家馆大桥　位于阮馆湾南，与大树湾村东部相连接。因位于阮馆湾南，故名。清同治九年（1870），阮馆湾村民在南畈修砌成一座 3 孔石拱桥，在桥的中间石拱朝北方向正中放置一个龙头，向南方向放置一个龙尾，桥面宽约 3 米，可走人和手推车。2013 年，在老桥的下游 5 米处新建了一座钢筋混凝土桥，长 20 米，宽 5 米，高 7 米，行车宽度为 4.5 米，最大跨度 5 米，主桥为钢梁水泥结构，为乡村公路桥梁，设计速度 10 公里/小时，最大载重量为 30 吨。

阮家田桥　位于大陂村与中嘴村交界处，连接大陂村至彭岗村，桥下是夏家寺西干渠。因位于大陂村阮家田，故名。1990 年建成。长 40 米，宽 4.5 米，行车道宽 3.8 米，桥高 6 米，主桥结构为石砌桥，设计速度 10 公里/小时，最大载重量为 10 吨。

三合湾东支河桥　位于大石桥西部，与三合湾、蔡家冲交界处，以所在居民点和河流得名。1968 年由村民搭建为浮桥，1998 年重新建桥，2010 年由区水利局修建。长 25 米，宽 8 米，高 3 米，主要结构为钢梁水泥，为人行桥，最大跨度30米，最大载重量10吨。

沈湾桥　位于沈家院子西南部，在界河上，以所在居民点得名。2011年9月动工建设，2012年5月建成通车。长70米，宽4.8米，高4.1米，行车宽度为4米，主桥结构为钢梁水泥，最大跨度为15米，为村道一级公路桥梁，最大载重量为15吨，设计速度30公里/小时。设计、建设、施工单位均为黄陂区交通局。

狮子桥　位于冯家河村石家学堂。因原老桥上有狮子图案，故名。始建于1937年。老桥为砖石结构单拱桥，年久失修成为危桥，2015年在原址上重建钢筋混凝土桥。长18米，宽6米，最大跨度12米，最大离地距离4米，为人行桥梁，设计承重5吨。

石家洲桥　位于坦皮村石家洲湾北，横跨龙须河，连接龙须河南北两岸。因位于居民点得名。2005年由本湾社会人士集资修建。长10米，宽3.5米，高3米，最大跨度5米，最大载重量5吨，钢筋混凝土结构。

石头茨出行桥　位于新庙村石头茨。该桥位于石头茨出行路上，故名。1968年修建石拱形桥，2010年改建成钢混桥。长8米，宽4.5米，高5.5米，最大跨度10米，梁结构为钢梁水泥，最大载重量为5吨。

石子岭大桥　位于冯家河村、彭家冲村、驻程岗村三村交界处。因尊重当地叫法得名。老桥为砖石结构单拱桥，后年久失修成为危桥。2015年在原址上重建钢筋混凝土桥，长14米，宽6米，跨度10米，最大离地距离3.5米，为人行桥梁，设计承重5吨。

双河大桥　位于双河村中部，在石蔡路线路上，跨梅店水库，连接双河南北。因位于双河村，故名。原为滚水桥。1995年修建石砌桥。2009年1月黄陂区路桥中心在原址上重建钢混结构双河大桥，同年12月通车。长50米，宽6米，高5米，主桥结构为钢混，最大跨度为10米，最大载重量为15吨。

四房湾桥　位于塘上村，鄂竹公路和石泡公路的交通枢纽上，南连七房湾村。因位于四方湾得名。原由石板铺搭而成，1979年修建为张家湾水库滚水坝，1991年建石拱桥。2009年改为钢筋水泥结构，2010年建成。桥长24.3米，宽6米，高5米，行车宽度为5米，最大跨度为10.5米，最大载重量为10吨，设计速度为20公里/小时，主桥结构为钢筋水泥。

宋家山桥　位于华严寺村西南部，跨争光河，在黄武公路旁。以所在居民点宋家山湾得名。建于1970年6月，通往黄武公路。于2015年10月重建为混凝土桥。长 20 米，宽 7.8 米，高 4 米，全桥结构为钢筋水泥，最大跨度为 10 米，最大载重量为 30 吨，人行桥。

　　**孙家湾东支河桥**　位于大石桥村，横跨东支河。因位于大石桥村孙家湾附近的东支河上，故名。1996 年县水利局修建。2009 年重建。长 25 米，宽 8 米，高 3 米，为人行桥，主要结构为钢梁水泥，最大跨度 30 米，最大载重量 10 吨。

　　**坦皮大桥**　位于坦皮村坦皮塘湾东部，横跨龙须河。因位于坦皮村得名。1985 年由坦皮大队建成，为砂石水泥预制板拱桥。2012 年重建，为钢筋水泥桥。长 15 米，宽 8 米，高 6 米，最大跨度为 10 米，人行、公路两用桥，最大载重量 15 吨，钢筋混凝土结构。

　　**陶家湾桥**　位于李家集街仁和集村中部。因位于陶家湾，故名。1973 年新胜大队修建，为独孔石拱桥。2000 年铺设钢筋水泥。长 10 米，宽 3.5 米，高 3 米，最大跨度为 8 米，主桥结构为石拱结构，最大载重量为 8 吨。

　　**团结桥**　位于河村西北部。因位于原团结大队，故名。始建于 1975 年。2012 年 3 月重建，同年 12 月建成并投入使用。长 19 米，宽 7.6 米，高 8 米，行车宽度为 7 米，最大跨度 12 米，主桥结构为钢筋水泥，为二道二级公路桥梁，设计速度 30 公里/小时，最大载重量为 30 吨。

　　**万家楼桥**　位于万家楼与石门社区交界处。因位于万家楼，故名。1972 年始建石拱桥。2012 年改为公路桥。长 30 米，宽 10 米，高 6 米，行车宽度为 9 米，最大跨度为 20 米，最大载重量 15 吨，设计速度 30 公里/小时，结构为钢筋水泥。

　　**汪湾北桥**　位于汪湾村北部，跨争光河，以所在居民点和方位得名。1978 年 6 月开挖争光河，村民用石头垒起一座石拱桥。1997 年大潭原种场重建。2015 年再次重建通车。长 25 米，宽 5 米，高 6 米，人行桥，主桥结构为钢混水泥，最大载重量 15 吨。

　　**王家冲桥**　位于仰山庙村王家冲境内。因位于王家冲，故名。于 2013 年修建，于当年修建成功并投入使用。长 11 米，宽 4 米，高 35 米，主桥结构为钢梁水泥，最大跨度为 6 米，为人行桥梁，最大载重量 15 吨。

　　**闻家湾桥**　位于闻家湾西部，新黄武公路贯穿地段。因位于闻家湾，故名。2009~2010 年新建。长 24 米，宽 24 米，高 10 米，行车宽度 16 米，主桥结构为钢梁水泥，为人行桥梁，最大跨度为 12 米，为四道一级公路桥梁，最大载重量为 30 吨。由黄陂区交通局承建。

邬家湾平安桥　位于六家砦村北部邬家湾。因位于邬家湾，故名。2015年修建。长 16 米，宽 8 米，高 8 米，主桥结构为钢梁水泥，最大跨度为 15米，为乡村人行桥梁，最大载重量为 10 吨。

吴家墩河桥　位于李家集街道民兴村东部。因位于吴家墩，故名。2013年 4 月修建，同年 5 月建成并投入使用。长 22 米，宽 2.5 米，高 3 米，主桥结构为钢梁水泥，最大跨度为 18 米，为乡村人行桥梁，最大载重量为 2 吨。

武农桥　位于红联村中部。由武湖农场修建，故名。1972 年 6 月开始修建，12 月完工通行。长 16 米，宽 5 米，高 7 米，最大载重量为 10 吨，为人行桥梁，结构为钢筋水泥。

武台桥　位于武湖街道张湾队扇子湖，跨三排河。原名丰收桥，后愿景该桥梁像舞台一样好看，故名。1978 年动工兴建，1979 年建成，取名扇子湖丰收桥，2010 年更名为武台桥。长 20 米，宽 6 米，高 4 米，最大跨度 15 米，主要用于行人出行、车辆通过，结构为钢筋混凝土，最大载重量 10 吨。

夏家田二桥　位于宋家集村夏家田，所在线路为宋家集村至朱家铺村。因所在居民点和建成时间命名。2006 年新建，同年 12 月竣工并投入使用。长12 米，宽 5 米，高 5 米，行车宽度 3 米，主桥结构为钢梁水泥，最大跨度 10米，设计速度 10 公里/小时，最大载重量为 5 吨。

仙河店桥　位于仙河店村仙河店。因位于仙河店得名。建于 1958 年，后经过多次维修。长 24 米，宽 8 米，高 4 米，行车宽度为 7 米，最大跨度为 8米，最大载重量为 1 吨，设计速度 30 公里/小时，结构为钢筋水泥。

新建桥　位于新建村北部，横跨虾子沟。该桥位于新建村区域内，以所在地位置得名。始建于 1975 年 1 月，1976 年 2 月建成。长 18 米，宽 5 米，最大跨度 16 米，最大载重量 10 吨，桥梁结构为串拱桥，主要用于行人出行、车辆通过。

许家谭桥　位于官家砦村许家谭湾西部，跨黄孝河，为黄陂区至孝感市的交要道。因位于许家谭得名。始建于 2014 年 1 月，2015 年 1 月建成并投入使用。长 40 米，宽 6 米，高 5 米，行车宽度 5 米，主桥结构为钢梁水泥，最大跨度 20 米，为乡村人行桥梁，最大载重量 10 吨。黄陂区交通局设计、施工。

许桥拱背桥　位于许桥村西南部。该桥位于许家桥居民点，以所在地得名。该桥于清代中期修建，是汉口通往红安、新洲、麻城318国道上的一座桥。1962年国道扩修此桥，改为辅桥并使用。长45米，宽4米，高5米，桥型为石拱5孔，后因旁边修新桥，此桥周边长满杂草，成为古迹。

亚子湾桥　位于作京城村亚子湾西部，跨龙须河。因位于亚子湾，故名。1979年元月修建，同年年底建成并投入使用。长20米，宽10米，高15米，行车宽度为8米，主构为钢梁水泥，最大跨度为20米，为人行桥梁，最大载重量为5吨。

杨家石桥　位于杨家石桥村委会旁，在蔡栗线上，以所在居民点得名。早期杨姓一世祖自江西筷子巷迁此，在村边河道上修建一处石桥，仍在使用。长5米，宽6米，高2米，行车宽度为5米，最大跨度3米，主桥结构为石拱桥，最大载重量为10吨。

叶家田桥　位于长兴集村叶家田。因位于叶家田湾，故名。修建于2004年5月，至2005年1月建成并投入使用。长20米，宽6米，高4米，主桥结构为钢筋水泥，最大跨度为6米，为乡村桥梁，最大载重量为10吨。

叶家湾桥　位于徐家岗村叶家湾，由叶家湾通至黄孝公路，在叶徐线上跨黄孝河。因位于叶家湾，故名。1975年2月修建，1975年10月建成并投入使用。长15米，高12米，行车宽度为6米，主桥结构为钢梁水泥，最大跨度为2米，为人行桥梁，最大载重为20吨。

余堰湾桥　位于余堰湾南部，连接余堰湾、细朱岗湾，以所在居民点得名。2011年以前系石砌桥，2011年2月重修，同年11月建成通行。长12米，宽55米，高5米，人行桥，主桥结构为钢筋水泥，最大跨度8米，最大载重量为10吨。建设、设计、施工均为武汉日月星建筑公司。

余杨湾桥　位于大黄湾村余杨湾西部。因位于余杨湾，故名。1985年建造。长9米，宽4.5米，高5米，行车宽度为4米，主桥结构为钢筋水泥，最大跨度为9米，为乡村人行桥梁，最大载重量为10吨。此桥连接余杨湾至石家湾，为汉河两岸居民农耕劳作、上学和上街提供方便。

云雾山桥　位于泥人王村南部，在矿巴水库连接渠上。因位于云雾山风景区得名。1993年4月造，同年11月建成并投入使用。长25米，宽8米，高20米，行车宽度为6米，主桥结构为钢梁水泥，最大跨度为20米，设计速度15公里/小时，最大载重量为5吨。

寨家河桥　位于大黄湾东部，跨龙须河，连接大黄湾村和旗杆熊村。因位于龙须河大黄湾段（即寨家河），故名。以前为石板桥，2011年因大水冲毁，2015年重建。长38米，宽8米，高7米，行车宽度为6米，主桥结构为钢筋水泥，最大跨度为38米，为乡村人行桥梁，最大载重量为10吨。

张家场桥　位于杨田村北部。因位于张家场，故名。1974年修建。长21米，宽5米，高4米，行车宽度为4米，最大跨度10米，最大载重量为10吨，主要结构为钢筋水泥。

张家畈桥　位于蔡家榨街南2公里，在丁王湾村张家畈湾东部。因位于张家畈村得名。2010年区交通局修建。长25米，宽5米，高12米，最大跨度20米，设计速度10公里/小时，最大载重15吨，为混凝土结构。

张家嘴东支河桥　位于张家嘴、汪家湾交界处东支河上。因位于东支河张家嘴河旁，故名。1968年移民后由村民搭建浮桥。2012年重建。长25米，宽8米，高3米，主要结构为钢梁水泥，最大跨度30米，为人行桥，最大载重量10吨。由个体老板任小平设计、建设、施工。

姚家山转蓬桥　姚家山村西面的小河上，有一座清代的拱形转蓬桥，1943年盛夏被山洪冲垮，当时驻扎姚家山的新五师李先念师长指示警卫团长夏世厚，和村民一起奋战10天，按原样修复长2.6米的石板发拱的桥梁。

# 第七章　雄踞天河的武汉国际机场

## 第一节　兴建天河机场背景及经过

1973 年，周恩来总理指示："武汉市要修建国际备降机场。"根据湖北省、武汉市和周边地区社会经济、交通旅游、外贸发展对航空运输的迫切需要，原临近武汉城区的南湖机场跑道短、场区狭小，只能起降 B-737 以下飞机，无发展空间，航空运输不能满足国民经济发展的需要。20 世纪 70 年代，中国民用航空总局、湖北省和武汉市人民政府就兴建民用机场纳入计划。

1985 年 3 月 11 日，中国民航总局会同武汉市人民政府拟定《关于武汉机场的选址报告》；同年 4 月 6 日，湖北省人民政府向国务院呈报了《武汉市人民政府关于新建武汉大型机场选址报告》；同年 7 月 1 日，国务院、中央军委下发（1985）国函字 100 号文，批复同意湖北省人民政府选定武汉机场场址在武汉市西北黄陂县天河镇境内（后定名武汉天河机场），距武汉市中心（武汉长江大桥）直线距离 26 公里，距黄陂前川 18 公里。

1988 年 5 月，中国民航咨询公司完成武汉天河机场可行性研究报告，同时呈报国家计划委员会审批。1989 年 3 月 17 日，国家计委下发（1989）283 号文，批复天河机场设计报告。同年 7 月 13 日，中国民用航空总局批准天河机场总平面规划。设计规划主要有飞行、航站、工作三大区；配套设施有航管、水、电、冷、暖、供油、机务维修、公安消防、特种车辆、进场公路等；远期规划有两条相互平行跑道，第一期工程完成一条跑道及相应工程和配套设施。

1990 年 10 月，国家计划委员会下发（19）167 号文，批准武汉天河机场兴建，并列为同年国家重点工程建设项目，共征用土地面积 4861.12 亩，于 1990 年 12 月 10 日破土动工。1993 年 12 月 29 日，机场建成校飞；1994 年 12 月 28 日，天河机场试航成功；1995 年 4 月 15 日，机场正式通航投入营运。

## 第二节　兴建天河机场的必要性

武汉市国土总面积 8467 平方公里，2000 年全市人口增长到 740 万。武汉市地处我国中原腹地，又是特大中心城市，在长江流域占承东启西的地理位置。城市工业基础雄厚，商业贸易活跃，对外交往频繁，客货流动量高，对航空需求量大。20 世纪 80 年代末，虽先后建成汉口新火车站和武汉客运港，铁路和水上运输条件得到改善，但作为现代国际大都市标志的航空运输，由于受原机场条件制约，成为航空运输发展的瓶颈，阻碍了国民经济的发展。

未兴建天河机场以前，武汉市的航空运输主要使用南湖机场（汉口王家墩军用机场也担负部分民用运输任务）。该机场始建于 1935 年，1950 年、1953 年、1983 年先后 3 次对机场改扩建，跑道全长仅 1800 米，限 B-737 以下中、小型飞机起降，年客运吞吐量 40 万人次，远不能满足武汉市和周边地区发展的需求。另外，南湖机场被包围在城市之中，无发展空间，影响飞机飞行安全。因此，只有兴建新机场，才能改善空运条件，满足武汉市和湖北省的交通需求。

## 第三节　武汉天河国际机场建设和运营情况

曾经名不见经传的天河街因借"机"起飞而成为武汉临空港、武汉城市名片、楚天门户，成为一个万众瞩目的地标，上升为一个时代的文化符号。

天河街，濒临府河，新中国成立前是个"水袋子""血吸虫窝子"，"万户萧疏"，满目疮痍。新中国成立后，治理水患，加固堤防，境遇虽大为改观，但每到汛期，人闹水响，防汛大军依然夜以继日彻夜寻查守护，直到水退后才能消停。这地方离武汉中心城区虽说只有区区 20 公里，但 20 年前谁也不知道黄陂西南一隅还有个叫天河的弹丸之地，国土面积仅63平方公里，人口不足3万。地方虽小，但历史上还真出过一些人物。这里原是一个交通节点，原来叫两路口，往南水路通武汉，往北旱路连鄂皖。据说清朝中期这里出了一个宫廷侍卫，名叫汪天河。他为人正直，为家乡办了不少好事，为了纪念他，乡亲们就把这地名改叫天河了。天河的范四桥19世纪出了范仲淹的三十一世与三十二世孙范轼、范熙壬父子，他父子俩是"父子同科"的举人，并获得了光绪皇帝的御赐金匾。当年范熙壬在变法中是"公车上书"的组织者之一，1924年曾任国会非常会议行政委员。这里还有共和国的开国将军叶超等人，纵观这个地方的前世今生，也算得上"人杰地灵"了。

这里的人农耕鱼樵，习以为常。要说在这里建一个国际机场，简直无异于天方夜谭，老百姓只见飞机从头顶上轰然飞过，飞机真要在这里落窝，人们一下子还真的缓不过气来。但事实毕竟是事实。1989年拆迁开始，接着掘土机施工队进来了，施工场地热火朝天。1991年机场建成了，举行了庆典，飞机开始起降，老百姓又开始适应这新的环境。人们有时遐想，天河这地方，虽不是天上的河流，但它真的和天有缘，往南和广州白云机场、往东和上海虹桥机场遥相呼应，云河相连，霓虹灿烂，注定了有揽云巡天的命运，这里不可避免地要成为一个万众瞩目的地理标识。

如今的武汉天河国际机场，弥漫着现代化的气息。笔直宽敞的机场路，车流如织，两旁的绿化带，树影婆娑，机场里停机坪上银鹰起降，购票厅、候机厅里不同肤色的人来来往往，地勤人员和小红帽志愿者提供着周到的服务。

当时开航的T3航站楼已是气势不凡。此楼外形设计为"凤舞九天"，寓意楚人开拓进取、勇往直前的精神。中间是主候机楼，两边各有两条走廊，如同凤凰翅膀。整个设计取凤凰神韵，通过屋顶动态的体块饰形似凤凰飞翔的肌理，展现"有凤来仪，群贤毕至"的场景，加上若隐若现的天窗光线，恰似银河璀璨。星光似锦环抱状的机场整体大气磅礴，再现楚人热烈欢迎八方宾客的景象。

该机场1990年12月16日正式动工兴建，一期工程于1994年9月27日竣工，1994年12月28日通过验收，1995年4月15日作为国家一级民用机场正式开航启用。二期工程于2004年12月29日开工，2008年3月4日竣工，2008年4月15日第二航站楼正式启用。2009年12月29日启动三期工程建设，2016 年 6 月 30 日第二跑道投入使用。2016 年 12 月 30 日三号航站楼投入使用，该机场为国内民用干线机场，占地 6.59 平方公里。规划停机坪面积 0.93 平方公里。机场现有跑道长 3400 米、宽 60 米，两侧道肩各 7.5 米，占地面积 2.85 平方公里。国内候机（T1）航站楼总建筑面积 0.03 平方公里。跑道、滑行道等配套设施能够满足波音 747-8 型飞机起降的技术要求。候机楼设计年吞吐量 420.5 万人次，站坪有 11 个机位，停机坪有 16 个机位，可同时停靠 28 架大中型飞机，旅客登机桥 6 座。建有库容 3.33 万吨的货运仓库，航油补给支行管线运输。二航站楼属一个主楼和两个走廊按 U 型组合布置，面积 0.12 平方公里。主楼全长 315 米，两指廊分别长 246 米、宽 38 米。主楼分为三层，地下一层为设备间和停车场，地上两层，一楼为到达层，二楼为出发层，新建站坪 0.23 平方公里。停机位 24 个。三期改扩建工程总投资 146.16 亿元，该项工程按 2020 年旅游吞吐量 3800 万人次、货邮量 44 万吨的目标设计，新建的东飞机区等级指标为 4F（可起降空客 A380 大型客机），新建一条 3600 米长、60 米宽的第二跑道，2 条 3600 米长、25 米宽的平行滑行道，4 条垂直联络道；新建 54 个机位的停机坪，0.35 平方公里的第三航站楼，0.55 平方公里的航管楼；新建 0.01 平方公里的国际货运站和 0.14 平方公里的停车场等。武汉天河国际机场拥有国内航线 158 条，国际航线 40 条，是华中地区唯一可直飞世界四大洲的机场，拥有飞往 39 个国际城市的直达航线。2015 年，天河机场旅客吞吐量达到 1894.2 万人次，其中国际及地区旅游吞吐量达到 174 万人次。ACI（国际机场理事会）旅客满意度测评值为 4.45，进入全球同量级机场前 10 名，跨入世界百强。

T3 航站楼的建设经历了艰苦而又复杂的过程。尽管 2008 年以来，天河机场银燕穿梭，风云际会，充分显示了武汉大都会机场的风姿与繁华，但和改革开放的日新月异相比，已经跟不上时代前进的步伐。当年建成的天河机场第二航站楼，设计吞吐量为 1300 万人次，2014 年已经"满载"。2014 年，机场第一跑道每小时高峰起降量已达 33 架次，超过设计峰值。如果再不扩容，大量飞机排队，延误只会越来越多，航点只会越来越紧张。机场升级迫在眉睫。因此，2015 年启动了天河机场三期工程。这项工程完工后，天河机场旅客吞吐量将达到 3500 万人次，货运量达 44 万吨，是目前运输能力的两倍多。

2015 年 T3 航站楼建设如期动工，各参建单位增强了大局意识和协同意识，主动作为、勇于担当，继续发扬"打硬仗、善谋划、大协作、巧推动"

的优良品质和工作作风，各项工程顺利推进，各项建设如火如荼。当时，黄陂区由常委副区长陈世刚负责涉及黄陂的有关工程指挥和协调。2016年T3航站楼"冲出地平线"，机场三期全部建成投入使用。

天河机场三期是工程名片。天河机场和武汉市共同投资近400亿元，占地733公顷。天河机场已成为全国航空"第四城"，为武汉和湖北重塑一道"通往世界的新大门"。

三期工程建设时的基坑长900米，宽800余米，相当于13个足球场大小。站在楼旁远眺，汉孝城铁、地铁如两条"巨龙"，由西向东蜿蜒而行，在此汇集成龙凤呈祥之势。这里将容纳地铁、城铁5条隧道，并建成机场交通中心、T3航站楼两大核心建筑，集航空、地铁、城铁、长途客运、公交、出租车及社会车辆等7种交通方式于一体的换乘枢纽，T3航站楼则将是全国第四、华中最大的机场航站楼。

在建设过程中，天河机场除T1、T2航站楼外，九成以上现存建筑都被拆掉重建。总承包商中建三局生产经理汪明军介绍，建设项目层层相叠，施工环环相扣，"这样的施工难度，全国民航史上少见"。

70万方出土量，葛洲坝集团调派工程车，每天拖上两三千趟，1个月内就施完；基坑中近万根基桩，每一根都得透过软基土壤，直插基岩。这是一个顶天立地、荡气回肠的工程。

T3航站楼交通中心建设5个功能层，形成国内唯一一个"立体"机场交通枢纽。交通中心总体将分为5个功能层：地下二层为城际铁路、轨道交通站台层；地下一层为交通换乘、航空服务大厅；地面层为社会车辆层；地上一层为长途客运、公交枢纽发车区及其停车场；地上二层为旅客集散大厅，与T3航站楼旅客到达厅同层，通过廊道衔接。五层之间均有楼梯、自动扶梯和垂直电梯。

天河机场三期工程还新建一座115米高的塔台，个头在全国机场塔台中最高。

T3航站楼建筑面积为49.5万平方米，其建筑面积为T2航站楼的3倍多。T3航站楼共分3层，第一层为行李分拣大厅，第二层为到达大厅，第三层为出发大厅。

新修建的第二跑道长3600米、宽60米，按4F级标准建设，为国内最高等级，可供空中巨无霸A380客机起降。

目前，国家级"航空枢纽"包括北京首都国际机场、上海浦东国际机场、广州白云国际机场，中西部地区没有国家级航空枢纽。天河机场三期工程完工后，填补了这一空白。天河机场将成为综合交通转换最便利、辐射能力全国最强的交通"门户+枢纽"。

机场地铁线全长 19.8 公里，共 7 个站点，按设计时速，跑完全程约 20 分钟。已成为最人性化、最智慧、最便捷、最安全的机场线。

现在的天河临空经济区内路网纵横、园区遍布，一片忙碌景象，产业园成为名副其实的现代航空新城，一个促进中部崛起的战略引擎将腾飞而起。

武汉有机场的历史 82 年，天河机场开航也只有 20 多年，武汉临空经济仅仅 8 年。对于这个新名词，别说黄陂的老百姓没听说过，就是一些外来公司老板心里也没谱。临空经济，简单说，就是跟着机场赚钱。利用机场的产业聚集效应，促使相关资本、信息、技术、人口等生产要素向机场周边地区集中，在以机场为中心的经济空间，形成与航空有关联度的产业集群。

摊开中国地图不难发现，构建中国的航线网络，武汉是一个绝佳的圆心和重要的战略支点，最适合构建辐式枢纽航线网络。2007 年，省市政府通过《武汉临空经济区总体发展规划》。如今这块区域，以天河机场为核心，涵盖机场周边 10 公里左右半径的区域，与周边邻省省会城市和经济重镇相距车程在 3~5 小时左右。

武汉抓住了这个机遇，提出把建设武汉临空经济区作为"工业强市"的决胜之举。据国际民航组织（ICAO）测算，每 100 万航空旅客可为周边区域创造 1.3 亿美元的经济收益，可带来 1000 个直接和 3700 个间接工作岗位；每新增一个航班，将直接增加 750 个工作岗位。每天旅客吞吐量中约 20% 的人会在机场所在城市食宿，由此带动城市就业，形成多产业发展的综合性平台。

天河机场也是华中地区唯一拥有双跑道的机场。武汉地铁机场线、汉孝城铁在此与 T3 航站楼实现无缝对接。

驱车机场北出口大道，映入眼帘的，就是蜿蜒而出的绿化带。再驱车向东，海航一号路、物流大道、川龙大道、临空北路、临空中路、临空南路、天（河）阳（逻）大道——一条条宽阔平坦的刷黑公路纵横交错，这里就是黄陂临空经济核心区。放眼望去，园区内厂房林立，吊塔旋转，机械轰鸣，车水马龙……

好山好水好黄陂，临空临港临天下。武汉天河机场，让黄陂与世界共拥万里碧空；亚洲最大的武汉北编组站，让黄陂与世界共享万千经脉；武汉长江新港，让黄陂与世界共抱万顷碧波；T3 航站楼，给黄陂临空经济核心区插上翅膀。

黄陂处在大临空、大临港和正在规划的长江新城的叠加区，具有得天独厚的区位和交通优势。

制造业是立国之本、强国之基。2011 年，建设国家中心城市的武汉摁下工业发展快进键，启动"工业倍增计划"。

黄陂，迎来了发展工业的黄金期。黄陂区位绝佳，坐拥华中航空门户——武汉天河国际机场以及武汉北铁路编组站，毗邻武汉新港，多条高速公路在此交汇。论机遇，黄陂史上绝无。经国务院批准，武汉临空港经济区升格为国家级开发区。由黄陂区、东西湖区和孝感市孝南区合力开发建设临空经济区，黄陂是临空经济核心区。

自 2012 年始，黄陂区倾全区之力，秉持"筚路蓝缕"的创业精神，"抚夷属夏"的开放精神，"敢为人先"的创新精神，以天河机场为核心，规划面积 62 平方公里的临空产业园横空出世。近几年，政府和社会资本在该产业园投入近千亿元。

黄陂区围绕"强推工业倍增、打造中部航都、建设生态新城"的目标，将临空产业园作为重要承载地，集临空制造、航空物流、航空服务三大功能于一体，主要发展以飞机制造、维修为主体的航空相关产业，以高新技术为主导的光电子信息产业、时尚创意产业、生物医药产业以及新能源新材料、动力机车及汽车和零配件制造等产业。

2012 年 11 月，中车武汉长客轨道装备公司修造基地开工建设，总规划用地约 1500 亩，投资约 32 亿元。规划建成世界一流的轨道交通装备修造基地和轨道交通一体化实验中心。

中车的落户，让黄陂区发展思路豁然开朗，这个前所未有的装备制造巨无霸的落户，让黄陂布局智能制造的规划方案生根发芽。

一花盛开百花香，百花竞艳春满园。中航森瑞武汉新材料公司于 2012 年 4 月注册成立。该公司负责人说："从招商竞争性谈判到签协议书、项目落地、开工许可，到企业厂房建成试生产，全程仅 11 个月时间。"当年投产当年见效，2016 年实现产值 2.2 亿元，纳税逾 2000 万元。

周大福建设投产堪称经典。投资 50 亿元的省、市重大项目周大福珠宝文化产业园占地面积 600 余亩，项目一期已于 2014 年 9 月 25 日投产。仅一年时间建成厂区面积逾 18 万平方米，创造了"黄陂速度"。其第一批足金产品实现"黄陂造"，千足金作品"武汉颂"被市政府陈列室收藏。产业园集珠宝生产、物流及配送、展销（旅游）、培训、电子商务于一体。"未来全球周大福珠宝至少有 60% 的产量出自这里。"周大福珠宝集团执行董事陈世昌充满信心地说。

新一轮的开放开发中，临空经济核心区将实现信息技术与制造业加速融合，在"互联网+智能制造"、物联网、新材料、生物工程等领域不断取得新突破。

于是，"一主三辅"总面积达百平方公里的工业园区布局规划及时出台，其规模相当于一座大城市的大型工业园区。

"一主"是指总面积 62 平方公里的临空产业园；"三辅"涵盖汉口北配套产业园（含台创园）、三里—大潭工业园、前川新城工业园（含罗汉建材产业园），面积分别是 10 平方公里左右，其中，临空产业园成为重中之重。按功能划分，临空产业园包含临空制造园、临空（航空）物流园、横店中小工业园、滠口产业园四大板块。

临空产业园作为黄陂区发展新型工业化的一个"标杆"，伴随着周大福、北车、惠强、比亚迪、翰宇、卓尔通航、汉能、新华光、全真光电、长江光电、中航、华中金圣达、上科电气、海航蓝海产业园、菜鸟、圆通、普洛斯等知名企业进军临空产业园的脚步，一个个优势产业项目佳音频传。目前，四大功能板块初步形成了 4 个千亿产业雏形：第一，以比亚迪、惠强、汉能和卓尔通用航空为龙头的新能源、新材料产业；第二，以周大福、爱帝为龙头的珠宝和服装设计时尚创意产业；第三，以北车轨道修造为龙头的装备制造和新华光电智能制造产业；第四，以翰宇药业为龙头的生物医药产业。

卓尔控股董事长阎志介绍，卓尔航空投资有限公司已经完成捷克领航者飞机制造公司的并购，拥有了领先的轻型飞机研发与总装能力。卓尔将围绕通航制造，结合现有产业形成通航旅游、通航物流、通航培训等全产业链，将卓尔航空打造成中国通航产业领军者之一。

翰宇药业武汉生物医药生产基地（一期）厂房已封顶。"我们按世界最高标准设计建设，今年 10 月份投产试运行，届时，30 多个自主创新药物将从深圳转移到这里生产……"项目现场负责人介绍。

一期投资 5 亿元，拥有 13 万平方米现代化厂房及 2 万平方米研发中心的武汉惠强新能源材料公司总经理王红兵介绍，2015 年 1 月 27 日，中国第一卷三层共挤干法单拉锂离子电池隔膜在临空产业园诞生，标志着一直被日本及美国寡头企业所垄断的该项技术已被打破。

2015 年 11 月，第三届中国（武汉）锂电新能源产业国际高峰论坛（ABEC2015 锂电"达沃斯"）在惠强成功举办。黄陂区政府邀请全球锂电池、新能源、储能等产业链公司、机构、基金、媒体等超过 300 家 500 多位嘉宾来实地考察。

2016 年 3 月，武汉惠强成功在京新三板挂牌上市。2017 年 2 月，惠强成功生产了中国首卷 PP/PE/PP 三层共挤干法高端锂离子动力电池隔膜，这一重大技术突破，标志着惠强新材料的高端技术迈入世界领先行列，其产品已经成为国内知名新能源汽车制造商比亚迪、骆驼、鹏辉的主要供应商之一。

以诚招商，这是黄陂区推进招商引资"一号工程"的生动写照。2012 年，得知周大福将投资 50 亿元建产业园，多个城市都有兴趣。黄陂区主要领导得知消息后，立即以最快的速度飞往香港拜访周大福董事局主席郑裕彤，正赶上其孙女准备结婚。区领导拿出精心准备的"厚礼"时，郑裕彤老先生欢喜得不得了：那是两幅一针一线汉绣的"福"字，正契合周大福的"福"。

区负责人对郑裕彤说："周大福是在您手里发扬光大的，我知道您为什么一直叫周大福，而没改名叫郑大福。""你说说为什么？"老先生来了兴趣。"因为您懂得感恩啊。"一句话让老先生感动不已。原来，郑裕彤从金店学徒到周家女婿，再创业成为掌门，一直感念周家的恩情。

"初次见面，但我觉得你是个可以信任的人。"这是老先生对区领导的评价。

很快，周大福与黄陂签约落户。

中国智能骨干网黄陂项目（菜鸟）一期于 2016 年 3 月开工建设，2017 年 5 月正式投入运营。进驻菜鸟的包括心怡物流、蜂网供应链、万象物流，主要服务于天猫超市、小家电、快消品等天猫前台业务。运营以来，日均产生电商包裹 6 万~8 万单。

伴随着沿海产业向内地转移和武汉新城的崛起，区域竞争日趋激烈，也充满机遇。黄陂区树立了"大招商、招大商，大招智、招大智"的全局意识，坚定不移地推进实施招商引资"一号工程"，以良好的投资环境、完善的产业环境、宜居的生态环境吸引八方客商。

6 年来，园区引进工业项目 222 家，签约投资额近千亿元，其中已投产 77 家，在建的 43 家。已投产、在建和准备动工的央企、上市公司达 15 家。与清华、浙大、武大、华中科大、中科院等高等院校和研究机构合作开发建设实验室、研发中心，翰宇药业申报成立了 1 家国家级科技创新平台，惠强、比亚迪、全真光电、深圳科技等企业申报成立了 6 家省、市级科技创新平台，为产业可持续发展提供智力支撑。

区政府郑重承诺：产业园每月都要有项目开工。2017 年 3 月，湖北上科电气、中闻印务等 5 个项目开工；4 月，中南房地产、临空天成科技项目开工；5 月，北辰项目开工；6 月，海航黄陂总部、武汉子连日盛、兴盛通电气、太格光电、长盛煤安科技等 11 个项目开工。

临空制造业的发展，强力带动航空服务和物流业突飞猛进。国航、东航、南航等民航巨头，友和道通、海航蓝海产业园、菜鸟、普洛斯、圆通、越海等物流企业相继扎堆，航空服务和物流业蓬勃发展，形成新的发展引擎。

今天，天河机场成了现代的航空之都，正充满勃勃生机，它承载着银鹰飞向茫茫云天，飞过时代的春夏秋冬，在飞天中实现人间天河走向国际遨游寰宇的梦想。

# 第八章　话说黄陂铁路线

京广铁路　位于横店街道。以起于北京到达广州得名。原为北南两段，北段从北京到湖北汉口，称京汉铁路，1897 年 4 月动工，1906 年 4 月建成；南段从广东广州到湖北武昌，称粤汉铁路，1900 年 7 月动工，1936 年 4 月建成。1957 年 10 月武汉长江大桥建成通车后，两条铁路接轨并改名为京广铁路，全长 2302 公里。黄陂区境内长 31.57 公里，起于祁家湾街道红刚村，止于滠口街道，建于 1897 年 4 月至 1957 年 10 月。横店站位于黄陂区横店街，建于 1912 年，隶属武汉铁路局汉西车务段管辖，现为三等站。

石武高速铁路　位于区境西部。北起石家庄，南至武汉，区境内设横店东站。正线全长 840.7 公里，黄陂区段长 80 公里。设计速度 350 公里/小时，输送能力为单向 8000 万人/年。以道路起止点得名。石武高铁（郑武段）2012 年 9 月 28 日开通，石武高铁（石郑段）于 2012 年 12 月 26 日正式通车。

武广高铁　位于湖北、湖南和广东境内，长 1069 公里。为连接广州与武汉的高速铁路，故名。是中国四纵四横客运专线网中第一个开通时速为 350 公里的高速铁路。黄陂区段全长 42 公里，为京广客运专线、武深高铁、京港客运专线的南段（武汉—广州段）。2007 年 6 月 23 日开工，2012 年 12 月 26 日正式通车。

武麻铁路　位于区境中部。是京广铁路与京九铁路之间在湖北省的联络线，又称横麻铁路。1993 年 3 月 21 日动工兴建，1996 年 8 月 31 日开通营运。该线起自京九铁路麻城站，经麻城、红安，进入武汉市黄陂区境蔡榨、王家河、前川、横店，境程 33.5 公里，在横店与京广铁路接轨。

武汉轨道交通 1 号线　位于长江及汉江北部的汉口地区，贯穿东西湖、硚口、江汉、江岸、黄陂5区。为武汉市第一条有轨交通线路，以轨道交通规划顺序命名。全长34.57公里，为地铁高架线。造价为2.5亿元正线公里，途经29站高架站，由东、西湖区东吴大道站至黄陂区汉口北站。采用4节编组的B型列车，车辆最高运行速度80公里/小时，初期全日开行列车214对，后期250对，远期284对。汉口北延长线全长5.72公里，投资23亿元。始建于2011年4月，2014年5月28日开始运营，设滕子岗站、滠口新城站、汉口北站3座高架车站，平均站间距为1845米。该延长线起于堤角站，上跨张公堤，沿解放大道下延线北行，跨朱家河、三环线，最终抵达位于汉口北大道北侧的汉口北终点站。泾河延长线投资22亿元，途经3站高架站，2018年开始运营。武汉轨道交通1号线分为3期，由武汉地铁集团有限公司承建。

汉口北站　为武汉轨道交通1号线三期延长线站点，高架车站。有效站台长度80米。

滠口新城站　位于武汉市黄陂区滠口街道，为武汉轨道交通1号线三期延长线站点，高架车站，有效站台长度80米。

黄陂火车站　位于前川街道青仔村境内，川龙大道北、黄孝路南，京九大道将火车站和川龙大道连接，主要以货运物流为主。1993年因京九铁路武麻连线建设，黄陂火车站动工，1995年建成通车，客、货两用车站，2004年停止客运、货运。2013年重新启动物流。

滠口火车站　位于冯树岭村西部。紧邻冯树岭火车站点，隶属武汉铁路局汉西车务段，现为四等站。建于1898年，原为北京至武汉的铁路线，后期延长至广州，即为京广铁路。途经线路有京广铁路、麻武铁路、红滠铁路、滠武铁路，股道数目10，站台数目2，站台面3，主要负责京广铁路过境火车及客车的调度和所在辖区范围内的铁路线路的维护保养工作。

滠口货场　位于长松村中部。以所在地滠口街道及其功能命名。2012年开工建设，2015年开始运营。占地1平方公里。总投资4.5亿元，设计年吞吐货运最大828万吨。

滠口货场将全面接管武汉北站并负责运营，新港铁路正与滠口货场同步建设，将与沿线各长江港口一起建立起水铁联运的快速大通道。滠口货场，京广线滠口站西部，呈西北至东南向布局。货场东南端引出一货场上行联络线和货场联络线，分别从南北两端并入滠口站，货场东北端引出一牵引线。滠口货场规模：货场内3股到发线、4股货物线、货场牵出线和货场上行联络线各一股，铺轨长度为 13.35 公里，新铺道岔 13 组。货场外货场联络线、下行环发线、下行货车联络线和武汉北上行货车联络线各一条以及两条下行货车线改线。其铺轨长度 10.22 公里，新铺道岔 10 组。

武汉铁路局横店东站　位于横店街道东部，为京广高速铁路和宁蓉铁路交会处的一座车站，北接孝感北站，南连武汉站。2008 年开工建设，2012 年建成。占地面积 7000 平方米。

武汉铁路局武汉北编组站　位于横店街道中部。是全国主要路网性编组站之一。以所属单位及所在地理位置命名。2006 年 4 月 18 日开工建设，2009 年 5 月 18 日投入使用。该站按双向三级七场规模建设，俯瞰外形大致呈葫芦状，平均宽度为 800~1000 米，占地纵深约 5 公里，共有站线 112 条，总长约 222 公里。其日处理货车量初期为 1.17 万辆，后为 1.57 万辆，最终达到 2.2 万辆，高峰期可达 3 万辆。主要承担京广线、合武线及麻汉线车流和汉丹线、武九线至江北地区以及更远方向的车流，有一半以上的经过武汉的车流由该编组站承担。每年可分流 2000 万吨以上的跨江铁路货运量，可以让通过长江大桥的铁路货运量减少一半，大部分货物列车通过天兴洲长江大桥、京广货车外绕线开行，穿越三镇闹市区的车辆大大减少。该站建成以来，市区内的江岸西站、江岸货站、江岸车辆段、江岸机务段等单位陆续入驻该站，物流中心更趋向于黄陂的武汉北编组站带。该编组站隶属于武汉铁路局，是从事铁路货物列车编组和解体作业的车站。

武汉地铁 7 号线　武汉地铁前川线是武汉 7 号线的北延长线，起点是黄陂广场站，终点是马池站。

建设的前川线站点：黄陂广场站——百泰路站（预期与黄陂轻轨换乘）——北车基地站——余彭塆站（预留）——横店站——临空北路站——天阳路站——腾龙大道站（换乘地铁 20 号线）——巨龙大道站（换乘地铁 2 号线和 18 号线）——汤云海路站（湖北省委党校附近）——马池站。

新的 7 号线北沿线站点：马池站——汤云海站——巨龙大道站——腾龙大道站——天阳路站——天河枢纽（天河机场高铁站）。

武汉轨道交通 7 号线北延线（前川线）工程是连接前川新城、盘龙城与武汉中心城区的市域快线 7 号线的重要组成部分，承担黄陂及沿线居民的交通出行，提升天河机场枢纽的集散能力，支持城市北部近期建设，促进城市经济可持续发展。7 号线北延线（前川线）工程线路起于黄陂前川的黄陂广场，经黄陂大道、双凤大道、川龙大道、盘龙大道、环湖中路等城市主干道，主要串联了黄陂前川城区、北车基地、临空经济产业示范区、盘龙城、东西湖区等重点发展地区，是武汉市重要的客运走廊之一。7号线北延线（前川线）工程本线于2020年开工建设，2023年建成，总工期44个月。工程总投资估算约175.52亿元。

7号线北延线（前川线）工程是引导北部新城组群的建设，落实"1+6"城市空间发展格局的需要；是支撑城市近期重点建设的需要；是加快综合交通枢纽城市建设，缓解交通拥堵，促进经济持续发展的需要；是实现黄陂区空间结构，提升黄陂公共中心体系功能，加快城市建设的迫切需要；是加快市域快线轨道建设，尽快建成市域快线网络，稳定轨道网络骨架的需要；是实现武汉市环境保护目标的迫切需要。

阳逻电厂专用线　位于滠口街道南部。西与京广铁路相连，东直达新洲区阳逻电厂，为连接新洲区阳逻电厂的铁路专用线，黄陂区境内长14公里。以道路功能而命名。2009年建成。

# 第九章　精神文明建设

## 第一节　开展系列活动及成效

1983 年 4 月 29 日，邓小平同志首次提出关于建设社会主义物质文明和精神文明的论述："……过去很长一段时间，我们忽视了发展生产力，所以现在我们要特别注意建设物质文明。与此同时，还要建设社会主义的精神文明，最根本的要使广大人民有共产主义的理想，有道德、有文化，守纪律。"

改革开放 40 年中，黄陂区（县）交通局党委以经济建设为中心。与此同时，围绕交通发展，开展了系列卓有成效的精神文明创建活动，涌现出一批文明单位先进集体。战线内干群发挥自己的才智和辛劳，精神财富层出不穷，英雄模范、先进个人受各级党委、政府表彰。

1984 年，交通局党委围绕搞活"两通"中心工作，首先抓好党的建设，充分发挥党员先锋模范作用，全年举办 14 期各种形式党员培（轮）训班，培训党员 295 人次。并在全系统开展"五讲、四美、三热爱"活动。为支援苏区，职工踊跃捐款捐物，共折合人民币 18379 元。涌现出见义勇为，与歹徒顽强搏斗的青年工人韩亚文；有拾金不昧，拾到现金 500 元当即交还失主的工人王吉祥。他们分别受到市人民政府表彰。

运输市场管理办公室变管理促服务，为运输企业、个体（联户）和货主双方排忧解难。研子梳店乡是传统生产窑产品之乡，1984 年全乡 34 口窑生产窑产品万余吨，由于交通闭塞难以运出。运办积极组织拖拉机解决了运输难题，使该乡增加收入 80 万元，同时为运输户提供了充裕货源。运办服务被市级电视台录制采用，受到市交通局表彰。

1985年，交通局党委重视干部职工政治思想工作，在局系统广泛开展"有理想、有道德"教育领导小组，连续开展6场"四有"教育巡回报告，聆听报告人数达1500余人次。局属各单位结合本部门实际，找差距、定措施、抓整改。

汽车客运站少数职工存在上班出勤不出力，与旅客谩骂斗殴，私自冒领材料等不良行为，通过接受"四有"教育以后，这些职工触动了灵魂，启发了思想，不正之风得到遏制。局系统涌现出一批先进人物：有不顾个人安危烈火中抢救集体财产的横店装卸公司陈光文；有甘于清贫，为公路养护事业做出突出贡献的老模范肖厚楚；有不计个人得失，主动上交800元应得奖金的客运站叶北新；有技术革新、节油能手易民金；有拒腐蚀、永不沾的货运站职工周红英。

翌年，交通局在开展"四有"教育的同时，加强对全体党员思想、宗旨和纪律教育，提高职工整体素质，公路段被县人民政府授予"文明单位"称号，交通局被授予"抗洪救灾先进集体"称号。局系统全年举办7期各类型的培训、轮训班，参加学习人员117人次，合格率达97.4%。

1987年，交通局围绕精神文明建设，抓了以下几件大事：一是加强干部职工思想政治工作，分3批开展短训班集中学习，开展坚持四项基本原则，反对资产阶级自由化的教育。二是用3个月的时间，在全系统开展"新时期共产党员形象"的大讨论活动，组织7名优秀党员分批演讲；在"七一"评选活动中，公路段党支部余年运同志荣获县委表彰。三是组织普法教育，培训普法骨干300人，全系统参加普法人数占总人数的90%以上，"九法一例"得到普及，受到县委表彰。四是组织开展职工业余文艺汇演、各项球类比赛等文体活动，陶冶了职工的情操，活跃了文化生活。

1988年，局属各单位组织开展"双重考验"教育活动，明确新形势下党员的职责和义务，越是深化改革、开放搞活之时，更应该按照党的政策办事。局党委组织开展生产力标准大讨论，聘请专家授课，明确改革开放和发展生产力的关系。局工会积极开展创建职工之家活动，客运站、横店装卸公司被市总工会命名"先进职工之家"。首届编纂《黄陂县交通志》工作在局党委的重视下，经全体志办人员的共同努力，同年底志书付梓出版，被省经委省交通厅联合授予"优秀成果三等奖"，并赴京参展。蔡店乡陈冲村是交通局对口扶贫村，为帮助苏区人民脱贫致富，局组织捐款7000元，帮助该乡解决抗旱排灌，完成秋播任务。

1989年，交通局认真履行廉政建设，按照"两公开一监督"的原则，制定系列规章制度。各单位同时出台管理措施和办法，杜绝以权谋私，"吃、拿、卡、要"行为，运管所将廉政建设、行业管理、开展文明廉洁运政员活动有机相结合，在所机关和交通管理站设立11个举报箱，接受群众监督，对行业管理起到了促进作用。该所被省运管局授予"1989年度先进集体"称号。

1990年，交通局狠抓职工思想政治工作，一是开展"学雷锋、学两兰""弘扬奉献精神，树立交通新风"活动。县航管站行动迅速，措施具体，讲求实效，受市交委表彰。二是树先进典型人物。局组织开展胡菊梅等7名同志先进事迹巡回报告会，收到了远学英雄人物近学身边典型的效果。三是开展丰富多彩的文艺活动。在县宣传部等单位主办的首届职工文艺汇演中，运管所的小品《打麻将》荣获一等奖；客运站、公路段、幼儿园的节目《盼盼》《双喜临门》《黄河源头》获二等奖。四是为蔡店陈冲村、姚集石桥村、李集镇帮助扶贫资金3.8万元，解决了部分村民吃水难问题。五是局纪检监察重点查处违规建私房，全系统清理98户建私房；全年共查处8起违纪案件，受县委表彰。

1991年7月上旬，县境普降大到暴雨，遭受百年不遇洪涝灾害。全县186条公路不同程度水毁182条，冲毁桥梁94座，涵洞385道，路基塌方24733立方米/5710米长，冲毁路面1328796平方米/239428米长，造成31条客运线路停班，因渍水，交通5家企业半停产，直接经济损失达437.3万元。

在自然灾害面前，交通系统2600多名干部职工投入到抗洪救灾中，确保主干道和通往重点库区、堤防公路畅通，确保抢险救灾物资及时运输，确保灾民安全转移。在70余天的抗洪救灾期间，交通系统共投入抢险抗洪人员5000余人次，向灾区群众捐款8.59万元，其中个人捐款2.59万元，衣物4963件，粮票3600余斤，面包2000余个。

经评选，客运公司、货运站、修理厂、港航管理站、公路段、夏二道班、县装卸公司为武汉市交通系统"抗洪排涝先进单位"；局长余新焕同志身先士卒一线指挥，被中共黄陂县委、县人民政府联合授予"抗洪排涝救灾先进个人"称号；江海明、杨宗海等33名同志被武汉市交委授予"抗洪救灾先进个人"称号；县交通局机关被武汉市交委推荐出席湖北省精神文明建设先进单位；公路段潘建发同志分别被省交通厅和国家交通部授予"抗洪救灾先进个人”称号。

1992 年，交通局精神文明创建目标是：（1）创建一条文明路段；（2）创建二条文明客运线路；（3）创建 3 个文明渡口；（4）树立 4 个文明船队；（5）创建 5 个文明交通管理站；（6）局机关 60% 的股室达到文明股室标准；（7）创建 10 个双文明道班；（8）树立 10 名交通标兵和 10 名劳动模范；（9）货运站创建文明服务企业，航管站创建文明服务管理单位；（10）交通职工 5% 进入双文明建设先进行列。

为实现以上目标，局领导狠抓了 3 个方面的工作和管理办法：（1）局属各单位一把手亲自挂帅。牢固树立工作越忙越要抓精神文明建设，改革越深入越要抓精神文明建设的思想认识，做到抓精神文明建设领导到位，责任到位，目标到位，措施到位。（2）目标要明确。将以上 10 项文明建设目标分解到局属相应单位和局机关股、室，纳入年度考核目标。（3）教育要深化。坚持正面教育为主，从提高职工政治素质入手，进行党的基本路线教育，职业道德教育，“二五”普法教育，端正行风教育，开展多种形式的学雷锋、学劳动模范活动。由于交通局在创建文明活动中有措施、有办法，1991 年、1992 年连续被市交委授予“四好一高”文明机关。

1993 年 2 月 3 日，交通局对《精神文明建设方案》作补充修订，增加开展“三百”（百佳窗口、百名明星、百件好事）活动内容。创建文明活动步骤和方法是：（1）局党委注重两手抓。多次专题召开基层党组织会议，听取精神文明工作汇报，找差距，明方向，看准了的主动抓，上级布置的积极抓，结合实际抓落实。（2）注重局机关工作人员和局属单位负责人的教育管理，全年举办 6 次各类型培训班，学习各种法律知识，参加学习人数 350 人次。（3）狠抓廉政建设，端正行风。行政执法单位聘请行风监督员和行风信息员，公开办事制度，接受社会监督。对 24 个交通管理站分 4 片进行纠风检查，做好反腐败工作。（4）局党委对交通职工反映强烈的问题进行分析整改，制定措施和管理办法。通过开展“三百”活动，加强党风廉政建设，交通系统涌现出大批先进人物和模范事迹。重点采撷几例：有清正廉洁、一心为公的征稽所长杨宗海同志；有见义勇为，奋不顾身营救被害女青年的环城交管站长廖生彩同志；有拾金不昧，捡到活期存折，金额为 3012.46 元的征稽所徐小运同志；有修车质量高，贡献大，一年为厂交纯利 2.64 万元的修理厂占学工同志；有热爱公路养护事业，一年难得回家一趟，家中遭受火灾也无暇顾及的公路段潘建发同志……溇口交管站在创建百佳窗口活动中，该站站长彭荣胜率全体职工文明执法、廉洁执法、依法管理，1991 年至 1993 年，提前超额完成交通规费征收任务，分别是 16 万元、20 万元、34 万元，领先跨入"百佳窗口"达标单位。

1994 年，交通局围绕"三优一安全""四好一高"为主要内容，以争创"三百"活动为载体，以新举措开展精神文明创建活动。通过系列活动，交通干部职工总的表现是：全心全意为人民服务的多了，贪图享乐的少了；班子团结战斗的多了，搞"内耗"的少了；依法行政的多了，粗暴执法的少了；锐意进取争当先进的多了，消极怠工不求上进的少了。主要体现在以下几个方面：

1. 职工队伍素质不断提高，爱集体、爱岗位、做奉献的精神不断增强。汽运公司周红英在承包材料库期间，1993 年底盘存营利 20 余万元，按合同可分享 8 万元，她却全部上交公司。县装卸公司驾驶员邓幼清第一个带头承包车况较差的车辆，签合同时，别人问："你怎么这么大胆?"他回答："党员要模范带头，不是我胆大，是责任重大!"他吃苦耐劳，诚信服务，赢得货主信任，出色地完成各项经济指标，还替原承包司机交清欠款。

2. 全心扑在事业上，勤政、廉政带头人不断涌现。客运公司经理孙维瑞服从分配，勇挑重担。上任后开拓进取，大胆改革干部人事制度和分配制度、生产经营管理，公司经济效益扭亏为盈。航管站长杨金泉在单位困难重重面前不倒志不强调客观不向上级伸手，而是想新的、干大的，努力争取到了木兰湖开发项目。蔡店交管站长郭国书年过五旬，身患多种疾病，因北部山区经济落后，征费难度大，他带领全站职工跋山涉水，带上冷馒头当中餐，从不接受吃请，年年完成规费征收任务。

3. 文明单位办实事，文明窗口创佳绩。局组织二级单位举办《妇女权益保护法》《劳动法》知识竞赛，下发试卷 3600 份。局工会参加"康迪杯"第四次世界妇女代表大会有奖答卷，被县总工会评为"优秀组织奖"。客运公司站务员坚持佩戴服务牌，文明礼貌为乘客服务，设立群众意见箱，开设教师、学生、军人、港澳同胞优先售票窗口，深受旅客欢迎。航管站投资 3000 余元，购买200 多本科技、文化、水运管理书籍，建立图书馆阅览室，并鼓励职工自学成材，有 10 名职工通过考试学习大专课程。公路段三里桥道班用实际行动支援"希望工程"，义务投劳耗资 4000 余元，修通了三里桥小学进出口公路。

1995 年，交通局党委把精神文明建设列入局属各级党组织重要议事日程，从组织上保证创建力度。一是在全系统层层建立 12 个精神文明建设领导小组，设 8 个工作专班，局党委先后 6 次召开专题会议，听取工会汇报。二是加强理论学习，组织中层以上干部 350 人，学习《邓小平文选》，组织班组长以上干部 870 人，参加不同形式的理论学习，组织各类读书班 21 期，参加人数 500 人。

汽车修理厂结合"三学、三讲、三展"活动，举办不同类型学习会演讲会，对全厂干部职工进行学习宣传教育。运管所航运公司积极开展业务培训岗位练兵技术比武，运管所参加全市运管系统知识比武获第二名的好成绩；航运公司获市交邮系统技术比武活动第六名。

局组织开展学先进英模活动中，引导职工树立正确的人生观、价值观。县装卸公司党员干部带头集资开办采石场，不到一周时间集资 15 万元。航运公司船长徐勤发、驾长胡正焱、党员韩先波驾驶 109 号船队，在镇江突发海损事故，他们在紧急关头冒着生命危险下到船舱寻找裂缝，并及时用棉被堵塞漏洞，避免了 90 余万元的经济损失。

局纪委紧密配合党委强化职工职业道德教育。行政执法单位提高服务质量，端正行业风气，公开办事程序，公开办事结果，自觉接受群众监督。共设举报箱 12 个，监督岗 2 个，举报电话 9 个，意见簿 30 本，聘行风义务监督员 10 人，发行风评议表 105 份，走访座谈 20 余个对口单位，归纳意见建议 50 条。治理整顿公路设站（卡）12 个，撤除违规站（卡）7 个，取消停车收费站 1 个，处理违纪执法事件 1 起。同年，征稽所、运管所、航管站、滠口交管站 4 个单位被县文明委评为"文明单位"。

1996 年，交通局党委以创建文明单位和培育"四有"职工队伍为目标，以"高扬主旋律，岗位创一流"为主线，以"优质服务、优良秩序、优良环境、安全生产"为文明窗口竞赛内容；以"执行政策好、廉政建设好、科学管理好、办事效率高"为目标；以开展"新风车、新风船、新风道班、新风窗口"为载体，收到较好的成效。

1. 全年组织了两场"交通系统先进事迹报告会"，公路段的周荷珍《学习吴天祥，奉献在公路》、客运公司的杨小萍《平凡的岗位塑造新形象》、滠口交管站的彭荣胜《勤奋工作，为党旗增辉》等 7 名先进个人和 1 个防汛救灾先进单位做大会发言，事迹感人，催人奋进，受教育人数 1500 人次。

2. 同年 7 月，在滠口南湖防汛抢险中，交通系统共投入防汛抢险车辆

870 台次、机械 48 台次、船舶 23 艘次，运送抢险突击队员 3400 余人次，抢运物资 13800 吨。局组织个人捐款 24116 元，衣物 868 件。抢修公路塌方 4800 立方米，长 1420 米。装运泥土 8000 袋，排除险情 6 次，处理加固堤防滑坡 2 处，堤防加高 50 厘米，计 500 米长，共投入防汛资金 148 万元。

3. 在开展"新风车、新风船、新风道班、新风窗口"竞赛活动中，印发宣传材料 1500 份，出墙报 8 期，广播电视 2 次。树立 3 艘示范船、3 个示范道班、6 个示范窗口。全系统共举办"窗口服务"人员培训班 18 期，510 人次；订立窗口形象设计方案 51 个，服务标杆 26 个，规范用语 51 条，忌语 18 条，发简报 15 期，投发新闻 24 篇。客运公司、运管所分别介绍经验，运管所自编自演制作一盘表演录像带，组织职工观看，对照检查，按照"新风窗口"逐项落实。

1997 年，交通局坚持"两手抓、两手硬"，职工思想政治工作得到加强，精神文明建设有突破。

1. 把精神文明建设化解为若干项，综合成"双百分制"，同经济目标一起发文到局属单位进行考核，与年终奖金挂钩兑现，使软任务变成硬指标。

2. 同年 3 月，局党委号召"关于开展向李柏松、周荷珍同志先进事迹学习"的决定。同时举办题为《向李柏松、周荷珍同志学习，树立交通新风，弘扬奉献精神》座谈会。

3. 组织开展迎香港回归系列活动，激发职工爱国家、爱集体、爱岗位，增强民族责任感。

4. 持之以恒开展"文明机关""文明窗口"竞赛活动，结合交通行业特点，形成党、政、工、团齐抓共管，交通职工全员参与的态势，推进优质服务，树立行业新风。

1998 年，交通局党委建立党政一把手"两手抓、两手硬"管理目标，制定两个文明建设同步规划、同步安排、同步落实、同步考核，做到认识到位、工作到位、资金到位、人员到位、责任到位。截至同年底，局机关连续 5 年被市交委评为"文明机关"，带动了下属单位文明创建工作。

客运公司党总支举办"为党旗争辉"演讲会，总支委员陈焱华说："一个人只讲索取，不图奉献，就无人生价值。权力意味着责任，职务意味着服务，权力不为私利……"他是这样讲的，也是这样做的，几十年如一日的表率作用产生强效果。公路段一年投入 14 万元用于文明创建，为 25 个基层道班购置彩电,丰富了边远地区养路工人精神文化生活。段机关实施亮起来工程,荣誉陈列室布置得肃穆庄严。运管所开办图书阅览室,组织职工参观黄继光纪念馆、红安烈士陵园、红岩展、中山舰,使职工爱国主义思想增强。滠水大桥收费所每月将职工工作成绩、服务质量、好人好事等内容纳入评"星"活动,促进人人争当先进。一年中,全所好人好事42件、感谢信12封、锦旗1面。征稽所人员少,征费任务压力重,文明创建不松懈。以多种方式对职工进行职业道德教育,强化行业管理,学习法规知识,树立"文明、廉洁高效"窗口形象。

同年7~9月,在防汛抗洪78个日夜战斗中,交通系统各级党政组织、广大干部职工全力以赴投入到这场斗争里,并做出了突出贡献。系统内出动汽车1778台(次),组织调运社会车辆270台(次),机械95台(次),船舶64艘(次),运送抢险突击队员4120人(次),抢修油路坑槽500平方米,水泥路面4公里,砂石路面41公里,涵洞100道,小桥4座。抢修险段(大南湖、武湖船厂)2处,长800米,装运砂土7800袋,排除险情3次,加固滑坡1处,加高堤防50厘米,长700米,直接投入防汛抗洪资金90万元,个人向灾区捐款4.48万元。交通局被武汉市人民政府授予"防汛救灾"先进单位,局属一批单位和先进个人分别被县、市授予"防汛救灾(抗洪)"光荣称号。

1999年,交通局以开展"三讲"(讲政治、讲学习、讲正气)教育为重点,加强思想、组织、作风建设。全年调整局属单位领导班子5个,调整干部11人。局机关有23名科级以上干部参加区行政学院理论培训班。局系统全年发展党员20人,预备党员7人。局纪委加强党风廉政建设,查处各类违纪案件5起,挽回经济损失5500元。组织"迎国庆、话回归"知识竞赛,派员参加市交委组织的"讲文明,树新风,塑造文明窗口新形象"第11轮文明创建活动。全年围绕"三优一安全"加大示范窗口创建力度,落实专班纵向到底,横向到边,培育典型,树立标杆。加强信访工作,全年化解矛盾纠纷25起。

2000年,交通局党委以学习江泽民同志"三个代表"重要思想为主导,开展局领导班子和副处领导干部"三讲"及"三讲"回头看教育。围绕提高整体素质抓党建工作,以基层党组织建设为重点,抓理论学习,表彰了一批优秀党员和基层党组织。

积极开展"塑造新形象,迈向新世纪"文明创建工作。局工会在"三八"期间,组织女职工开展歌曲演唱会、法律知识竞赛活动。"五一"期间,派员参加全区"丽源杯"戏曲大奖赛，局代表队获第一名。"十一"期间，二桥收费站参加区举办的"创文明家庭普通话大奖赛"，小品《谅解》节目选送到市表演。12月28日，局选派李洪波等3人代表全区参加武汉电视台举办的"法在家中"知识竞赛活动，获第一名的好成绩。通过系列丰富多彩的文娱活动，凝聚力量，调动了职工团结向上的精神风貌。

局工会组织捐款5万元，慰问特困职工88户，解困125人，资助失学儿童返校2名。运管所、二桥收费站、客运公司3家工会分别被武汉市总工会授予"先进模范职工之家""巾帼英雄示范岗""先进女职工班组"称号；局工会被市总工会评为"先进女职工委员会""双创活动先进单位""财务管理先进单位""工会建设年先进单位"。

2022年为创建国家卫生城市，打造"平、明、绿、美、净、齐"的黄陂文明形象，进一步维护整洁、优美、文明、有序的小区环境，更好地推进爱国卫生运动的开展。4月29日下午，来自区交通运输局文明实践志愿服务队在结对共建的前川街道潘家田社区，开展文明实践"武汉因你而荣——爱国卫生运动·清洁家园在行动"，文明实践"一周一主题"集中志愿服务活动。

由于春季雨水滋润，社区部分绿化带杂草丛生，不仅给蚊虫创造了滋生地，还影响了社区的环境卫生。活动中，交通志愿者们分工明确，不怕脏累，干得十分认真，杂草、杂物基本清除干净。

经过大家一个多小时的共同努力，整个路段环境卫生得到明显改

图9-1 交通志愿者开展"两创一管"行动

变。同时，通过清除杂草活动，向社区居民传播了志愿者精神，引导大家爱护公共环境，共同构建和谐美丽家园。

全局积极开展"一周一主题"志愿宣传活动。为提升广大市民对文明创建和卫生城市创建知晓率、参与率和满意率，在全区营造人人知晓、人人支

持、人人参与、人人贡献力量的浓厚氛围。5月14日下午，来自区交通运输局的志愿者在汽车客运中心开展"武汉因你而荣'两创一管'我们在行动"文明实践志愿宣传活动。

通过宣传交流，提高了市民朋友对创建全国文明城市和国家卫生城市工作的认知度，纷纷表示要积极参与，共享创建成果。

图 9-2　交通志愿者向过往乘客发放
文明创建《致市民朋友的一封信》

图 9-3　交通志愿者为周边商户讲解
文明创建和卫生创建调查问卷

为提升广大市民对文明创建和卫生城市创建知晓率、参与率和满意率，在全区营造人人知晓、人人支持、人人参与、人人贡献力量的浓厚氛围。5月21日下午，来自区交通运输局的志愿者在前川街道潘家田社区开展"武汉因你而荣'两创一管'我们在行动"文明实践志愿宣传活动。

图 9-4　交通志愿者在前川潘家田社区
开展文明创建活动

活动中，志愿者们向社区居民发放《文明创建测评模拟调查问卷》和《致全区市民的一封信》200余份。通过宣传讲解，提高了居民朋友对创建全国文明城市和国家卫生城市工作的认知度，纷纷表示要积极参与，共享创建成果。

图9-5、6　交通志愿者向金堂街周边商户讲解文明创建和卫生创建调查问卷

为打造"平、明、绿、美、净、齐"的黄陂文明形象，进一步维护整洁、优美、文明、有序的小区环境，更好地推进爱国卫生运动的开展，7月30日上午，来自区交通运输局的志愿者在结对共建的潘家田社区金明道，开展"武汉因你而荣——爱国卫生运动·清洁家园在行动"文明实践"一周一主题"集中志愿服务活动。

图9-7　交通志愿者在高温下清理垃圾

活动中，交通志愿者们冒着高温，分工明确，不怕脏累，干得十分认真，杂草、杂物基本清除干净。

经过大家一个多小时的共同努力，整个路段环境卫生得到明显改变。同时，通过清除杂草、清理杂物活动，向社区居民传播了志愿精神，引导大家爱护公共环境，共同构建和谐美丽家园。

图9-8　公路职工在养护公路

在局党委的正确领导和市公路处的帮助指导下，广大公路干部职工认真贯彻构建"文明和谐公路"的总目标，以建设节约型行业为契机，牢固树立节约意识，工程成本明显降低，以交通工程创建竞赛活动为总抓手，圆满完成了各项计划工程。

全区交通运输系统迎接全国文明城市复查测评推进会后，公路养护部门集中开展国省干线路面破损修复、公路交安设施巡查修正及临时处置公交站点杂草处理工作，重点对木兰大道、前王公路、火塔公路等旅游公路沿线的绿化带进行清理整治，在努力打造"精品工程"的同时，先后制作文明城市建设宣传横幅10余条，着力营造文明施工的良好氛围，在社会上树立了黄陂公路的良好形象。

接下来，进一步提高公路养护管理的综合服务功能，努力把黄陂区公路打造成为展示"畅、安、舒、美"的绿色安全通道和传播文明、展示形象的风景线。

为给广大市民创造更加安全、文明、和谐、有序的出行环境，根据区委文明办统一安排，5

图9-9　交通志愿者开展文明交通宣传活动

月 29 日中午，来自局属各文明单位的志愿者利用工作之外时间，在前川街道潘家田社区开展"文明交通 一路畅行"文明实践"一周一主题"集中志愿服务活动。

活动中，交通志愿者们共向社区居民发放"文明交通——《致广大市民的一封信》"宣传单 200 份，并宣读讲解文明交通应知应会知识，引导居民增强文明交通意识，自觉遵规守纪，共同维护畅通、安全、规范的交通出行环境。

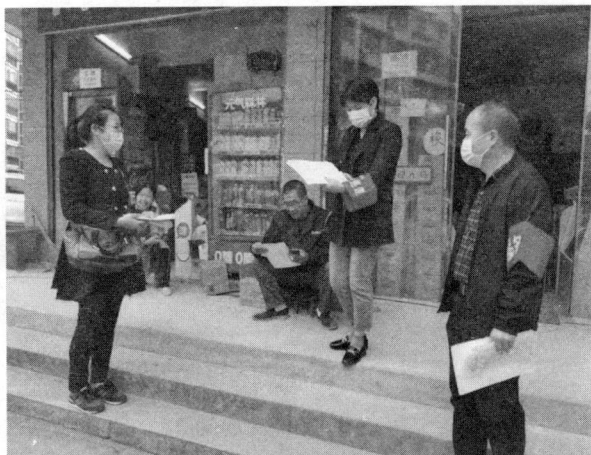

图 9-10　区汽车客运中心开展抗击新冠病毒宣传活动

通过开展宣传，广大社区居民的文明素质和修养得到提高，懂得了交通文明礼仪不但是维系社会正常生活人们共同遵守的道德规范，也是提升城市文明指数的体现，为黄陂区创建全国文明城市奠定了坚实的群众基础。

区汽车客运中心联合开展"提高警惕控输入·严防死守拒反弹"集中志愿服务活动。1月 14 日上午，来自交通各文明单位的志愿者配合区爱卫办在区汽车客运中心联合开展"提高警惕控输入·严防死守拒反弹"集中志愿服务活动。向过往乘客发放防疫知识宣传册，引导广大市民自觉遵守相关

图 9-11　区爱卫办在区汽车客运中心开展抗击新冠肺炎宣传活动

法律法规，不恐慌、不造谣、不传谣、不信谣，主动支持和配合疫情防控工作，强化个人健康防护措施，戴口罩、勤洗手，保持安全社交距离。

图 9-12、13　交通志愿者在客运中心进站口向过往乘客发放防疫知识宣传册

图 9-14、15　活动现场图片

图 9-16　活动现场图片

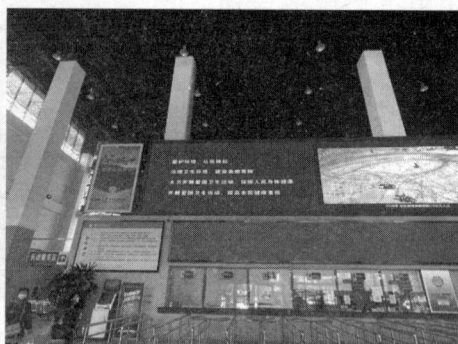

图 9-17　客运中心大厅滚动播放防疫知识小视频

附：

## 2021 年区交通运输局创建全国文明城市工作总结

今年以来，在区委、区政府的正确领导和市局的指导支持下，我局以"创文明、强管理、重服务、提水平"巩固提升活动为载体，深入开展文明创建工作。以交通文明创建引领区域文明创建，以交通窗口的优势倡导区域文明创建氛围的形成，以服务社会零距离的特点树立交通文明的示范，努力提升交通运输管理和服务水平，切实营造优质交通运输服务环境。

### 一、主要工作

（一）立足责任落实，完善机制夯基础

局党委始终坚持把文明单位创建工作作为统揽交通运输工作全局的头等大事来抓，始终确保"两个到位"。一是思想认识到位。多次召开专题会议，一再强调创建工作的重要性、必要性，对创建工作提出明确要求，坚持将文明创建工作列入重要议事日程，年初围绕交通运输中心工作制订了详细的文明创建计划，提出了切实可行的文明创建目标、方法、组织措施等具体要求，并做到年初有安排、年中有检查、年底有总结。二是组织领导到位。我局把加强组织领导贯穿于整个创建活动的始终，按照一把手亲自抓、分管领导具体抓、各科室合力抓的原则，成立了文明创建工作领导小组，安排专人负责，从而确保了创建工作同各项业务工作有机融合，夯实了领导重视、齐抓共管、行之有效的工作基础。

（二）突出发展要务，服务民生树形象

交通运输事关民生福祉，是经济社会发展、全面小康的基础性、先导性事业。一是受疫情、在库项目少、征迁进展慢等因素影响，目前在库项目6个，总投资61.12亿元，上半年完成投资6.7亿元，完成比例占全年计划的19%。二是横天公路路基工程基本完工，木兰大道二期、姚姚线蔡店至姚家山段、前王公路、115省道天河至祁家湾段改建工程等项目正在进行施工，前川中环线正在就股权变更事宜进行协商。三是结合"四好农村路"示范县（区）创建，完成农村公路大中修200公里，危桥改造70座，安保工程300公里，实施窄路加宽工程，完成100公里农村公路示范线路建设，打通"最后1公里"，畅通农村交通末梢毛细血管，让农村公路建设发挥最大效益。四是续建湖北铁安通汉口北铁路物流园、顺鲜电商物流产业园、汉口北商贸物流枢纽综合物流仓储中心、汉口北高新物流示范园（二期、三期）、越海华中物流中心（二期）等6个物流项目，除铁安通汉口北铁路物流园项目因滨湖路延长线施工影响项目整体规划未动工外，其余项目已全部复工复产。截至目前，物流企业已完成物流建设投资8.35亿元，其中物流项目投资5.48亿元，物流基础设施建设投资2.87亿元，占年度物流投资目标计划13亿元的64%，超额完成了预计目标任务。五是到目前除前川至天河机场、泡桐至天河机场两条线路因机场管控暂停外，其余184条线路全部恢复运营，投放运力1200台，优化229、230公交线路两条，调整航城东路国航站、盘龙大道叶店站等18个公交站点，优化延伸P159公交线路1条，增加停靠站点6个，不断满足居民"行有所乘"的出行需求。

（三）营造宣传氛围，优化载体激活力

交通行业与社会联系面广，是一个城市文明程度的重要窗口和名片，我们把争创文明单位与抓好交通行业管理、提供优质的行业服务有机结合起来，突出重点，抓住关键，努力打造特色鲜明的宣传阵地。我局（含各交通工程建设指挥部和施工方）先后投入近50万余元在G318、木兰大道、黄孝公路、新十公路和川龙大道等主要进城路口制作大型宣传广告，新增公益广告围挡600米，并对施工场地进行了围挡加固和美化，喷绘以社会主义核心价值观、中国梦、志愿服务精神和文明创建宣传口号为主要内容的宣传画340幅，让广大进入黄陂的朋友们在第一时间感受到浓厚的文明创建氛围。局属5个单位6块大型LED屏每天滚动播放宣传社会主义核心价值观、中国梦等内容。全区200台出租车车载LED每天滚动播放国家文明委认可的公益广告，200台出租车、640台公交车内张贴文明创建宣传标贴，在区内10条公交线路11台车车身喷印创建口号，重点突出"24字"社会主义核心价值观、中国梦、志愿者服务理念、武汉精神、创建全国文明城市5个主题内容。共计投入13万余元，在主干道、客运站周边、商圈等地段新增"24字"核心价值观、健康宣传等公益广告30余幅，修整完善站亭设施60余处，改善居民候乘环境。结合交通运输行业特点，以庆祝建党100周年为重点，在客运站、公交站点向广大乘客发放以社会主义核心价值观、中国梦、武汉市民"十不"行为规范、文明礼貌用语、扫黑除恶、文明健康为主要内容的《致市民朋友的一封信》《文明乘车·从我做起倡议书》共1500份。

（四）加强文化建设，深化教育提内涵

1. 扎实推进社会主义核心价值观教育。坚持把社会主义核心价值体系融入交通行业文明创建的全过程，结合"讲政治规矩、政治纪律""两学一做""红色引擎工程"、改善营商环境和基层站所双评议等专题教育，努力构筑以"行业使命、共同愿景、交通精神、职业道德"为主要内容的交通运输行业核心价值体系。

2. 开展"创先争优"活动。围绕安全生产、行政执法、工程建设、养护管理、站场服务、精确扶贫等重点工作，引导局属各党支部亮旗帜、党员亮身份、党支部和党员亮作为，开展争做人民满意的"交通人"，争创公路建设"突击手"、公路养护"排头兵"，使党支部真正成为争先创优的组织者、推动者和实践者，使广大党员干部真正发挥先锋模范作用。公路局横山公路站被评为武汉市"青年文明号"，客运中心票务班被市妇联评为"巾帼文明示范岗"。同时强化公交从业人员安全行车和规范服务意识，持续开展礼让斑马线、"文明示范线""文明示范车"等文明宣传教育活动，全区公交车礼让率明显提升，得到市民普遍赞誉，引领了文明交通新风。

3. 常态化开展学雷锋志愿服务活动。由党员、团员组成的青年志愿者队伍，积极参加文明城市建设，多次参加文明过马路交通劝导、爱心捐款、自愿献血、义务植树、"清洁家园"周末义务劳动等活动，投入 4 万元给贫困留守儿童购买书包文具、为孤寡老人发放米油等爱心公益活动。在高考期间，开展了以"回馈社会、倡导文明"为主题的便民服务和爱心送考活动：累计投入 30 台公交车安全接送考生 180 趟次 8000 余人次，900 人次考生免费乘坐公交车，20 台高考爱心免费服务客运出租汽车共安全接送考生 352 趟次 670 人次。第二轮疫情期间，我局组织 36 名志愿者进驻前川街道潘家田社区协助开展全员核酸检测，采取发放宣传单、公开信、设置求助电话等措施，通过实施精细化排查，发现一般发热人员 9 人，确保社区内无确诊、临床、疑似病人。组织交通志愿者 211 人完成网上注册任务，注册比例超过 30%，并安排交通志愿者开展运用微博、微信等新闻媒体做好"我推荐我评议身边好人"、中国文明网点赞活动和道德模范宣传工作。

4. 深化"文明交通"创建行动。一是积极开展党规党纪知识竞赛、劳动技能竞赛、读书演讲比赛、廉政文化观摩、围棋比赛等活动，组织全系统党员干部学习武汉市道德模范——区养护中心职工余启峰同志的敬业奉献精神，增强干部职工干事创业的责任感和使命感。通过深化先进典型示范教育，让党员干部学有榜样、赶有目标，放大典型效应，扩大交通文化影响力。二是举办了两期道德讲堂。严格按照唱一首歌、看一部短片、诵一段经典、讲一个故事、做一番点评、作一个承诺、送一份吉祥"七个一"流程开展活动，促进道德宣讲制度化、常态化，提升道德讲堂的教化作用。三是推动"我们的节日"主题活动。以春节、清明节、端午节为活动载体，通过与结对共建社区和精确扶贫村开展"冬送温暖、夏送清凉"志愿服务、清明网上祭先烈、端午节宣传中华民族优秀代表人物等系列活动相结合，推动了交通道德体系建设，鼓舞了广大干部职工的士气，逐步形成了"敬业奉献、团结拼搏、默默无闻、吃苦耐劳"的交通人精神，交通文化魅力进一步展现。

5. 对照文明创建"负面清单"进行落实整改。截至目前，我局共受理文明创建"负面清单"涉及交通部分的投诉件 2505 件（其中城市留言板 481 件，市长专线 2024 件）。按照关于"负面清单"核心指标考核办法的规定，以上投诉件均在规定时间完成了回复，办结率为 100%，满意率保持在 90% 以上。我局通过征求意见函、问卷调查函或者手机短信的方式，合理设计问卷调查表，让交通服务对象列出最不满意、亟待解决，较不满意、能够分期解决等事项，积极应对并采取有力举措加以"补缺补差"，同时借鉴其他先进单位的经验，对于"负面清单"暴露的问题逐一进行整改、完善，以达到创建让群众满意、让城市交通更加文明的预期目的。

（五）注重统筹结合，美化环境促和谐

工作环境也是文明程度的重要表现方面，良好的工作环境对文明建设有着积极的促进作用。我局积极改善办公环境，加强了文明机关建设。一是对办公区周边环境进行绿化，及时更换机关大楼内的摆置花木，提高机关绿化率。二是对机关大楼进行亮化、美化，对机关停车场进行清理改造，改善机关办公环境；同时，聘请物业公司，定时打扫公共区域卫生，保持办公环境清洁卫生。三是建设节约型机关。严格执行"中央八项规定"，开展文明餐桌行动，倡导文明节约观念，开展增收节支效益年活动，从节水节电节油、办公用品采购管理和公务接待等几个方面，厉行节约，为行业文明建设做好表率。

**二、存在问题**

今年以来，我局的文明创建工作取得了一些成绩，但离上级的要求还有一定的差距，也存在着一些问题和不足：一是在组织筹划上还有一些不科学、不细致的地方，在具体落实上效率还不是很高；二是工作的主动性、创造性不强，还有应付、被动开展现象。

**三、下步重点**

（一）抓巩固，促进创建成效再提升

对已整改完成的问题全面开展"回头看"，杜绝问题"返潮"，同时举一反三，对照《2021年黄陂区文明城市建设重点公共场所实地考察点位测评标准》要求，对梳理出来的新问题，逐项列出清单进行整改，确保创建工作持续深入。

（二）抓根本，推动长效机制再完善

将文明创建工作由突击式管理向日常动态管理、事后管理向事前事中管理转变，着力构建长效管理机制，并深入开展形式多样的文明创建宣传活动。

（三）抓关键，做到督查考核再严格

继续实行创建工作考评制度，不定期召开创建工作推进会，通报问题，综合采取督导督办、主动约谈等方式，加大问责力度，确保创建工作实效。

一分耕耘，一分收获。文明城市创建工作的深入有效开展，对交通运输事业产生了巨大的影响和推动作用。在明年工作中，我局将以时不待我的紧迫感，继续发扬脚踏实地、科学创新、顽强拼搏、追求卓越的交通精神，抓重点、攻难点、推亮点，借鉴学习其他单位的先进经验，树立发展交通、奉献社会、服务民众的新形象，为文明城市创建工作再立新功。

2021年，黄陂区交通局坚持把从严治党置于各项工作的首位。坚持思想引领，落实党建重点工作。深入开展党史学习教育。局党委制订学习方案后，组织全系统116名局属单位副科级及以上党员干部、局机关全体干部召开全系统党史学习动员大会。局党委书记带头讲党课；组织党员干部参观姚集新四军第五师历史陈列馆、李集朱铺村党史教育馆、姚家山武汉抗战第一村、上甘岭特功八连荣誉室等红色教育基地；邀请区木兰红枫党史学习宣讲团开展"学史崇德、聚力国梦"专题讲座。引导党员干部学党史、悟思想，结合实际做到办实事、开新局，推动党史学习走深走实。坚持把党的政治建设摆在首位。坚守理想信念，在政治思想、政治立场、政治方向、政治原则、政治道路上同以习近平同志为核心的党中央保持高度一致。严肃党内政治生活，深入贯彻落实《关于新形势下党内政治生活的若干准则》，高质量召开党委专题民主生活会。

2021 年，黄陂区交通局交通文明建设水平全面提升。围绕全国卫生城市复检和全国文明城市复查开展文明创建工作，对照任务清单，重点督查，压实责任。多次协助社区开展疫情防控、核酸检查、疫苗接种等宣传活动，坚持开展文明过马路、爱心捐款、义务植树、文明乘车、"清洁家园"、周末义务劳动等志愿服务活动。利用客运中心电子显示屏、出租车车载 LED 和公交站亭广告栏加大公益广告宣传。结合交通运输行业特点，向广大乘客发放"24 字"社会主义核心价值观、中国梦、文明礼貌用语、扫黑除恶、文明健康等创卫创城主题内容。通过广泛宣传文明礼仪，不断提升广大职工和群众的文明素质，提升文明形象。

# 第二节　先进单位（集体）

区（县）交通系统中的集体、单位和个人被中共黄陂区（县）委、人民政府以上（含县级）、业务部门被武汉市局级以上（含局级）授予表彰的各项荣誉，以时间顺序列入。

## 一、先进单位（集体）

### 1985 年度

中共黄陂县委、县人民政府联合授予交通局"文书档案工作先进单位"称号。

### 1986 年度

中共黄陂县委、县人民政府联合授予交通局"文书档案工作先进单位"称号。

中共黄陂县委、县人民政府联合授予县公路段"双文明单位"称号。

中共黄陂县委授予县汽车客运站党支部"先进基层党支部"称号。

### 1987 年度

中共黄陂县委、县人民政府联合授予交通局"文书档案工作先进单位"称号。

武汉市人民政府授予县公路运输管理所"教育附加费征收、管理先进单位"称号。

黄陂县人民政府授予运管所"遵守财经纪律先进单位"称号。

中共黄陂县委授予汽车客运站党总支"党风建设先进集体"称号。

中华人民共和国交通部授予县汽车客运站"双文明先进单位"称号；全国公路运输行业"先进单位"称号。

## 1988 年度

湖北省交通厅、武汉市交通运输管理局分别授予县交通局为"史志工作先进集体"称号。

湖北省公路运输管理局授予县运管所"先进单位"称号。

湖北省公路养路费征稽处（局）授予县征稽站"先进单位"称号。

武汉市总工会分别授予县汽车客运站工会、横店装卸公司工会为"先进职工之家"称号。

武汉市交通运输管理局文明委（第一轮竞赛）授予县汽车客运站"先进单位"称号；客运站售票室、通道客车班为"先进班组"称号。

## 1989 年度

武汉市总工会授予县交通局工会"迎大庆、颂祖国职工文体比赛优胜单位"称号。

武汉市文化局授予县公路段工会首届"十月金秋文艺竞赛活动先进单位"称号。

湖北省公路运输管理局授予县运管所"先进单位"称号。

武汉市人民政府办公厅授予县汽车客运站 1989 年度春运工作"先进单位"称号。

## 1990 年度

湖北省档案局评审县交通局"机关档案管理工作二级达标单位"。

中共黄陂县委、县人民政府联合授予交通局"档案工作先进单位"称号。

中共黄陂县委授予县公路段"先进单位"称号；县汽车货运站党总支"先进基层党组织"称号。

中共黄陂县委、县人民政府联合授予县航务管理站、县汽车货运站为1990年度"先进单位"称号。

湖北省公路管理局授予县公路段韩畈道班为"全省公路系统两个文明建设'五连冠'文明道班"称号。

武汉市总工会授予县交通局幼儿园"先进托幼所、幼儿园"称号。

武汉市人民政府节能办公室授予县汽车客运公司"节油先进集体"称号。

## 1991 年度

中共武汉市交委、市交委联合授予县交通局、客运公司、县装卸公司、公路段、航务管理站、汽车货运站、汽车修理厂、公路段夏二道班8个单位、集体为抗洪救灾"先进集体"称号。

武汉市交委授予县交通局"四好一高"文明机关称号。

中共黄陂县委、县人民政府联合授予县交通局1991年抗洪排涝救灾"先进单位"、清查干部职工违法违纪建私房工作"先进单位"称号。

武汉市公安局授予县公路段汽车队1991年度机动车安全"先进单位"称号。

中共黄陂县委、县人民政府联合授予汽车修理厂"先进单位"称号。

## 1992 年度

武汉市交委文明委（第五轮竞赛）授予县交通局"四好一高"文明机关称号。

中共黄陂县委、县人民政府联合授予交通局离退休干部工作"先进单位"称号。

武汉市人民政府授予县运管所1992年度春运工作"先进单位"称号。

## 1993 年度

全国"用户信得过汽车维修业户"评选组委会授予黄陂县汽车修理厂"用户信得过维修业户"称号。

武汉市交通邮电系统文明委（第六轮竞赛）授予县交通局"文明机关"称号；文明窗口竞赛"最佳窗口单位"称号；授予县养路费征稽所"最佳窗口单位"称号；授予县航管站城关分站"优质服务单位"称号；授予县公路

段孝一道班"文明服务单位"称号。

中共武汉市交委、市交委联合授予县航管站城关分站、县公路段横店道班、滠口交通管理站"最佳窗口单位"称号。

湖北省交通厅、省经济委员会分别评选首届出版《黄陂县交通志》为"志书优秀成果"三等奖。

武汉市巾帼建功协调小组授予县交通局"先进集体"称号。

武汉市人民政府授予县运管所1993年度春运工作"先进单位"称号。

武汉市总工会、市经济委员会联合授予横店装卸公司修理车间"武汉市红旗班组"称号。

县人民政府授予县航管站、横店装卸公司、养路费征稽所1993年度"先进单位"称号;授予客运公司1993年度治安安全"优胜单位"称号;授予航运公司、公路段汽运公司、汽修厂1993年度"治安安全合格单位"称号。

中共黄陂县委、县人民政府联合命名授予县交通局1993年度"文明单位"称号。

国家档案局评审县公路管理段为"科技事业单位档案管理国家二级达标单位"。

## 1994 年度

中共黄陂县委、县人民政府联合命名授予县交通局为1994年度"文明单位"和"先进单位"称号。

县人民政府授予交通局政府目标管理工作"先进单位"称号。

县人民政府、县人大、县政协联合授予交通局办理人大议案建议、政协提案工作"先进单位"称号。

县人民政府授予汽车客运公司、公路段为1994年度治安安全"优胜单位"称号;航运公司为1994年度"合格单位"称号。

武汉市人民政府授予县运管所1994年春运工作"先进单位"称号。

中共黄陂县委授予航务管理站党支部"先进基层党组织"称号。

武汉市交委授予滠口交通管理站、横店道班"最佳窗口单位"称号。

中共武汉市交委授予县汽运公司1994年度"先进集体"称号。

武汉市精神文明建设领导小组授予县航务管理站"百佳窗口单位"称号。

湖北省公路养路费征稽局授予县征稽所"双文明达标所"称号。

## 1995 年度

湖北省交通厅授予县交通局全省交通系统史志工作"先进单位"称号。

武汉市人民政府授予县交通局1995年春运工作"先进单位"称号。

武汉市交委授予县交通局"二五"普法宣传教育工作"先进单位"称号。

武汉市交通邮电系统文明委(第八轮竞赛)评审县交通局为"文明机关";县航务管理站为"最佳文明窗口单位"。

中共武汉市交委宣传部授予县交通局"武汉百万群众歌咏活动先进集体"称号。

湖北省公路运输管理局授予县运管所"双文明建设达标所"称号。

湖北省港航管理局授予县航务管理站全省航务港监系统"先进单位"称号。

中共黄陂县委、县人民政府联合授予征稽所"先进单位"称号。

黄陂县人民政府授予运管所"文明单位"称号。

黄陂县人民政府授予县汽车修理厂1995年度"重合同守信用企业"称号。

黄陂县文明委授予县征稽所、运管所航管站、滠口交管站"文明单位"称号。

## 1996 年度

中共武汉市委、市人民政府、市警备区联合授予县交通局战胜1996年特大洪水"先进集体"称号。

中共武汉市交委、市交委联合授予县交通局抗洪救灾"先进单位"称号;创建精神文明建设"文明机关"称号;第九轮文明创建活动"优秀组织单位"称号。

武汉市人民政府授予县交通局、县运管所1996年春运工作"先进单位"称号。

武汉市人民政府办公厅授予县交通局国道、省道基本无"三乱"和治理公路"三乱"工作"先进单位"称号。

湖北省运管局授予县运管所两个文明建设"先进单位"称号。

国家档案局评审县运管所、县养路费征稽所为"科技事业单位档案管理国家二级"达标单位。

武汉市交委文明委授予县运管所"新风窗口单位"称号。

中共黄陂县委、县人民政府联合授予交通局、公路段、运管所全县档案工作"先进单位"称号；授予运管所"文明单位"称号；授予公路段"抗洪救灾立功单位"称号。

黄陂县人民政府授予汽运公司、客运公司、公路段1996年度治安安全"合格单位"称号。

湖北省港航管理局授予县航务管理站"管理规范化科学化航务港监所"称号，授予全省航务港监系统"先进单位"称号。

武汉市交通邮电系统文明委授予县航务管理站全市航务、港监系统"文明窗口"称号，授予职业道德规范优胜杯竞赛"优胜单位"称号。

武汉市交委授予县公路段"八五"时期交通基础设施建设"先进单位"称号。

湖北省公路管理局授予县公路段全省公路内审工作"先进单位"称号。

武汉市公安交通管理局授予县汽车修理厂道路交通安全工作"先进集体"称号。

## 1997 年度

武汉市人民政府授予县交通局、运管所1997年春运工作"先进单位"称号。

武汉市交委授予县交通局"文明机关"称号、全市交通审计工作"先进集体"称号。

武汉市总工会授予县运管所"模范职工之家"称号。

武汉市巾帼领导小组授予县运管所"巾帼文明示范岗"称号。

湖北省公路管理局授予县公路段"园林式绿化达标单位"称号、全省公路系统内审工作"先进集体"称号。

湖北省统计局、省社会经济评价中心联合授予县公路段全省公路管理及养护"五十强单位"称号。

中共黄陂县委、县人民政府联合授予县公路段"文明单位"称号。

武汉市交通邮电系统文明委授予县航务管理站"新风窗口单位"称号。

# 1998 年度

湖北省交通厅、武汉市交通委员会分别授予县交通局 1998 年抗洪抢险"先进单位"称号、防汛抗洪"先进单位"称号。

中共黄陂县委、县人民政府联合授予交通局 1998 年度"文明单位"称号、1998 年度"先进单位"称号、1998 年抗洪抢险"立功单位"称号、1998 年内审工作"先进单位"称号、1998 年度计划生育目标管理"先进单位"称号。

县人民政府、县人大、县政协联合授予交通局办理人大议案、政协提案工作"先进单位"称号。

武汉市交通邮电系统文明委（第十轮文明创建）授予县交通局为"文明机关"称号；县运管所、县航务管理站府河征稽站、滠水大桥收费站、祁家湾交管站 4 个单位为"新风窗口"称号；公路段什仔铺、孝一、达义 3 个道班为"新风道班"称号。

湖北省交通厅分别授予县运管所抗洪抢险"先进集体"称号、"文明示范窗口"称号。

湖北省运管局授予县运管所"文明示范窗口"称号。

武汉市交委分别授予县运管所两个文明建设"先进集体"称号，荣获"党员知识竞赛三等奖"。

武汉市人民政府授予县运管所 1998 年春运工作"先进单位"称号。

武汉市妇联授予县运管所"巾帼文明示范岗"称号。

共青团武汉市委授予县运管所"新长征突击队"称号。

中共黄陂县委、县人民政府联合授予县运管所、县公路段、县征稽所 1998 年"文明单位"称号；授予县运管所 1997 年至 1998 年"文明单位"称号。

中共武汉市委、市人民政府联合授予县运管所、县公路段武汉市 1997 年至 1998 年"文明单位"称号。

湖北省交通厅授予县公路段湖北省交通行业抗洪抢险"先进集体"称号。

中共黄陂县委、县人民政府联合授予县公路段 1998 年抗洪抢险"立功单位"称号。

湖北省公路管理局授予县公路段 1998 年全省公路系统审计工作"先进集体"称号。

## 1999 年度

黄陂区人民政府授予交通局办理人大议案、代表建议、政协提案工作
"先进单位"称号。

武汉市人民政府授予区交通局、区运管所 1999 年春运工作"先进单位"
称号；授予区交通局 1999 年度防汛堤防建设"先进单位"称号。

武汉市人民政府办公厅授予区交通局 1999 年度失业保险交费"先进单
位"称号。

武汉市交通委员会授予区交通局全市交通系统依法行政"先进单位"称
号；为区交通局工会颁发"庆祝新中国成立 50 周年文艺演出组织奖"。

武汉市总工会授予区交通局工会"先进工会女职工委员会"称号。

中共武汉市委、市人民政府联合授予区运管所"文明单位"称号。

中共武汉市委、市人民政府依法治理领导小组授予区运管所依法治理
"先进单位"称号。

武汉市委组织部、市人事局、市妇联联合授予区运管所维护妇女合法权
益工作"先进单位"称号。

湖北省公路运输管理局授予区运管所"文明示范窗口"称号。

中共黄陂区委、区人民政府联合授予运管所"文明单位"称号。

黄陂区人民政府授予运管所失业保险缴费"先进单位"称号。

中共武汉市委、市人民政府联合授予区公路管理段"文明单位"称号。

湖北省公路管理局授予区公路管理段 1999 年度湖北省公路系统审计工作
"先进集体"称号。

武汉市人民政府授予区汽车修理厂汽车队、区汽车客运公司旅游服务公
司 1999 年度武汉市道路安全工作"先进集体"称号。

共青团武汉市委授予区滠水大桥收费站、区公路段达一养护站"青年文
明号"称号；授予区运管所"新长征突击队"称号。

武汉市交委授予滠水大桥收费站双文明建设"先进单位"称号。

武汉市交通邮电系统文明委授予滠水大桥收费站"新风窗口单位"称号。

## 2000 年度

武汉市人民政府授予区交通局、区运管所 2000 年春运工作"先进单位"

称号。

武汉市交通委员会授予区交通局武汉市交通系统工作目标管理"先进单位"称号、全市交通审计工作"先进集体"称号。

武汉市送温暖工程领导小组、市总工会联合授予区交通局实施送温暖工程，促进再就业工作"先进单位"称号。

武汉市总工会授予区交通局工会财会工作"先进集体"称号。

武汉市文明办、市妇联联合授予区交通局"五好文明、五好文明家庭创建活动组织奖"称号。

中共黄陂区委、区人民政府联合授予交通局1999年至2000年度区级"文明单位"称号。

黄陂区人民政府授予交通局安全生产、文明生产"先进单位"称号；授予黄陂区创建湖北省优秀旅游县（区）工作"先进单位"称号。

黄陂区人民政府、区人大常委会、区政协联合授予交通局2000年度办理人大议案、政协提案工作"先进单位"称号。

武汉市交通邮电系统文明委（第十一轮创建活动）授予区交通局"文明机关"称号；区运管所、区滠水大桥收费站、区汽车客运公司"新风窗口单位"称号；授予区宋店、什仔铺、天河、孝一、达义5个公路管理站"新风公路管理站"称号。

武汉市宣传部授予区运管所"武汉市青年学习邓小平理论示范小组"称号。

武汉市总工会授予区运管所工会"模范职工之家"称号。

武汉市人事局、市交委联合授予区公路段武汉市交通系统"先进集体"称号。

武汉市"巾帼建功"协调领导小组授予区公路段"武汉市巾帼建功活动先进协调单位"称号。

湖北省公路管理局授予区公路段"九五"全省公路系统双文明建设"先进集体"称号。

中共武汉市委授予区公路段党总支"先进基层党组织"称号。

中共黄陂区委授予公路段"文明单位"称号。

武汉市总工会授予区公路段第八届职工读书活动"先进单位"称号。

黄陂区人民政府授予客运公司大车队、木兰机动车驾驶员培训学校、区装卸运输公司在全区 2000 年创建"平安大道"称号道路交通安全工作中"先进集体"称号。

## 2010 年度

2010 年 3 月被武汉市人民政府授予"春运工作先进集体"称号。

## 2017 年度

2017 年被黄陂区社会治安综合委员会授予"全区社会治安综合治理优胜单位"称号。

## 2018 年度

2018 年被武汉市交通运输局评为"绩效管理目标考评立功单位"。

## 2019 年度

2019 年被中共武汉市黄陂区委、武汉市黄陂区人民政府评为"绩效管理综合考评立功单位"。

2019 年，经区委、区政府研究决定，将农村公路提档升级和争创"四好农村公路"示范县作为全区全面建成小康社会的专项特色目标。区交通运输局大力实施农村公路提档升级工程，坚持将农村公路养护纳入政府"十件实事"，不断巩固"村村通"成果，完善农村公路管理办法。全年提档市级公路开工线路 170 条，462 公里，完成农村公路提档升级 184 条，418 公里，超额完成市级目标，黄陂区被授予全省"四好农村路"示范区荣誉称号并授牌。

黄陂交通运输局获评"2019 年度绩效管理综合立功单位"、全市春运工作"先进单位"。

2017~2019 年度被中共湖北省委、湖北省人民政府评为"湖北省文明单位"。

## 2020 年度

2020 年被中共武汉市委、武汉市人民政府授予黄陂区交通运输局"武汉市抗击新冠肺炎疫情先进集体"称号。

2020 年被中共武汉市黄陂区委、武汉市黄陂区人民政府评为"绩效管理综合考评立功单位"。

<h2 style="text-align:center">2022 年度</h2>

2022 年被中共武汉市黄陂区委、武汉市黄陂区人民政府评为"绩效管理综合考评立功单位"。

2022 年被湖北省水利厅、湖北省机关事务管理局评为黄陂区交通运输局"节水型单位"。

# 第三节　劳动模范、先进个人

## 1959~1963 年度

康仁八（1936.9~），县公路段退休职工。1959 年、1960 年获省公路局"劳动模范"光荣称号和证书。

饶光山（生卒不详），原县公路段职工，1961 年获省公路局"劳动模范"光荣称号和证书。

卢延德（1939.10~2015.8），县公路段退休职工。1966 年获省公路局"劳动模范"光荣称号和证书。

## 1980 年度

周货伢，县汽车货运站司机。获孝感地区交通局"优秀驾驶员"光荣称号，并颁发证书。

王治唐、杨泽山、刘在友、王立平、杨灯付，县航运公司职工。获孝感地区交通局"优秀驾驶员"称号，并颁发证书。

## 1982 年度

张永发、雷兴勤，县汽车客运站司机。获孝感地区交通局"优秀驾驶员"称号，并颁发证书。

王四贤、李文友，县汽车货运站司机。分别获孝感地区交通局"安全行车标兵""优秀驾驶员"称号，并颁发证书。

## 1983 年度

徐德才，县汽车客运站司机。获武汉市交通战线"节能标兵"光荣称号。

韩亚文，县装卸搬运公司职工。获武汉市人民政府授予的"五讲四美三热爱"积极分子光荣称号。

蔡崇群、余永安、李钦康、胡贤珍，县运输市场管理办公室职工。获孝感地区交通系统"先进工作者"称号。

夏之东、杨金泉，县港航监督站干部。获湖北省航运管理局"先进工作者"称号，并颁发证书。

## 1984 年度

易良金、徐德才，县汽车客运站司机。获武汉市人民政府能源管理办公室"节约能源标兵"称号。

沈英，县汽车客运站职工。荣获共青团武汉市委授予的"青年突击手"称号，并颁发证书。

王四贤，县汽车货运站司机。获武汉市交通系统"优秀驾驶员"称号，并颁发证书。

胡冬香，县航运公司副书记。获武汉市计划生育委员会"先进工作者"称号，并颁发证书。

王国玉，县航运公司 201 轮机长。荣获武汉市交通系统"安全生产模范"称号。

## 1985 年度

金筱元，县交通局工会副主任。获武汉市人民政府授予的武汉市"第六届职工劳动模范"称号，并颁发证书、奖章。

丁国志，县汽车客运站会计。获武汉市财政局授予的"先进个人"称号，并颁发证书、奖章。

肖厚楚，县公路段职工。自 1980 年至 1985 年，先后 8 次分别荣获县人民政府、孝感地区交通局、湖北省公路局、省交通厅授予的"先进工作者""劳动模范"称号，并颁发证书、奖章。

## 1986 年度

余明洲，县公路段副段长。荣获中共黄陂县委授予的"优秀共产党员"称号。

彭锡浩，县交通局纪检干部。荣获武汉市人民政府、市人事局联合授予的全市军转干部"先进个人"称号。

## 1987 年度

余年运，县汽车客运站党支部书记、站长。荣获中共黄陂县委授予的"优秀共产党员"称号。

谷秀山，县交通局离休干部。获中共武汉市委、市人民政府联合授予的武汉市离休干部"先进个人"称号。

## 1988 年度

余年运，县汽车客运站党支部书记、站长。荣获武汉市人民政府授予的"第七届职工劳动模范"称号，并颁发证书、奖章。

易厚新，县交通局副局长；王捍生，客运站副站长；黄亚玲，客运站工会主席。3 人在武汉市交通运输管理局（第一轮文明窗口竞赛）活动中，获"优秀组织者"称号。祁先、闵涛、吴诸刚、冷俊荣、余启富、张腊清、王晓文、尹维志等 8 名客运站职工，获"服务能手"称号。方翠娥，客运站乘务员，获"服务标兵"称号。

董才安，运管所党支部书记、所长。获武汉市交委、武汉市总工会联合授予的第一轮文明窗口竞赛"组织竞赛先进个人"称号。

黄亚玲，县客运站工会主席；周红英，县货运站工会主席。2 人荣获武汉市总工会授予的"主人翁意识强的优秀职工"称号。

常荣耀，县交通局副局长；余明洲、郭德华，县交通局干部。3 人获中共黄陂县委、县人民政府联合授予 1988 年度"先进工作者"称号。

## 1989 年度

刘少堂，县交通局政秘股长；周新庭，公路段段长。2 人获中共黄陂县委授予"优秀党务工作者""优秀共产党员"称号。

金筱元，县交通局工会副主任。获武汉市文化局授予的"十二届武汉之夏，十月金秋文艺竞赛活动积极分子"称号。

彭瑜生、谭志同、林建新，县交通系统干部。获湖北省交通厅授予的全省交通史志工作"先进个人"称号。

徐勤发，县航运公司船长。获湖北省航务管理局授予的"安全航行十五年"称号。

蔡新田，县运管所维修行业管理办公室主任。获湖北省运输管理局1989年度"文明廉洁运政员"称号。

徐小运，县征稽所干部。获湖北省公路养路费征稽处1989年度"文明廉洁征稽员"称号。

周琼芳，县运管所统计员。获武汉市统计局授予的统计工作"优秀组织者"称号。

杨仲民、杨宗海、王先贵、王国玉、徐小运、蔡新田、杨建庭、李春章、彭少华、吴绪刚、李钦康、胡菊梅，交通系统干部、职工。12人获中共黄陂县委、县人民政府联合授予的1989年度"先进工作（生产）者"称号。

李春章，县公路段班长。获中共黄陂县委授予的1989年度"优秀共产党员"称号。

## 1990 年度

余年运，交通局副局长；王先贵、敖其泽、沈建高、祁先、郭国书、赵明英、蔡平生、刘芜妹、彭少华、杨明国、宋正木、杨建庭、周红英、陈克伟、徐勤发、胡菊梅、夏否生、张芝义、韩光明、徐小运，交通系统干部职工。24人获中共黄陂县委、县人民政府联合授予的1990年度"先进工作（生产）者"称号。

彭锡浩，县交通局纪检干部。获中共黄陂县委、县人民政府联合授予的1990年度信访工作"先进工作者"称号。

蔡新田，县运管所干部。获湖北省运管局1990年度"文明廉洁运政员"称号。

徐小运，县征稽所干部。获湖北省公路养路费征稽局授予的"文明廉洁运政员"称号。

彭光生，县公路段辛店道班班长。获湖北省公路局授予的"七五"期间暨 1990 年度全省公路系统两个文明建设"先进个人"称号。

周货伢，县货运站司机；邓泽忠，县汽修厂职工。2 人被武汉市人民政府节能办公室授予"节油先进个人"称号。

交通系统干部职工共 30 人获中共黄陂县委、县人民政府授予的 1991 年"先进生产（工作）者"称号。

易厚新，县交通局副局长。获中共黄陂县委授予的 1991 年督察工作"先进个人"称号，获中共黄陂县委、县人民政府联合授予的档案管理"先进个人"称号。

张琳，县交通局干部。被中共黄陂县委评为首批农村社教工作"先进工作队员"。

蔡新田，县运管所干部。获湖北省运管局 1991 年度"文明廉洁运政员"称号。

周琼芳，县运管所统计员。获湖北省运管局"先进统计工作者"称号。

张腊清，县客运站驾驶员。获武汉市公安局授予的 1991 年度"驾驶员标兵"称号。

郭金松、余小国、王四贤、邓木成、周民主，县客运站、货运站驾驶员。5 人获武汉市公安局 1991 年度"先进驾驶员"称号。

胡菊梅，县汽修厂蓬垫车间主任。荣获武汉市人民政府授予的"第八届职工劳动模范"称号，并颁发证书、奖章。

周红英，县汽运公司工会主席。获武汉市总工会"百名主人翁意识强职工"称号；湖北省妇联授予"百名敬老好儿女"光荣称号。

## 1992 年度

祝亚芳，县交通局政秘股长；李晶萍，县客运公司售票员。2 人分别获武汉市交通邮电系统精神文明建设委员会（前五轮）"文明窗口"竞赛工作中"优秀组织者"和"服务明星"称号。

周琼芳，县运管所统计员。获湖北省运管局统计工作"先进个人"称号。

潘建发，县公路段道班班长。获中共黄陂县委授予的"新长征突击手"、武汉市交委授予的"最佳服务明星""先进个人"称号。

## 1993 年度

陈焱华、余明洲、张传友、徐秋福、张勋晏、王小双、王治福、易军、曾锐、王国太、许泽山、占学工、万成华、李铁桥、王先元、杜厚华、雷福生、彭荣胜、陈新华、廖生彩、徐小运、谌文斗、钱运松、方和江、曾广政,县交通系统干部职工。25 人获黄陂区人民政府 1993 年度"先进生产(工作)者"称号。

彭瑜生、谭志同、林建新,县交通系统干部。3 人参加撰写的《黄陂县交通志》,获湖北省交通厅"全省交通史志优秀成果三等奖",3 人荣获省经委、省交通厅联合授予的编史修志"先进个人"称号。

邓和生,县交通局财务股长。获武汉市交委授予的 1993 年全市交通审计工作"先进工作者"称号。

白克兰,县交通局干部。获中共黄陂县委授予的 1992 年至 1993 年全县保密工作"先进工作者"称号。

周琼芳,县运管所统计员。获湖北省运管局 1993 年度统计工作"先进个人"称号。

占学工,县汽修厂班长;徐秋福,县航管站城关分站站长;潘建发,县公路段三里桥分段长。3 人获中共武汉市交委、市交委联合授予的"最佳服务明星"称号。

1993 年度,全市交通系统评选的 50 件好事中有:廖生彩,环城交通管理站站长;杨金泉,县航管站站长;徐小运,县征稽所干部。3 人先进事迹标题分别是《见义勇为的好党员》《献给弃儿的情和爱》《三千元存折归失主》,获中共武汉市交委、市交委联合表彰。

## 1994 年度

刘少堂,县交通局副局长。获武汉市交通邮电系统精神文明建设委员会(第八轮文明创建活动)"优秀组织者"称号。占学工,县汽修厂班长;余大兴,县公路段蔡柘道班班长;陈海,县航管站管理员。3 人获"服务明星"称号。

彭锡浩,县交通局纪委书记。获武汉市交委授予的"二五"普法"先进工作者"称号。杨金泉,县航管站站长;胡菊梅,县汽修厂副厂长。2 人获"二五"普法"先进个人"称号。

余明洲、孙维瑞、占学工、马连生、彭荣胜、陈新华、余大兴、杨宗海、杨连生、杨金泉、邓幼清,交通系统干部职工。11 人获中共黄陂县委、县人民政府授予的 1994 年度"先进工作（生产）者"称号。

江海明，县交通局办公室主任。获县人民政府授予的办理议案、提案工作"先进个人"称号。

杨宗海，县征稽所所长。1993 年撰写的论文《加强公路运输市场管理，促进郊县经济发展》，获武汉市交通邮电系统"优秀论文奖"。

肖莉，县公路段档案员。获黄陂县人民政府授予的档案工作"先进个人"称号。

雷兴勤，县客运公司驾驶员；邓幼清，县装卸运输公司驾驶员。2 人同时获武汉市公安交通管理局授予的 1994 年度武汉市机动车交通安全"优秀驾驶员"称号。

## 1995 年度

刘少堂，县交通局副局长。获湖北省人民政府普及法律领导小组"二五"普法"先进个人"称号。

曾庆焱，县客运公司干部；彭运林，县运管所所长。2 人获武汉市人民政府表彰 1995 年度春运工作"先进个人"称号。

彭运林，获湖北省运管局"十佳运政员"称号。

谭志同、彭瑜生，获湖北省交通厅授予的全省交通系统史志工作"先进个人"称号。

刘少堂，县交通局副局长。获中共武汉市委、市人民政府、武汉警备区联合授予的抗灾救灾"先进个人"称号。

喻虹，县运管所工会主席。获武汉市总工会授予的职业道德"先进个人"称号。

## 1996 年度

周荷珍，县公路段甘棠道班班长；彭运林，县运管所所长。2 人在全省交通系统创建文明窗口活动中，获湖北省交通厅授予的 1996 年度"岗位标兵"称号。

丁一洋，县运管所副所长；祝时云，县客运公司副经理。2 人获武汉市人民政府授予的 1996 年春运工作"先进个人"称号。

邱成喜，县交通局局长；周新庭，县公路段段长；彭荣胜，滠口交管站站长；王安兴，航运公司轮驳驾长。4人同时获中共武汉市交委、市交委联合授予的1996年全市抗洪救灾"先进个人"称号。

易厚新，县交通局副局长。获武汉市交通邮电系统精神文明建设委员会（第九轮文明创建活动）授予的"优秀组织者"称号。彭运林，县运管所所长，获"十佳服务明星"称号。程海，县航管站港监员；李柏松，横店装卸运输公司工人；周荷珍，县公路段甘棠道班班长。3人同时获"服务明星"称号。

程金洲，县交通局审计股股长。获武汉市人民政府授予的全市内审工作"先进工作者"称号。

江海明，县交通局办公室主任。获武汉市交委1996年议提案办理工作"先进个人"称号。

夏向阳，县交通局纪委副书记。获武汉市人民政府办公厅授予的无"三乱"区县和治理公路"三乱""先进工作者"称号。

张琳，县交通局监察股股长。获中共黄陂县委办公室、县人民政府办公室联合授予的1996年度信访工作"先进个人"称号。

白克兰、吴萍芳、肖莉，分别是交通局、运管所、公路段档案员。获中共黄陂县委、县人民政府授予的全县档案工作"先进个人"称号。

方山学，县装卸运输公司驾驶员。获武汉市公安交通管理局授予的1996年武汉市"优秀驾驶员"称号。

## 1997 年度

周荷珍，县公路段什仔铺道班班长。荣获武汉市人民政府授予的"武汉市第十届劳动模范"称号，并获武汉市妇联、市人事局联合授予的1997年至1998年巾帼建功"先进个人"称号，武汉市"三八红旗手"称号；翌年4月，再次荣获省人民政府颁发的"湖北省劳动模范"光荣称号。

祝亚芳，县交通局工会主席。荣获武汉市人民政府授予的"武汉市第十届劳动模范"称号。

杨仲民，县交通局副局长；张宗保，县公路段段长；祝时云，县客运公司副经理。3人获武汉市人民政府授予的1997年春运工作"先进个人"称号。

彭锡浩，县交通局纪检书记。获武汉市纪检监察系统"先进工作者"

称号。

江海明，交通局办公室主任。获县人民政府办理人大代表议案、政协委员提案工作"先进个人"称号。

喻虹，区运管所工会主席。获武汉市总工会授予的"武汉市优秀工会工作积极分子"称号。

彭运林，区运管所所长。获湖北省运管局"先进工作者"称号。

雷兴勤，区客运公司驾驶员。获武汉市公安交通管理局1997年度道路交通安全工作"文明标兵"称号。

汤小琼，区公路段职工。获湖北省公路局全省公路系统《公路法》知识竞赛"一等奖"竞赛能手。

## 1998 年度

黄友平，交通局副局长。获武汉交通邮电系统精神文明建设委员会（第十轮文明创建活动）"优秀组织者"称号。杨宗海，县养路费征稽所所长；杨小平，县客运公司副科长。2人获"服务明星"称号。

彭锡浩，县交通局纪委书记。获湖北省交通厅"全省交通法制工作先进个人"称号。

方山学，县装卸运输公司驾驶员。他所驾驶的鄂AL1913号客车获湖北省交通厅授予"文明车船"称号。

张宗保，县公路段段长。获武汉市人民政府授予的防汛堤防建设"先进工作者"称号。

彭运林，县运管所所长。获武汉市人民政府授予的1998年春运工作"先进个人"称号，获武汉市总工会授予的"第六届民主意识强的优秀企事业领导人员"称号。

周汉金，县客运公司驾驶员。获武汉市人民政府办公厅授予的1998年度道路交通安全"先进个人"称号。

黄友平，县交通局副局长。获中共黄陂县委、县人民政府、县人民武装部联合授予的1998年抗洪抢险"立功个人"称号。周新庭，县交通局副局长；陈焱华，县客运公司副经理；张宗保，县公路段段长；彭运林，县运管所所长。4人同时获抗洪抢险"先进个人"称号。

杨志明，县汽修厂厂长；梅冰，县装卸公司经理；雷兴勤，客运公司驾驶员；孙维瑞，滠水二桥收费所所长；周祥，汽运公司经理；彭运林，运管所所长；张宗保，公路段段长；彭庆生，征稽所干部；杨建庭，横店装卸运输公司调度主任。9人获中共黄陂县委、县人民政府联合授予的1998年度"先进工作（生产）者"称号。

## 1999年度

邱成喜，区交通局局长；江海明，交通局办公室主任。2人获区人民政府授予的办理人大代表议案、政协委员提案工作"先进个人"称号。

刘四清，区汽车客运公司经理；彭运林，区运管所所长；周琼芳，区运管所统计员。3人获武汉市人民政府授予的1999年春运工作"先进个人"称号。

张宗保，区公路段段长。获武汉市人民政府授予的1999年防汛堤防建设"先进个人"称号。

林建新、彭瑜生，区运管所干部；杨明权，区公路段职工。3人获武汉市人民政府授予的"首届新编地方志工作，辛勤耕耘工作者"称号，并颁发荣誉证书。

郑双和，区运管所副所长。获湖北省运管局授予的1999年度全省运管系统两个文明建设"先进个人"称号。

喻虹，区运管所工会主席。获武汉市总工会授予的职工道德"先进个人"称号。

周汉金，区客运公司驾驶员。获武汉市人民政府办公厅授予的1999年度道路交通安全"文明标兵"称号。戴先俊，区汽修厂车队队长；梅继平，区汽运公司驾驶员。2人同时获道路交通安全"先进个人"称号。

## 2000年度

应金香，区汽运公司工会主席。获武汉市人民政府授予的"武汉市第十一届劳动模范"称号，并颁发证书、奖章。

杨仲民，区交通局副局长。获武汉市人民政府授予的2000年春运工作"先进个人"称号。

杨宗海，区征稽所所长。获武汉市人事局、市交委联合授予武汉交通系统"先进个人"称号。

彭锡浩，区交通局纪委书记；张琳，交通局监察科副科长。2人被中共黄陂区委、区纪委授予的全区纪检监察系统"先进个人"称号。

张宗保，区公路段段长。获武汉市交通邮电系统精神文明建设委员会（第十一轮文明创建活动）"服务明星"称号。

余明洲，区交通局工程科科长。获区人大常委会、区人民政府、区政协联合授予的办理人大议案、代表建议、政协提案"先进个人"称号。

周良柱，区汽车客运公司驾驶员。获武汉市人民政府授予的畅通工程、平安大道、道路交通安全"文明标兵"称号。王建文，客运公司安全员；邓木成，汽运公司驾驶员。2人同时获"先进个人"称号。

区人民政府授予交通系统职工易望平、陈刚、杨四祥、张志祥、李耀生、丁国志、陈小保、黄焱华、祝时云、张晓华、刘法模、李善连、刘四敏、余轩田、张志涛、戴先俊、何利国、刘天国、常桂华、刘四清、梅冰、梅积茂、徐建明、乐工青、黄冬亮、黄中前、梅继明、雷永福等28人在2000年创建"平安大道"道路交通安全工作中"先进个人"称号。

陈焱华，客运公司副经理；潘时平，客运公司职工。2人获区人民政府授予的2000年度全区消防工作"先进个人"称号。

梅冰，区装卸运输公司经理。获区人民政府授予的安全生产、文明生产"先进个人"称号。

## 2002 年度

黄宏华（1967.10~），1987年9月湖北交通学校毕业分配至县公路段，历任县公路段技术员、助理工程师、工程师；2003年12月调区交通局工作，历任副主任科员、主任科员；2012年11月任区交通运输局党委委员、区公路局党委书记；2016年6月任区公路局局长。该同志长期从事公路工程技术和项目管理工作，工作兢兢业业，为人忠实，敢于担当，任劳任怨。2002年被区政府授予"全区农村路网建设先进个人"称号，2003年、2004年、2005年荣获"全市农村公路建设先进个人"称号，2005年荣获全市交通系统第十三轮精神文明创建"岗位能手"称号，2006年获得武汉市"五一劳动奖章"，2005年、2006年、2007年、2010年被区直机关工委授予"优秀共产党员"称号；2011年当选黄陂区第四次党代会代表并出席会议。

黄克嵘（1974.12~），历任公路局办公室科员、副主任、团委书记、计划科长、人事科长兼办公室负责人、机关党支部书记等，长期从事机关、会务和文秘工作。2003年11月，当选武汉市第十三次团代会代表，并出席会议；连续当选共青团黄陂区委第二、三届委员会委员，并出席团代会；2002年度获武汉市人民政府"无偿献血先进个人"称号；2006年撰写论文获全省公路系统"构建和谐公路"征文三等奖；2007年区机关工委"全区优秀共产党员"；2014年荣获黄陂区委"勤廉双优"先进个人称号；2015年获区委"优秀党务工作者"称号。

## 2009 年度

蔡崇华（1967.9~），历任县公路段技术员、工程师、质检股长，区公路局（段）养护科科长、副局长。长期从事公路工程质量和技术管理工作，曾负责黄陂盘龙大道、盘龙大桥、川龙及临空经济区主干线等区内重点交通基础建设项目的管理工作。2009年获武汉市第十四届"劳动模范"光荣称号，2010年被黄陂区委授予"优秀共产党员"荣誉称号。2012年1月调区交通运输局任总工程师。

## 2011 年度

陈治文（1963.3~），历任县公路段技术员、养护工程队队长、人事科副科长、科长、审计科长，现任养护中心主任、高级工程师，长期从事公路养护和人事管理工作。2011年获全省公路系统"先进个人"（总授予10名）荣誉称号。

## 2012 年度

彭铁兵（1975.6~），区公路局路桥工程处（环通路桥公司）机械操作员。2012年起，先后两次荣获全国交通运输行业筑路机械职业技能大赛——湖北赛区挖掘机理论和技能操作"三等奖"、武汉交通系统第十四轮精神文明创建活动"最佳岗位能手"、全市公路系统"岗位标兵"等称号；2015年作为全市公路系统"最美公路人"代表团成员之一，向全市公路职工巡回作先进事迹报告。彭铁兵同志参加工作20年来，扎根一线，默默钻研，热爱工作，热爱生活，甘做一颗永不生锈的螺丝钉，用自己的实际行动诠释着一个普通公路人爱岗敬业的家国情怀。

## 2013 年度

祁建文（1960.1~），历任县审计局股长、区审计局科长、纪检组长，当选第三、四届黄陂区纪律检查委员会委员；2008 年 3 月任区交通运输局党委副书记、纪委书记；2012 年 3 月任区公路局（段）局长、党委副书记（2016年 6 月不再任公路局局长）。2013 年 1 月获武汉市城管委授予的"城市综合管理先进个人"荣誉称号。

## 2014 年度

陈志坚（1978.2~），先后在段机务队、路桥工程处、路政科部门工作。从事过工程施工管理、协调工作，历任路政员、副科长、科长、路政大队党支部书记。长期从事公路路政管理工作，是武汉公路系统最年轻的路政大队长。陈志坚工作热情高，原则性强，敢于担当，主持路政科工作期间，路政大队成为全省公路系统首批"标准化路政大队"，成功将路政大队创建为区级"群众最满意基层站所"。2014 年荣获全省公路系统"十佳路政员"称号。

## 2015 年度

杜国和，被授予武汉市海事系统"先进个人"荣誉称号。

陈志坚，被省公路局授予全省公路系统"十佳路政员"荣誉称号。

宋宝珍，被省公路局授予"十二五"全国干线公路养护管理迎国检"先进个人"荣誉称号。

梅启松，被省公路局授予"十二五"全国干线公路养护管理迎国检"先进个人"荣誉称号。

彭铁兵，被武汉市交委授予武汉市交通运输系统"先进个人"荣誉称号。

刘红，被武汉市企业联合会、武汉市工商业联合会、武汉市企业家协会授予"第十六届武汉市优秀企业家"光荣称号。

汤晓琼，授予全市公交系统"先进个人"称号。

## 2016 年度

官凯，被授予武汉市港事系统"先进个人"荣誉称号。

彭铁兵，获全省公路系统第二届"优秀技能人才奖"。

周荷珍，女，区公路管理局养护中心党支部书记。被中共武汉市委授予"全市优秀党务工作者"称号。

## 2017 年度

童建群，被湖北省公路局授予 2016 年"公路养护基础管理年活动先进个人"称号。

余启锋，被市交通运输委员会授予 2016 年度"武汉交通之星"荣誉称号。

陈志坚，被市公路处授予 2016 年度全市公路系统"先进个人"称号。

余启锋，获武汉市总工会"五一劳动奖章"。

彭爱国，区公路局路桥工程处项目经理。被武汉市文明委授予"第三届武汉市文明市民"荣誉称号。

## 2018 年度

彭爱国，被市精神文明建设委员会授予第三届"武汉市文明市民"荣誉称号。

## 2019 年度

胡东斌，被武汉市人民政府授予 2019 年春运工作"先进个人"称号。

## 2021 年度

余启锋，被中共武汉市委授予"全市优秀共产党员"称号。

## 2022 年度

肖莉，区公路局助理馆员。获国家档案局、中央档案馆颁发"从事档案工作 30 年"荣誉证书。

# 第十章 大事记

## 新中国成立后至 20 世纪 80 年代前

1950 年 4 月 27 日  交通厅批复省公路局机关各课改称为科,并明确省公路局为管理机关,主管省道公路工程及公路运输业务。

1950 年 7 月  中南公路局在汉麻公路设 2 个工务段,其中汉口至李集工务段,管养黄陂、新洲段的汉麻线。

1950 年 9 月 1 日  湖北省人民政府公路管理局改称为湖北省公路局,直属省交通厅领导,局机关科室调整为监理科、财务科、工务科、材料科、人事科、秘书科,局直单位增设了汽车运输公司。

1951 年 7 月 11 日  全省第一届交通会议决定,各县增设交通科,编制 5人,由县人民政府与行署交通科实行双重领导,并设置专人,加强公路业务管理工作。

1952 年 7 月  省公路局奉命撤销,其公路养、建有关业务移交给省交通厅负责,省公路局的监理科改名为湖北省交通厅监理所,汽车运输公司改组为湖北省交通厅公路运输管理局。县属黄陂县养路工区成立,管养城关至宣化店路段。

1953 年 5 月 22 日  恢复湖北省公路局建制,隶属于湖北省交通厅,局机关内设工务科、计划科、养路科、监理科、财务科、材料科、秘书科、人事科等 8 科。同时成立测量、基建两个队。并在全省设立安陆、襄樊、鄂城、崇阳、黄陂、荆州、沙洋以及恩施 8 个养路段,分别担负省管干线公路的养护工作。

1953 年 10 月　中南公路局汉小工程养路段与陂属的养路工区合并，成立黄陂县公路工程段，段部设在黄陂城关，黄陂县公路工程段后并入宋埠公路汽车管理处。

1953 年 11 月　黄陂县公路工程段首建横店养路道班，结束了部分养路工人长期流动养护生活。

1956 年 4 月 30 日　遵照湖北省人民委员会 4 月 14 日〔56〕鄂编字 390 号文件通知精神，湖北省交通厅正式撤销，并将公路局与运输局合并成立湖北省公路厅，主要职能负责全省公路建设、养护、勘测设计、交通监理、汽车运输以及机构人事安排等。

1957 年 6 月　撤销宋埠公路汽车管理处，恢复黄陂养路工程段。

1958 年　公路体制下放，以行政区域为界，按专署辖区成立公路运输局，分县设段，公路干线直接下放到县，由县交通部门管辖，实行干支合一。

1958 年 8 月 22 日　交通部公路勘察设计院第二分院本部和交通部第二公路工程局第四工程处下放湖北省，与早年下放湖北省的公路设计二院所属的第二测量队合并，组成湖北省交通厅公路工程局，其主要职能负责全省公路基本建设、勘测设计与施工，其公路养护及交通监理则由省交通厅直接管理。

1959 年 8 月 1 日　湖北省交通厅公路工程局改称湖北省交通厅公路管理局，原由省交通厅直接主管的公路养护和交通监理工作，全部移交给省公路管理局管理。局机关内设了养路科和监理科。并经省委研究决定，从 8 月份起，将养路体制全部收回，由省公路管理局统一领导主管全省公路养护业务。

1959 年 9 月　孝感地区养路总段成立，黄陂县养路段隶属孝感总段。

1959 年 11 月　孝感划归武汉市，黄陂县段更名武汉黄陂区养路段。

1960 年 1 月　黄（陂）土（岗）线改善工程动工，历经一年。

1960 年 6 月　黄陂县第一座永久式大桥——黄陂大桥竣工通车，大桥桥长 180 米，桥面净宽 7 米，耗时 9 个月，投资 87 万元。

1961 年 1 月　黄陂城关至李集公路建成通车。

1961 年 9 月　大悟县河口分段将黄土线属县辖一段公路移交黄陂县养路段管养。

1962 年 3 月　黄陂县境公路再次实行干、支分管养护。

1963 年 7 月　黄土公路连续遭山洪袭击，公路受损严重。

1963 年 11 月　为贯彻国务院〔55〕国 6 交字 153 号文件精神，县公路段更进一步加强和改进了民工建勤公路养护。

1964年1月　黄陂县人民政府发出《关于公路沿线绿化，留用养护公路起土的规定》。

1964年10月　汉（口）小（界岭）线黄陂县境路段首次铺设松散保护层。

1965年2月　道贯泉通丰货山专用公路建成通车，全长12公里。

1965年11月20日　木兰山公路工程指挥部成立，全部工程5.45公里，投劳力2000人。

1966年5月　首次在汉小线上铺设渣油路面，并成立了工程指挥部。

1966年11月　黄陂县养路事业干、支合并，养路队并入县养路段。

1968年3月　民办公助修建刘家铺至新界公路，全长6.5公里。

1969年10月　民办公助修筑十棵松至石门支线公路。同月，修筑刘家咀至舵咀10.5公里支线公路。

1970年10月　木兰山登山公路建成通车。

1971年2月　安排改建和新建中、小桥梁有：刘家桥、百步三桥、女儿桥、杨家桥、童家桥、屋基湾桥、中石港二桥、徐家湾桥、罗汉桥、花石桥、肖家湾桥共11座桥梁。

1973年6月　县交通局向孝感地区呈报10项紧急工程项目，其中包括35座公路桥梁。

1974年11月　县公路段提出第五个五年计划及十年远景规划，拟新建公路16条。

1975年3月　孝感地区养路总段更名为"孝感地区公路总段"，随后所辖各县养路分段亦更名为"县公路段"（黄陂县公路段的名称一直延续到1986年8月）。

1975年11月　黄（陂）孝（感）公路裁弯取直加宽工程开工。

1975年12月8日　发动民工建勤，结合"三治"整修公路，养护路班每公里配备代表工1人。

1976年7月　县磷肥厂撤销后，有50名工人进入公路段，从事公路养护事业。

1976年11月　组建黄（陂）武（湖）公路建设工程指挥部。

1977年9月　黄（陂）孝（感）公路改线工程指挥部成立，着手县城关至界河段的改线工程，全长 24.06 公里。

　　1978 年 8 月　黄陂县公路段组织人员对县境公路桥梁涵洞进行全面普查。

　　1979 年 4 月　黄孝线黄陂境内加铺渣油面层工程动工。

## 1980 年

　　1 月　黄（陂）土（岗）公路姚集大桥动工兴建。

　　3 月　县交通局内增设民间运输股，分管民间运输业务。

　　10 月　黄（陂）孝（感）公路黄陂段 24.12 公里新铺油路工程全线竣工。

　　10 月　县交通局严肃财务管理，禁止公款消费，通报批评县港航管理站滥发奖金和实物。

## 1981 年

　　4 月　县航运公司从湖南购回拖轮 1 艘（290 匹马力）、铁驳 3 艘（总计660 吨），随后又从武昌造船厂购铁驳 2 艘（1000 吨），增大了航运能力。

　　10 月　姚集大桥竣工通车，大桥长 140 米，宽 8.5 米，为县境第二座永久大型桥梁。

　　10 月　县交通局设节约能源领导小组，对全县汽车进行普查登记，不符合技术要求和安全的予以封存。

　　12 月　黄（陂）土（岗）公路黄陂境段动工改建，并成立工程指挥部，地址设姚集。

## 1982 年

　　3 月　木兰山旅游专用公路纳入国家列养公路，并在山上紫金岭处修建养路道班房一所。

　　7 月　县航运公司又从武昌造船厂购回铁驳 5 艘（合计 1000 吨）。

　　8 月　成立黄陂县汽车运输公司，公司下设汽车客运站、汽车货运站、汽车修理厂。同时撤销原县汽车站和县汽车修配厂。

　　9 月　县公路段在孝感地区公路总段的部署和安排下，对全县公路进行普查。

# 1983 年

2 月 祁家湾农民徐志发自购一辆汽车，从事货物运输，为黄陂县最早的个体运输专业户。

4 月 经县编委批准，成立黄陂县祁家湾汽车站。

4 月 县交通局全盘规划区、乡公路建设，其中已累计新建苏区公路62.8 公里。

10 月 县交通局劳动服务公司成立，为发展第三产业起到了积极作用，为系统内待业人员提供了就业岗位。

11 月 由于县隶属关系变更，县交通系统各行业业务由孝感地区划归武汉市交通运输管理局领导。

12 月 成立横（店）天（河）改线工程指挥部。

12 月 成立黄陂县交通中队。

# 1984 年

1 月 黄（陂）土（岗）公路县境 44 公里改建工程竣工通车。

4 月 成立县黄沙运销公司，隶属县交通局。

5 月 撤销祁家湾汽车站。

5 月 撤销县汽车运输公司，分别成立县汽车客运站、县汽车货运站、县汽车修理厂。3 家属交通局二级企业单位。

6 月 县交通中队从交通局划归县公安局。

6 月 成立县交通局党总支部。

6 月 汉（口）小（界岭）公路民生大堤 4 公里路段路面改善工程动工，历时 4 个月，全面按设计标准完成。

7 月 由县人民政府主持，港航管理站组织人员，疏浚滠水下游河道 9.4公里，清除险滩 28 个，大型障碍 10 处，裁弯取直 3 处，使航道增宽 1.5 倍。

7 月 交通部派员在黄陂塔耳乡召开全国乡、镇先进渡口现场会议。

10 月 成立黄陂县交通学会。

12 月 县公路段撤销东、南、西、北 4 片工区，各道班隶属关系垂直段部领导。

# 1985 年

1 月　经中共黄陂县委批准，成立中共县交通局委员会。

1 月　成立黄陂县人民政府路政管理领导小组。

3 月　军民共建岱（家山）黄（陂）公路工程指挥部在滠口成立，标志着全省第一条高等级公路破土兴建。

4 月 29 日　县交通局颁布《黄陂港区船舶安全管理》暂行办法。

4 月　县交通局派员参加武汉市交通工作经验交流会，以《打破专业一统天下，积极发展个体运输》为题介绍经验，受到市的表彰。

4 月　黄陂县公路运输管理所成立。同时撤销运输市场管理办公室。局机关民间运输股撤销，所辖业务交运管所代管。

5 月　县公路段筹集资金 22 万元，对段属林场、鲁台、横店、辛店道班进行改造。

6 月　县交通局首届交通志编纂办公室成立。

6 月　县汽车客运站设立公安派出所。

8 月　成立共青团黄陂县交通局委员会。

# 1986 年

1 月 8 日　全县 24 个乡、镇场建立交通管理站，分别接受 12 个中心交通管理站领导。

2 月 22 日　成立黄（陂）土（岗）公路油路工程指挥部，办公地址设在横山道班。

2 月 28 日　建立黄陂县城镇交通监理队，隶属县车辆管理站。

2 月　县汽车客运站在春运期间新开郭岗、汪河、凉亭、五显、梳店、方安、兴隆、静山等 10 个乡、村的客运班车。其中，汪河、木里、静山、凉亭、五显、梳店 6 个乡是首次通班车。通车时，老区、苏区群众敲锣打鼓放鞭炮，夹道欢迎客车进村。

3 月 8 日　成立黄陂县公路联合检查站，与县公路运输管理所"一门两牌"，合署办公。

3 月 14 日　交通部王展意副部长在武汉市人民政府王守海副市长陪同下，视察岱（家山）黄（陂）公路工程建设情况，决定原设计沥青混凝土路面改为水泥混凝土结构，造价差额交通部补贴 300 万元。

4 月 1 日　县人民政府委托长江流域规划办公室，对滠水下游江咀至王家河 38.5 公里河段规划可行性研究，提出技术上可行、经济上合理的开发治理方案。

5 月 29 日　黄陂县港航管理站更名为黄陂县航务管理站。

7 月 15 日　县境北部普降暴雨，公路水毁严重，冲毁公路达 2154 处、48.11 公里，冲毁桥梁 88 座，使黄土、长塔、松姚、十石、黄夏、将大等公路交通一度中断，通往 5 个乡镇的 17 个班车停班，直接经济损失 63 万余元。

7 月 30 日　县人民政府颁发《关于进一步加强路政管理的通告》，对县境内的国道、省道、县道路产路权、占道经营、违章建筑的处理作出明文规定。

8 月　武汉市公路处木兰山公路职工休养所动工兴建，总投资 200 余万元。

9 月 15 日　县交通局增设工程技术股，职能是负责参与全县公路基础设施的规划、测设、技术指导等。

9 月 16 日至 17 日　香港至北京"555"国际汽车拉力赛分两批顺利通过岱黄、黄土两条县境干线公路。

10 月 25 日　县运管所拆除办公危房，在原基兴建办公综合用房 1150 平方米，总投资 17 万元。

10 月　祁（家湾）水（塔）10 公里公路按二级标准设计，三级标准施工，完成路基及砂石路面并通车，全程比原线缩短里程 8.5 公里。

11 月 7 日　交通部钱永昌部长在武汉市常务副市长王杰和省交通厅王连东厅长的陪同下，视察岱黄公路建设情况。

11 月 27 日　县汽车修理厂对所属的东风、解放牌货车实行单车租赁承包，第一轮租赁承包期为 3 年。

12 月 26 日　成立黄陂县松（林岗）姚（集）公路改线工程指挥部，指挥部设在蔡店乡。

12 月 30 日　姚（集）蔡（店）公路改建工程破土动工。

## 1987 年

2 月 25 日　县交通局改革拖拉机养路费征收管理办法。办法规定：拖养费直接与乡镇公路建设挂钩，所征拖养费扣除上交 25%，剩余 75% 由县交通局和乡、镇对五分成。

5 月 12 日　县境北部骤降暴雨，持续 7 小时之久，降雨量达 230 毫米，引起山洪暴发，造成 8 条公路水毁，冲毁桥涵 17 座，4 个乡镇交通中断，直接经济损失 37.3 万元。

6 月 13 日　县汽车货运站在全县率先实行以单车承包为主，修理、油料库配套承包为辅的经营管理模式。

7 月 28 日　武汉市人民政府副市长刘泽清率市交委航务管理处负责人到塔耳夏家寺水库检查渡口安全工作。

7 月　县汽车客运站兴建职工住宅和商贸旅社综合大楼，总投资 75 万元，资金来源企业自筹。

8 月 18 日　县交通局、公安局按照国务院精神，改革道路交通管理体制，作出具体交接协议。分为人员交接、主要装备、业务范围、职责分工与工作配合四大部分。并规定从 1987 年 8 月 17 日零点起，全县交通监理工作由县公安部门接管。

8 月 23 日　成立黄陂县公路养路费征收稽查站。

9 月 8 日　黄土公路黄陂段 51 公里砂石路面经过 3 年紧张施工，按三级标准铺设渣油路面工程竣工。

10 月 5 日　县交通、税务、工商、物价、标准计量五局联合颁文，要求全县从事汽车维修企业、个体联户于 1987 年 10 月 31 日以前申请办理登记手续，对不符合开业条件、无经营许可证的予以取缔。

12 月　武汉市公路处木兰山职工疗养所交付使用。

# 1988 年

2 月　交通部任为民副部长在省交通厅章德麟副厅长的陪同下，视察县汽车客运站，检查春运工作。

3 月 11 日　成立黄陂县许（桥）红（安）公路兴建油路工程指挥部，指挥部地址设在蔡榨道班。

4 月 11 日　成立黄陂县江咀船闸工程指挥部。

4 月　市人民政府出资 21.9 万元，县乡、镇筹资 9.4 万元，更新机动船 2 艘、钢质渡划 23 艘、维修渡船 4 艘。尔后，市人民政府又出资 3.75 万元，塔耳、王家河两乡、镇共集资 2.75 万元，更新码头设施 7 处。

5 月 6 日　市人民政府赵宝江市长主持召开汉（口）施（岗）、岱（家山）黄（陂）公路建设专题会议。

7 月 1 日　县汽车修理厂对修理人员实行"承包基数、定额上交、费用自理、自负盈亏"经营责任制。

8 月 15 日　姚（集）蔡（店）公路 12 公里路段按三级公路标准建成通车。

10 月 5 日　选举产生共青团黄陂县交通局第一届委员会负责人。

11 月　历时 8 个月的建设，黄陂县长轩岭汽车客运站竣工。该站总投资 22.4 万元，占地 2000 平方米，主楼 445 平方米。

12 月　县李集汽车客运站竣工。占地 2100 平方米，主楼 445 平方米，总投资 24 万元。

# 1989 年

2 月 25 日　历时 40 天的春运工作结束，共投入大客车 153 台（其中专业 66 台，社会 43 台），日发班次 310 个，共计完成客运量 88.4 万人次，日高峰期流量达 2.4 万人次。

2 月 27 日　成立汉（口）施（岗）公路黄陂段兴建工程指挥部，指挥部设在武湖。

3 月 28 日　县交通局组织运管所对全县民用车辆进行普查。通过普查，旨在对全县运力进行宏观管理。

7 月 8 日　县境北部公路水毁严重，冲毁路基 11.5 公里，路面 278900 平方米，毁坏涵洞 4 道，直接经济损失 70.62 万元。

7 月 14 日　县人民政府、武汉铁路分局、孝感车务段等部门领导在横店火车站召开现场会议，协调解决货场物资严重压站和交通秩序问题。

9 月 11 日　县人民政府颁布《关于整顿公路、水路运输市场的通告》。

9 月 30 日　武汉市计委、交委、公路处、县交通局、市电力开发公司、阳逻电厂等单位负责人在新河大桥筹建处联合召开汉施公路、电厂铁路专用线沙口立交西移定位协调会。会议主要达成如下协议：（1）同意两线立交西移，修改后的汉施公路线仍按一级公路标准不变。（2）立交西移增加的费用由阳逻电厂承担。（3）由铁四院承担立交西移勘察设计任务。

10 月 19 日　县交通局"普法"领导小组对局属 13 个单位的"普法"工作进行验收。经考试后，共有 2371 人领取"普法合格证"，交通系统普法率达 96%。

10 月　许（桥）红（安）公路蔡榨至长岭岗段 9 公里新铺油路工程建成通车。

11 月 5 日　滠水江咀船闸工程破土动工。

11 月　市人民政府拨款 11 万元，塔耳、王家河两乡镇集资 9 万元，更新机动船 2 艘、钢质渡划 10 艘，提高了县境重点渡口的适航能力。

12 月 4 日至 9 日　县交通局工会对局属 9 个单位工会工作目标管理和女工工作创一流活动进行考评验收。经评选，局级模范职工之家 3 个，先进职工之家 3 个，合格职工之家 2 个。

# 1990 年

1 月 30 日　成立横店货场疏运办公室，从县交通系统、横店火车站抽调人员组成专班，隶属县经委，办公室设在横店新货场。

2 月 16 日　历时 40 天春运工作结束，全县共投入大型客车 146 台（6550 座），日发班次 300 个，共完成客运量 92 万人次。参加春运的渡船 48 艘（888 客位，247 马力），共完成渡运量 48.33 万人次。

3 月 20 日　县交通局、公安局联合颁发《关于治理整顿黄陂港区短途运输市场的通告》。

4 月 20 日　县交通局颁发《黄陂县乡镇船舶安全管理实施细则》，乡、镇船舶移交所在籍乡、镇人民政府管理。

4 月 28 日　经县编委批准，县公路管理段为县属副局级事业单位。

5 月 6 日　兴建木兰大桥工程指挥部成立，指挥部设在长岭道班。

6 月 19 日　县交通局在全系统开展"弘扬奉献精神，创立交通新风"竞赛活动。

9 月 6 日　市人民政府组成联合小组，对岱（家山）黄（陂）公路竣工进行验收。

9 月 28 日　县交通局成立"行政复议委员会"，防止和纠正系统内行政执法不当行为。

10 月 11 日　县委常委扩大会议专题研究全县交通工作，确定当年要完成全年公路建设投资计划：（1）木兰大桥及两端拆迁、改建和"三通一平"工程；（2）十（棵松）石（门）5.85公里改线工程全线竣工；（3）城关木兰宫至黄陂大桥1.35公里新建水泥路面工程；（4）横（店）天（河）10.5公里和刘（店）道（店）13.5公里改线工程10月底动工，年末完成路基工程。

11月28日　县汽车客运公司投资40万元，从成都市购回8台华西中型客车，并组成"中巴"车队，结束了该站单一大型客车的历史，并取得月车平均纯利3000元的经济效益。

12月5日　县交通局机关档案管理升级工作经市、县档案部门检查验收，达"省二级"标准。

12月8日　岱黄公路建成通车。该路是湖北省内兴建最早、也是首条采用"贷款修路、收费还贷"政策修建的一级汽车专用公路。起于岱家山张公堤，止于黄孝、黄土公路立交处。

12月16日　武汉天河机场破土动工。该工程选址在黄陂县天河镇以东约1公里处，该机场是一级民用兼国际备降机场，投资预算3.4亿元，占地约6万平方米。

12月29日　经县编委批准，成立县交通局幼儿园，为局属二级事业单位，列事业编制16名，经费来源在托幼管理费中列支。

## 1991 年

1月18日　县编委批复，县交通局内增设办公室、企业股，同时撤销业务股。

1月20日　成立横店货场疏运办公室。

3月11日　县交通局调研印发国民经济建设十年规划和"八五"计划（草案）。

3月　成立黄（陂）夏（家寺）公路改建工程指挥部。

5月21日　县人民政府组成整顿道路交通秩序领导小组，整顿目标是：以交通法规为依据，压事故、保畅通、促管理。

6月4日　县编委批准，"黄陂县汽车客运站"更名为"黄陂县汽车客运公司"，企业性质、级别、隶属关系不变。

6月25日　县境连降暴雨，水毁公路20条34处，全长87公里，使黄武、长塔、石十、梳研、横天等公路交通一度中断，经济损失达67.88万元。

6月26日、29日　县交通局增设审计股和纪律检查委员会。

8月2日　市交委批准，同意组建"武汉市联运公司横店货场联运站"。

10月4日　府河公路大桥建设指挥部黄陂协调办公室成立，指挥部设在滠口刘店。

11月25日　横（店）天（河）公路改线工程领导小组成立。

12月31日　汉（口）施（岗）公路简易路面建成通车。

## 1992 年

2月14日　市交委在县交通局召开滠水铁路大桥通航设施专题会议，确定大桥通航、助航工程费20万元由市航务处组织落实，其他附属设施18万元费用由县航务管理站组织落实。

2月15日　市计委批复，同意增调滠水江咀航道枢纽工程概算。主要因素是：工程施工后，原材料和设备价格上涨，定额与费率调整，地基处理影响设计修改，总概算由2300万元调为3135万元，调增835万元。

7月9日、25日、31日　县编委分别批复，同意县汽车货运站、县装卸搬运公司、县横店装卸搬运公司分别更名为：黄陂县汽车运输公司、黄陂县装卸运输公司、黄陂县横店装卸运输公司。更名后，企业隶属关系、性质、级别不变。

8月15日　市计委批准兴建黄陂滠水二桥工程可行性研究报告。

8月20日　县交通局汽车队撤销。

8月28日　汉（口）丰（货山）公路刘宋段改建工程动工。

9月23日　撤销县黄沙运销公司，人员、物产、财务一并转入县装卸运输公司。

10月15日　木兰大桥竣工验收，该桥坐落滠水河上，是通往木兰山的要道之一，全长254米，宽9米，5孔，荷载等级为汽-20级，挂-100级，总投资353.5万元。

12月23日　京广铁路郑（州）武（汉）段（含黄陂境程33公里）电气化改造工程全部完工。

## 1993 年

1月20日　汉施公路二期工程混凝土路面完工，通过能力昼夜1500辆，投资 2300 万元。

2 月 1 日　调整公路养路费征收标准：载客汽车每月每吨 180 元，载货汽车每月每吨 160 元，拖拉机比照载货汽车计征，专业营运车辆仍按实际营收 15%计征。

5 月 10 日　成立黄陂滠水二桥建设工程指挥部。

5 月 15 日　县交通局与县人民法院协商，在交通局设立"黄陂县人民法院交通行政案件执行合议庭"。

6 月 15 日　市交委批准，同意黄陂县汽车客运中心站工程项目立项。20 日，成立兴建客运中心站工程领导小组。

12 月 31 日　滠水江咀航运枢纽主体建筑工程竣工。

12 月 31 日　县交通局首届编纂的《黄陂县交通志》荣获省经委、省交通厅联合颁发的"交通志优秀成果三等奖"。

# 1994 年

2 月 28 日　市计委、交委、运管处及县相关部门在黄陂召开兴建汽车客运站方案审查会议。

8 月 16 日　市交委下达 1994 年度扶贫扶苏和乡镇公路建设补助计划：(1) 姚集至桐柏公路 12.5 公里，总投资 180 万元；(2) 蔡柏至雨台公路岱家小湾桥 20 米，补助 15 万元；(3) 塔耳仰天寺 4.7 公里路段补助 25 万元；(4) 石门大屋岗村段家沟板栗基地 6 公里公路补助 10 万元。

8 月　318 国道黄陂滠水公路大桥动工兴建。

9 月 8 日　省港航监督局批准，同意建立"黄陂县港航监督站木兰湖分站"。

10 月 6 日　县人民政府主持召开京广、京九铁路武汉联络线途经县境与公路交叉问题现场办公会议。

11 月 19 日　县交通局被评为市"二五"普法先进单位。

12 月 8 日　县人民政府成立"黄土公路黄陂段扩（改）建工程指挥部"。

12 月 25 日　全长 82.46 公里的京九、京广铁路武汉联络线全程铺通。黄陂县境境程 33.7 公里，设黄陂、甘露山两个车站。

12 月 28 日　府河公路大桥竣工。该桥为黄陂南大门的重要通道，全桥长 891.4 米，桥面宽 24 米，最大跨径 80 米，为交通部、武汉市"八五"重点工程建设项目。

12 月　县公路管理段办公综合大楼落成。

## 1995 年

3 月 3 日　县交通局党委结合系统内党建工作，印发《1995 年度组织工作要点》，旨在为交通工作的改革和发展提供组织保证。

4 月 1 日　汽车客运附加费、货运附加费征收工作由县运管所移交县养路费征稽所。

4 月 15 日　坐落于县境天河镇的武汉天河机场正式启用。该机场是国家"八五"计划重点建设项目，占地 5000 亩，设计年客运量 420 万人次。

9 月 26 日　县人民政府颁发《黄陂县木兰湖水上安全管理暂行办法》。

9 月 28 日　由于县内公路运输市场运力大于运量，营运客车过剩，运管部门暂停办理客车线路审批手续，未经审批的不准投入营运。

10 月 11 日　经过 4 年的施工，县交通局综合大楼竣工落成，运管所、征稽所相继搬迁新楼办公。

12 月 22 日　市交通系统"创文明、舞龙头"对手赛经验交流大会在黄陂隆重召开，县运管所被评为"文明单位"。

## 1996 年

3 月　组建成立县汽车客运公司公汽公司，属客运公司子公司，独立核算，自负盈亏。

3 月 21 日　县交通局、县运管所同时被武汉市人民政府授予 1996 年"春运工作先进单位"称号。

6 月 18 日　县公路管理段机关整体搬迁至环城新村办公大楼。

7 月 1 日　根据《中华人民共和国劳动法》规定，即日起，县交通系统执行"双休日"制。

9 月 1 日　京九铁路武麻联络线开通运营。8 月 31 日 22 时 46 分，由江岸机务段东风 4 型 377 号内燃机车牵引的 195 次首趟列车途经黄陂县滠口、横店、城关、王家河、蔡柏，驶向大京九。

9 月 25 日　全长 352.04 延米的 318 国道黄陂滠水二桥竣工通车，工程总投资为 5000 万元。

9月28日　入夏以来，县境遭受特大暴雨袭击，公路水毁严重，市交委补助黄陂县40万元修复水毁公路。

10月31日　成立黄陂县路政管理领导小组。

11月12日　成立黄陂县水运有限责任公司，原县航运公司依照法定程序宣告破产。

11月19日　市人民政府颁布"岱黄公路实行全封闭管理的通告"，从5个方面对机动车辆通行、周边环境、公路附属设施进行规范管理。

# 1997 年

1月2日　县交通局印发《加强行业管理和交通规费征收工作的通知》，要求县征稽所、运管所、交通管理站、航管站加强行业管理，按照国家规定标准征费，并做好相关协调、分工合作工作。

4月7日　县人民政府颁发《黄陂县客运出租汽车管理办法（暂行）》，授权县运管所为具体实施单位，对本籍客运出租车的开业、停业、车辆管理、监督检查与处罚作出具体规定。

4月21日　县人民政府召开交通工作专题办公会议，研究部署筹资扩改黄土公路、加强客运市场管理、新建汽车客运中心站3项工作。

5月30日　省物价局、财政厅、交通厅联合颁发《黄陂滠水二桥收取车辆通行费的通知》，对收费事项和收费标准作出明确规定，收费时间从1997年6月10日起执行。

6月29日　成立县汽车客运中心工程建设指挥部。

7月29日　省计委批复黄（陂）土（岗）公路扩改工程立项，对线路走向、建设规模总投资、资金筹措等作出详细安排。

8月7日　县水运公司109号机船由长江行驶到安徽无为县境时，与该县668号机船相撞，直接经济损失4万元。

9月20日　成立黄陂县滠水大桥收费管理所，为局属二级事业单位，业务隶属武汉市公路处。

10月1日　县路政管理领导小组委托公路管理段对路政管理行政执法。

10月18日　武汉市运管系统"创文明窗口"现场会在县运管所召开。

11月7日　成立孝（感）天（河）公路建设指挥部。

11月28日　县交通局印发《组织实施〈公路法〉宣传月活动的通知》，

同时成立《公路法》宣传活动领导小组。

## 1998 年

2 月 10 日　撤销县汽车客运公司派出所。

同月同日　成立黄陂县路桥工程公司，隶属县公路管理段。

3 月 10 日　县人民政府批转县监察局《对机动车辆交通规费征收，开展执法监察工作的通知》，要求县交通局和相关单位协调配合，接受监督，改进工作。

4 月 20 日　县交通局成立 1998 年防汛工作领导小组。下设公路水毁抢修、水上客货调度运输、陆上客货调度运输三套专班。

6 月 1 日　县交通行政执法人员启用交通部统一编号，省交通厅核发的《交通行政执法证》。

8 月　县境渍水、府河水位持续上涨，时间长，灾情重。滠口、武湖、三里桥、天河、罗汉、祁家湾等乡、镇交通设施水毁严重，水毁公路达 33 条，损坏沥青路面 34426 平方米，冲毁路基 120 立方米，路基塌方 222875 立方米，毁坏涵洞 107 道，造成直接经济损失 608 万元。

9 月 30 日　黄（陂）土（岗）公路第一期扩（改）建工程全线竣工。

11 月 18 日　为纪念党的十一届三中全会召开 20 周年，县交通局党委组织局系统举行热烈隆重、节俭实效的系列纪念活动。

11 月 19 日　县交通局党委对系统内 5 个防汛抗洪先进集体和 59 名防汛抗洪先进个人进行表彰。

## 1999 年

3 月　经国务院、省、市人民政府批准，黄陂撤县建区，结束了 1420 年的县治历史，黄陂县交通局更名为武汉市黄陂区交通局，局属各单位原称谓"县"相应冠名为"区"。

5 月　区水运公司领导班子成员通过艰辛努力，想方设法寻找水运市场，与兴建中的武汉长江二、三桥签订了系列运输业务和船舶租赁合同，取得了较好的经济效益。

9 月　市、区交通部门投入资金 349 万元，完成木兰湖和木兰山东循公路改造等项目，为举办首届木兰文化节暨对外经贸洽谈会创造了良好的交通环境。

10 月　区汽车客运中心一期工程竣工，被评为优良工程。

11 月　区境最后尚未通车的 33 个行政村公路建成通车，黄陂区实现"村村通公路"。

11 月 1 日　按照省人民政府《关于全省收费公路统一归口管理的通知》精神，武汉市将分散管理的滠水大桥等 6 个公路、桥梁收费站统一归口市公路管理处管理。

11 月　武汉生态农业园（武湖农场境内）道路扩改建工程动工。

12 月　武汉市公路养护现场会在黄陂召开，黄陂区公路管理段获嘉奖。

## 2000 年

2 月　区运管所在客运站点设"春运服务站"，为司乘人员和旅客免费提供饮用水、药品，并提供法规咨询和春运资料。同年，该所被武汉市人民政府授予"春运工作先进单位"称号。

3 月　区交通局主要领导到区养路费征稽所现场办公，协调工作，解决问题，该所 3 月份完成"三费"收入 140 万元，创历史同期征费最高纪录。

6 月　经区编委批准，成立"黄陂区汽车客运中心"，为交通局属二级事业单位，25 日挂牌开业，投入运营。

7 月 9 日　省交通厅印发《〈关于全省公路养路费公路客、货附加费统一纳入省级财政预算管理的实施意见〉的通知》。根据《通知》精神，8 月 1 日，黄陂区征收的农用车、拖拉机养路费、客货附加费逐级上交，统一纳入省级财政预算管理。

7 月　依照区委、区人民政府《关于全面推进国有企业产权制度改革的若干意见》精神，局成立企业改制领导小组。

9 月 5 日　成立武汉绕城公路黄陂建设工程指挥部。黄陂区境征地拆迁里程长 41.488 公里，占东北环总里程 42.3%，征拆范围有滠口、天河、横店、环城、鲁台、六指、甘棠 7 个街、镇，37 个行政村，2434 农户。

9 月 27 日　香港豪龙投资有限公司与武汉市公路管理处正式签署合作经营岱（家山）黄（陂）、汉（口）施（岗）公路的协议。经双方协议，汉方以两条公路收益现值 5.86 亿元为资本，香港豪龙投资有限公司下属长益资源路桥有限公司出资 1.92 亿元人民币，组建武汉华益路桥管理有限公司，合作经营岱黄、汉施两条公路，合作期25年，武汉方面出任董事长，港方担任总经理。路产权归国家所有，25年后，经营权收归国有。

12月19日　区人民政府召开"区水运有限责任公司纳入基本养老保险统筹范围"专题会议，该公司487名职工整体纳入黄陂区基本养老保险统筹范围，为区交通系统首家纳入社保单位。

## 2001 年

1月　段党总支报请上级党委批准，总支下设"机关党支部""路桥工程处党支部""养护中心党支部""材料供应站党支部""离退休党支部"等5个基层党支部，隶属段党总支。

3月8日　刘宋公路改（扩）建正式动工，新改建里程全长8.1公里，按城市一级道路标准建设（双向4车道），同年11月28日竣工。

5月18日　长塔公路改善工程破土动工，改善里程9.846公里，沥青砼路面，路基宽14米，路面宽9米。

6月6日　为保证公路建设用料，对原采石场进行大规模扩（改）建，新置反击式二级破碎设备1台（套），投入资金100万元。

7月1日　段党总支被武汉市委授予"先进基层党组织"光荣称号。

7月8日　沥青拌合场扩建工程投入资金180万元，更新一套LB-1000B沥青拌合设备。

9月22日　黄陂区公路管理段养护中心正式挂牌，首批聘任23名下属公路管理站站长（副站长）。

12月16日　黄土二期公路扩（改）建（长岭至河口段）、长塔公路改善工程同期举行通车典礼。

## 2002 年

3月15日　经两年的建设，武湖生态农业园中心道路6.592公里路面新建工程按期完工，路基为12米宽，路面为9米石屑碎石路面。

4月10日　黄武公路K12+300～K19+450设计7.15公里路面大修工程动工，大修段为20厘米厚水泥稳定砂砾基层，22厘米厚水泥砼路面。

5月7日　省道黄土公路黄陂至长岭段25公里GBM工程正式动工，该配套完善工程是创省级文明路的一项重要内容，对提升公路综合服务功能，改善行车环境和路容路貌大有益处。

6月18日　国省干线路网改造项目省道黄孝线二级公路改造工程动工，受业主委托，由黄陂区公路管理局组建项目部，全权履行业主职责，该线由黄陂区公路管理局路桥公司、东西湖交通局路桥公司、新洲区交通局路桥公司3家单位承建，监理单位为武汉市公路监理公司，市交委质监站作为政府质量监督。

7月15日　全市公路职工"学理论、强素质"知识竞赛决赛在市公路处六楼举行，区公路段代表队获得第一名。

8月20日　全市公路系统"文明路"杯知识竞赛在武汉电视台演播厅举行，区公路段代表队获得第三名。

9月30日　区公路段作为交通系统行风评议重点单位，成立专门班子，通过问卷调查100人，走访调查25人及行评代表评议意见，社会对区公路段在廉政建设、行业风气、工作效率、诚信服务方面的满意率为98.75%。

11月30日　省道黄孝公路改造工程按期完工，改扩建路段全长22.033公里，路基宽12米，路面为9米宽沥青混凝土。GBM工程全配套，建设周期165天，在全市14个路网在建项目中名列前茅。

12月5日　改造竣工的省道黄孝公路被列为全省路网总结表彰会代表参观的样板工程。当日下午，与会代表200余人和省、市政府分管交通领导一行来黄陂现场参观省道黄孝公路。

12月20日　省道黄土公路顺利通过省、市文明委验收，成为全省第一条被授予"省级文明路"的省级干线。

12月25日　区公路段被省人事厅、省交通厅授予"全省路网建设先进单位"称号，区公路段段长陈少鹏荣获"全省路网建设先进个人"荣誉称号。

## 2003 年

2月25日　国省干线路网改造工程省道熊许公路13.717公里二级改扩建正式动工，设计标准为平原微丘二级，路基12米，路面为9米宽沥青砼，GBM工程全配套。

3月10日　区通乡二级公路祁水10.04公里改扩建工程动工，该线按平原微丘二级标准改建，路基宽12米，路面为9米的沥青混凝土。

3月25日　区公路段机关党支部经区委、区直机关工委联合组验收，正式获批"机关党支部标准化建设达标单位"。

4月10日　按市处统一规划，成立横山机械化中心管理站，同时撤并孝一、塔耳、仁和、送店、蔡柏等5个规模较小、配套不完善的小型公路站。

4月28日　经逐级推荐，网上投票，媒体公示，区公路段段长陈少鹏当选武汉市第十二届劳动模范。

5月10日　区公路段在市级文明单位的基础上，经两年努力，首次被湖北省委、省人民政府授予2001~2002年度"省级文明单位"称号。

6月5日　黄陂区公路管理局党总支被区委授予"先进基层党总支"称号。

6月18日　按交通部〔2003〕89号文精神，区公路段精心准备，注册成立"武汉宏畅公路养护建设有限公司"，并通过省公路局审查，交通厅批准，获得公路养护行业二类甲（乙）、三类甲（乙）级资质。

7月10日　黄陂公路段路桥工程处注册成立"武汉环通路桥工程有限公司"，成为区公路段二级法人单位，并完成公路工程二级施工总承包资质。

7月25日　区公路段养护中心（公司）沥青拌合场筹建工程完工，拌合设备利用原孝一BC-500型无锡华通设备，新增场地10亩及附属设施、设备，总计投入资金260万元。

9月20日　因工期紧、工程任务繁重，黄陂段承建的国省干线路网改造工程加快施工进度，全员上阵，采取歇人不歇机械的方法昼夜赶进度、保质量，沥青拌合场加班加点，日产成品油1800吨，创下建场以来最高生产纪录。

10月8日　《路桥工程处管理办法》借鉴兄弟单位先进管理经验，并几易其稿，在征求职工代表意见和在试行的基础上正式出台，新的激励型分配制度、科学合理的管理方式取代了老的工程管理办法。

11月5日　在区政府支持、区公路段的努力下，黄陂公路沿线农民占用公路打场晒粮现象退出历史舞台。其做法是，区政府补贴资金新建打场稻场，购置农作物脱粒机实行定额补贴。该先进经验及做法被《长江日报》报道。

12月15日　熊许公路改扩建工程按期竣工，经市质监站验收评定为优良工程。

## 2004 年

3月10日　318国道黄陂甘棠至石门店段14.95公里国省干线路网改造工

程正式动工。

3月25日　区通乡二级公路火塔公路火烧庙至王家河段二级改扩工程动工。

4月10日　祁泡公路二级改扩建工程动工，改扩建里程全长27.012公里，改扩建工程线型优化，先后绕过达义集、李家集、泡桐集等公路街道化集镇。

4月28日　区公路段成立公路行业改革领导小组，按省、市公路主管部门要求，前期主要工作是摸底调查、清产核资、宣传动员、制订改革初步实施方案。

5月4日　区公路段团总支荣获共青团武汉市委授予的"'五四'红旗团总支"荣誉称号。

5月10日　横天公路改扩建工程正式动工，新改扩建路段2.79公里，接在建的孝天延长线汉孝公路高架桥段。

6月28日　黄陂区编委陂编〔2004〕18号文正式批准，同意区公路段加挂"武汉市黄陂区公路管理局"的牌子，挂牌后单位机构性质、级别、隶属关系不变动。

7月22日　因单位更名，区人民政府正式任命陈少鹏为武汉市黄陂区公路管理局局长。

7月26日　按区委组织部陂组干〔2004〕85号文通知，区交通局党委正式任命汤致安、张勋晏、罗菊华、方和江、张庆平、甘云祥、陈见伟、蔡崇华为黄陂区公路管理局副局长。

8月15日　省长罗清泉、副省长任世茂、市委书记陈训秋、市长李宪生、副市长胡曙光在省交通厅厅长林志慧、市交委主任黄蔚堂及黄陂区委、区政府主要领导陪同下，调研施工中的火塔公路火烧庙至王家河段工程进展及质量情况，区交通局局长丰建国现场做了专题汇报。

8月30日　武汉环通路桥工程有限公司通过一年的资质审查，正式取得建设部颁发的公路工程施工总承包二级资质。

9月10日　省道熊许公路创市级文明路经上级有关主管部门的初审，硬件软件及队伍建设基本达标。

10月15日　经多方努力，318国道六指街车辆木材占道经营等影响路容路貌及过境不畅问题得到根本整治。

11 月 25 日　黄陂区公路管理局经市、区爱委办联合验收，被授予"市级卫生先进单位"称号。

12 月 25 日　黄陂区公路管理局继 2001 年获"全省公路系统十佳县（市）段"后再次获此殊荣。

12 月 30 日　黄陂区公路管理局连续两次被评为武汉公路系统"示范单位"，同期表彰的岗位标兵 1 名，示范公路管理站 5 个。

# 2005 年

1 月 28 日　历时 4 个月的十石旅游公路（县道）改扩建工程顺利完工，全长 5.85 公里，路基宽 8.5 米，砼路面宽 7 米。

2 月 10 日　黄陂区公路管理局召开党政联席会，安排部署黄陂区公路管理局作为全区第一批保持共产党员先进性教育各项工作，全局 118 名党员参与先进性教育。

3 月 10 日　十（里棚）新（村）公路路面工程及西河中桥正式动工，施工里程 12.63 公里，路基 12 米宽，路面 9 米宽，水泥砼路面。

4 月 10 日　乡道将大公路柿子店至大埠（街）段 16.68 公里三级改扩建工程正式动工，全线平均路基宽 6~7 米，路面为 5 米宽 24 厘米厚水泥砼。

5 月 8 日　姚姚公路姚蔡段 11.94 公里二级改扩建工程正式动工，新改建路段绕开蔡店乡向西偏移接直。新建路设计 2.1 公里，路基宽 30 米，路面为 16 米宽沥青砼；利用老线段路基为 8.5 米宽，路面为 7 米沥青砼。

6 月 15 日　省道黄土公路车站村段 1.811 公里新建工程动工。该工程设计路基 12 米，路面 9 米宽，接大悟新河口大桥，新建段向西绕开黄陂姚集车站村、大悟河口镇，接大悟新建成的黄土公路大悟段。

6 月 30 日　因近年大重型车辆重载影响，黄陂省道黄土公路黄陂至长岭段砼面层破损严重，经市处安排，对部分路段破损进行处置，计划处置 6496 平方米，计划工期 3 个月。

7 月 5 日　黄陂区公路管理局再次荣获"省级文明单位"称号（2003~2004 年度）。

7 月 30 日　全市治超联合行动在区公安交管部门的配合下，在黄孝、祁泡平交口达义段开展为期 3 天的集中查处超载车辆，打响了黄陂公路治超第一枪。

8月5日　在黄陂区委宣传部举办的"黄陂首届文明之星文艺晚会暨省级文明单位授牌"活动中，黄陂区公路管理局荣获"省级文明单位"称号。

8月15日　黄陂区公路管理局在市级卫生先进单位的基础上，经市爱卫会验收合格，首次获得"省级卫生先进单位"称号。

8月29日　黄陂区公路管理局被市绿委授予"绿化红旗单位"称号。

11月6日　全市公路职工首届秋季运动会正式举行，黄陂区公路管理局代表队在7个大赛15个分项赛中，共摘取5金4银，名列奖牌榜第一。

12月10日　经网上投票及媒体公示，在市交通系统第十三轮文明创建中，黄陂区公路管理局新创文明示范机关1个、文明示范管理站3个、服务明星1名。

12月25日　黄陂区公路管理局被省公路局授予全省公路系统"十五期三个文明建设先进单位"称号，这是黄陂区公路管理局首次获此殊荣。

## 2006 年

2月21日　交通部部长李盛霖履新第23天来武汉视察武汉公路建设，在省长罗清泉、省交通厅厅长林志慧、省公路局长马立军、副市长尹维真的陪同下来黄陂视察农村公路建设，并重点察看了黄陂区公路管理局养护中心横山管理站。区委袁书记、副区长舒炎发及省、市、区交通公路部门主要领导一起陪同参观养护中心办公环境、横山五星级公路站管理情况，并给予很高评价。

3月10日　黄陂区公路管理局以武汉环通路桥建设有限公司二级工程总承包资质，与中铁十三局以联营方式参与高等级公路——汉英高速谌周段第三合同段土方工程施工，总合同值约1600余万元。

3月20日　为弘扬刚毅精神，构建和谐公路，按上级主管部门指示要求，区公路管理局正式命名横山公路管理站为"黄陂区公路局横山刚毅公路管理站"，并在全局推广横山站"学刚毅精神、创文明新风、建和谐公路"经验。

4月15日　黄陂区公路管理局首次中标承建关葛一级公路第三合同段2公里路基及部分小构。这也是黄陂区公路管理局以"环通路桥建设有限公司"首次中标承揽的黄陂区外高等级公路施工。

4月25日　前（川）王（家河）公路10.17公里二级改扩建工程正式动工。黄陂区公路管理局中标承建工程合同二期，工期8个月。路基宽8.5米，路面为 7 米宽砼路面，接新建中的溵水陈门潭大桥。该线建成通车后，北部塔耳、王家河至前川将更加方便快捷。

5 月 8 日　刘大公路刘宋至大咀段扩建，该线延长至武湖生态园中心道起点，全长 18.716 公里，平原微丘二级，路基宽 12 米，路面为 9 米沥青砼，为黄陂区域交通公路网中的 4 条射线之一。

5 月 15 日　黄陂区公路管理局成立并开展治理公路行业商业贿赂专项工作，全局 32 名中层以上干部及 20 余名重要岗位关键人员列入专项治理对象。

6 月 10 日　省道天孝线 K8+000~K16+050 段油路大修工程动工，大修路段为 3.5 厘米+2 厘米沥青混凝土路面。

7 月 10 日　祁研线祁家湾街道段 1.77 公里路面大修工程动工，大修路段为 20 厘米石屑垫层，22 厘米水泥混凝土路面。

8 月 20 日　岱黄辅道黄陂至乔店段 12.4 公里水泥路改造工程顺利完工。

12 月 25 日　黄陂区公路管理局副局长张庆平在推荐提名"全省公路系统十佳管理标兵"的基础上，经网上公示、投票，最终荣获"全省公路系统十佳管理标兵"称号，该荣誉系黄陂区公路管理局行业最高个人荣誉，全市仅此一人。

12 月 25 日　黄土公路黄陂至长岭段路面刷黑工程段黄陂大道刷黑工程正式完工，总投资近 8000 万元，黄陂区公路管理局承揽 5000 万货币工程量，创单项工程货币量历史最高纪录。

## 2007 年

1 月 1 日　全市群众性文体活动"07 年迎春长跑"在黄陂区黄土公路举行，是一次展现公路建设发展辉煌成果的良好机会。黄陂区公路管理局选派 50 人方阵参与长跑，有 2 名队员分获青年组、女子组万米长跑第三名、第七名的好成绩。

1 月 9 日　黄陂区公路管理局副局长、优秀共产党员张庆平因病医治无效逝世。张庆平同志是在全区开展保持共产党员先进性过程中涌现出来的先进典型人物，是公路局共产党员先进性的一个缩影。其先进事迹、感人事例先后被《湖北日报》《长江日报》、省委《学习月刊》《楚天风纪》《改革与管理》《武汉交通》采编报道，社会反响很大，并推荐作为全市重大典型人物。区委专门发文，号召全区各行各业开展向张庆平同志学习，学习文件由区委袁堃书记亲自签发。

2月22日　省级文明单位验收组正式对我局2005~2006年度文明创建工作进行复核验收，省文明办主任李子林、市文明办主任杨庚寅及区委常委、副区长吴继红及宣传部、区交通局领导参加。通过座谈、汇报、查资料等形成认真细致考评，验收组对黄陂公路管理局文明创建给予高度评价。

3月12日　黄陂区县道火塔公路王家河至夏家寺段改建工程破土动工，改扩建里程全长9.988公里，设计标准为平原微丘二级，其中王家河至长堰出口段路基为12米，路面为9米沥青砼；长堰出口处至夏家寺大坝段路基为8.5米，路面为7米沥青砼，总投资计2040万元。

4月20日　黄陂区公路管理局通过网上公示并经市总工会考评验收，正式获得武汉市"五一劳动奖状"，也是全市所评选31个"五一劳动奖状"获得者之一。

7月10日　"学习张庆平先进事迹，倡导八方面良好风气"主题教育活动在区会议中心正式上演，其中以"公路杯"诗朗诵最为感人肺腑，区交通部门各单位创作的诗词讴歌了英年早逝的黄陂区公路管理局副局长张庆平清正廉洁、公而忘私、淡泊名利、忠于事业的高尚品质和人格魅力。黄陂区公路管理局创作演讲的《永恒的星星》《心声》分获一、二等奖。

7月12日　县道横花公路改扩建工程正式动工。改扩建工程7.61公里，设计标准为平原微丘二级，路基12米，路面9米宽沥青砼，总投资1946万元。

7月27日　晚8时左右，一股强对流涡旋气流（龙卷风）袭击黄陂，黄陂西北部受灾严重，黄孝、黄土、孝天、松姚等公路行道树顷刻被刮倒，吹断540余株，垮塌公路站房1间、厕所1个、车库1间，站院墙115米，直接经济损失15.88万元，没有造成人员伤亡。黄陂区公路管理局当晚调动路桥、养护、路政3支临时应急小分队，迅速赶赴受损公路，调遣机械、组织劳力搬移横卧公路大树120余株，凌晨2时许中断路段交通恢复正常。

8月13　路桥工程处主要负责人调整，刘红同志任路桥工程处副主任，主持路桥工程处工作。

9月3日　区委宣传部、文明办及黄陂区公路管理局等8个文明单位联合举办的第五届文明之星暨授牌仪式在区委会议中心举行，黄陂区公路管理局连续三届荣获"省级文明单位"称号。

9月8日　历时两个月的办公楼维修工程正式完工，整个维修工程近50万元，机关办公环境大为改善。

10月11日　全国公路职工思想政治工作第十八届年会在湖北举办。下午，年会代表150余人分乘7辆巴士实地感受省级文明路黄土线创建氛围。与会代表还参观考察了黄陂区公路管理局横山五星级公路管理站创建情况，并对黄陂公路工作给予充分肯定。

10月18日　黄陂区公路管理局姚集公路管理站新建工程正式动工，新站位于省级文明路黄土公路K39+700处，占地面积19.06亩，建筑面积1262平方米，为明清风格建筑，预计2008年4月18日竣工。

## 2008 年

1月8日　黄陂双凤大桥（黄陂滠水一桥）正式动工，该桥的设计单位为武汉公路勘察设计院，施工单位为中交二航局，建设业主为黄陂区人民政府，概算总额7818.47万元。双凤大桥系原黄陂一桥危桥改造项目，位于县道石道线4K+700处（原黄陂一桥上游30米处与之基本平行），横跨黄陂滠水河。该桥梁全长924.642米，其中接线长329.444米，路桥基宽26米，桥梁长611.18米，桥宽24米，主桥采用变截面预应力钢筋混凝土连续刚构箱梁，桥跨布置30+50+50+30，西侧引桥为11~20米预应力钢筋混凝土T梁，东侧引桥为3~30米预应力钢筋混凝土T梁，设计荷载为公路一级兼城市主干道标准。该桥建成通车后，有助于改善黄陂前川与鲁台地区的交通环境，缓解黄陂城区交通出行压力，方便近60万居民出行。

1月15日　黄陂区公路管理局路桥工程处承建了武麻高速蔡榨互通匝道的建设，该匝道的建设，使黄陂区东部国省干线交通枢纽功能得到提升。

1月22日　黄陂区公路管理局选送的《五朵金花夸公路》参与区总工会、区文化局"邮政杯"职工迎春文艺晚会，受到黄陂社会各界人士赞誉。

1月27日　12日起，受连续半月的特大冰雪灾害气候影响，局机关全体工作人员放弃休息赴区客运中心、区政府指定的西寺大街责任路段参加铲雪融冻工作。

1月31日　黄陂区公路管理局凌晨4时起迅速组织公路突击队员70名奔赴青郑高速，支援青郑高速管理处铲除路面积雪。

2月27日　按区政府统一要求，黄陂区公路管理局组织机关干部职工赴岱黄高速（瑶台村段）义务植树 200 株。

3 月 25 日　局党政班子成员就《楚天金报》等各大媒体报道的刘大公路质量问题研究应对解决措施。

4 月 10 日　黄陂石道线十里棚至道贯泉段大修工程动工。工程全长 9.8 公里，由路桥工程处承建；此项目系市人大代表多次提议，省局正式列入 2008 年度大修计划。

4 月 11 日　黄陂区公路管理局牵头在省道黄土线木兰收费站组织为期 3 天的交通公路治超固定宣传。

4 月 28 日　黄陂区公路管理局主要领导调整，区交通局党委书记周义勇受组织委托，宣布区委任命决定：王建弘同志任区公路管理局（段）局（段）长。

5 月 15 日　黄陂区公路管理局号召全局干部职工向汶川地震灾区捐款。

5 月 18 日　局机关全体干部职工在机关办公楼大院区集体为汶川"5·12"地震中罹难的同胞默哀。

5 月 22 日　黄陂区公路管理局李继伟、肖晓明满载黄陂全体公路人的重托，与市公路系统 30 名职工一起冒着生命危险，义无反顾赴四川灾区安县茶坪村前线抢修受震损毁公路。

6 月 11 日　区交通运输局党委在公路局二楼会议室推荐选拔 3 名正科级、4 名副科级人选。

6 月 13 日　局党政联席会决定：局机关中层干部实行内部轮岗，系公路局有建制以来最大范围的干部轮岗激励机制。

6 月 14 日　黄陂区公路管理局养护中心模范职工李继伟、肖晓明结束 22 天抗震救灾行程，从四川抗震一线载誉平安归来。区交通局副局长李华松代表区交通局专程到武昌火车站迎接，向他们献上鲜花并表示亲切慰问。

6 月 26 日　黄陂区公路管理局参与全市公路系统"创建全国文明城市展板"比赛及"文明礼仪"主题演讲比赛活动分获三等奖和一等奖。

7 月 7 日　黄陂区公路管理局养护中心职工杜厚文赴四川震区抢险载誉平安归来。

7 月 16 日　黄陂区公路管理局召开第二届工会委员代表大会，投票选举新一届工会委员会委员。

7 月 18 日　市公路处召开抗震救灾表彰大会，黄陂区公路管理局荣获

"武汉公路系统赴四川抗震救灾先进集体"称号，职工李继伟、杜厚文获"先进个人"荣誉称号。

7月19日　黄陂区蔡店街彭陈河桥、大富庵旅游公路遭暴雨冲毁。路桥工程处迅速组织车辆、机械设备及人员对该桥进行抢修，在较短时间内完成了桥梁的维修工作，解决了当地群众出行难的问题。

8月12日　采购3000型沥青拌合设备提上议事日程，会议决定由陈见伟副局长率相关部门负责人和相关人员赴市内几家同类型拌合站进行摸底调查，并严格招投标程序依法采购。

8月21日　黄陂公路路政联合六指街政府、区城管向对G318线甘棠废旧钢材市场开展集中整治。

10月18日　黄陂后湖大桥举行竣工仪式。后湖大桥是一级公路特大桥，全长804米，总投资8445万元。为独塔吊索面的预应力砼斜拉桥，2006年4月开始正式施工。后湖大桥是连接汉口和盘龙城的重要桥梁，项目竣工通车后，标志着连接黄陂前川与盘龙城的23公里川龙大道将全线贯通，将大大缩短天河机场到汉口中心的车程。

10月20日　黄陂区公路管理局选派队伍参加全市公路系统养护岗位技术比武荣获第二名、驾驶岗位获第二名、财务岗位获优秀奖。

10月29日　黄陂区公路管理局组织全局项目经理、驾驶员、技术员、安全员集中开展《安全生产法》《道路交通安全法》培训。

11月26日　黄陂区公路管理局编排的情景诗歌剧《难忘2008》参加武汉交通系统纪念改革开放30周年文艺展演。

12月10日　黄陂区公路管理局启动省道黄土线新村桥、姚集通道桥、杜家塘桥、北门桥、枫树湾危桥改造，计划改造资金308万元。

## 2009年

1月29日　采购3000型间隙式沥青拌合设备招标工作在公路局二楼召开。局班子成员、相关部门负责人以及局常年法律顾问参加招标工作，河南陆德机械设备公司以556万元中标。

3月1日　黄陂区公路管理局举行工会委员会换届选举，严慧同志当选工会委员会主席。

3月3日　区委陂文〔2009〕10号文，调整区公路管理局（段）党组织设置，正式批复同意成立"中共武汉市黄陂区公路管理局（段）委员会"，隶属中共黄陂区交通局委员会，同时撤销原"中共武汉市黄陂区公路管理局（段）总支委员会"。

3月8日　黄陂区公路管理局组队参加区妇联迎"三八"区直机关干部健身运动会，2名女工获得第二、第三名的好成绩。

3月11日　黄土公路"省级文明路复核"验收。

3月20日　省公路局局长范建海一行，在市交委副主任李亮平、区委副书记潘剑桥的陪同下，冒雨实地察看了黄土公路、长塔公路及横山管理站场建设情况。在听取黄陂区公路管理局专题汇报后，范建海局长充分肯定黄陂公路建设工作：一是旅游线长塔公路线型合理、绿化宜人；二是省级文明路黄土线"八化"达标；三是基层管理站职工生活、工作区布置合理。陪同调研的还有省公路局养护处处长王庆、市公路处党委书记陈晓桥、处长刘祖国、市计划处及办公室主要负责人等，区交通局局长郭清谋、副局长江海民、区公路局局长王建弘陪同调研。

4月1日　黄陂区公路管理局材料供应站重新恢复建制，并明确主要负责人和与路桥工程处的财务、资产处理。

4月14日　局党委研究重大人事安排问题，拟选拔副局长2名、正科级3名、副科级4名，并上报上级党委。

4月21日　局党委组织机关全体党员、二级单位班子成员赴武昌"五大"会议旧址开展反腐倡廉教育活动。

4月28日　黄土公路十棵松至河口段大修改造工程动工。该项目是省公路局迎"国检"普通干线大修改造的第一批计划。计划大修里程全长19.8公里，市处分解大修12公里。局路桥工程处承建，首次运用了沥青路面"冷再生"新技术、新工艺进行施工建设，工程造价1782万元。

5月1日　黄陂区公路管理局副局长蔡崇华同志被武汉市人民政府授予第十四届"劳动模范"荣誉称号。

5月25日　黄陂区公路管理局组队代表交通系统参加黄陂区第四届"区直机关干部篮球比赛"活动，获得第四名。

5月27日　全省公路养护工作会在武汉召开。会议期间，全省与会代表120余人赴黄陂黄土公路大修路段"冷再生"现场观摩。

6月18日　黄陂双凤大桥正式建成通车。该桥由黄陂区政府投资7641.38

万元，中交第二航务工程局有限公司承建。双凤大桥全长 840 米，建造工期 18 个月，采用一级公路兼城市主干道的标准设计，桥面宽 24 米，双向 4 车道，设计行车时速 60 公里。市交委副主任李亮平，区领导肖金双、黄兆义、杜长生、孙江、丁元出席通车庆典仪式。

6 月 20 日　黄陂区公路管理局副局长蔡崇华同志被黄陂区委授予"优秀共产党员"光荣称号。

7 月 10 日　局养护中心主要负责人调整，陈治文任养护中心主任。

7 月 17 日　区委组织部、区交通局到公路局就推荐一名纪委书记人选进行考核。

7 月 30 日　G318 国道甘棠段 3.661 公里大修工程动工。局养护中心负责该项目施工，总投资 333 万元。

8 月 12 日　区委组织部到局考核推荐黄陂区公路管理局党委书记一职人选。

8 月 13 日　黄陂区公路管理局党政联席会研究决定：采石场实施对外租赁的管理模式；正式启动职工货币化住房一次性补贴测算工作；全局整体进入区城镇医疗保险启动。

9 月 3 日　黄陂区公路管理局组队参加区交通系统举办的"交通之歌"专场文艺演出活动，其精心编排的音乐情景剧《太阳雨》、配乐诗朗诵《路的情怀》深得系统干部职工赞誉。

9 月 8 日　蔡店锦里沟旅游公路新建工程动工。黄陂区公路管理局路桥工程处承建，总投资 1137 万元。

9 月 11 日　省公路局党办主任张华、市公路处副处长杨之达一行检查指导姚集公路管理站内业规范化管理和公路养护信息管理的执行情况。

9 月 24 日　为确保 60 周年国庆期间公路安全畅通，黄陂区公路管理局局长王建弘带领局安全领导小组成员、养护中心负责人、路桥工程处负责人、材料供应站负责人、路政大队负责人对全区列养公路、在建工程、重点部位进行安全大检查。

9 月 27 日　区人大常委会副主任韩德久率区总工会、区交通局主要领导慰问我局省、市劳动模范周荷珍、蔡崇华。

9 月 28 日　黄陂区公路管理局庆祝新中国成立 60 周年文艺汇演在区交通运输局七楼正式演出。全局 130 余名干部职工参加主题为"祖国颂歌"歌咏会演，演出节目 16 个。

## 2010 年

1 月 10 日  黄（陂）武（湖）一级公路改（扩）建工程，起点为汉（口）小（界岭）线，由滠水一桥跨滠水，经鲁台街、大潭原种场、三里镇，止于武湖汉新公路。为完善黄陂区公路网结构，促进黄陂中南部地区经济发展，为招商引资创造更好的条件，有利于沿线土地开发利用，是黄陂区政府的重点改造工程。2010 年 1 月开工建设，工程造价 7711 万元。

2 月 25 日  黄陂区公路管理局召开 2009 年度总结表彰会。

3 月 5 日  黄陂区公路管理局组织女职工参加区妇联纪念"三八"国际劳动妇女节 100 周年文艺活动。

4 月 12 日  新（村）十（里棚）一级公路改（扩）建工程动工。工程起点十里棚，终点前川街与向阳大道相接，全长 12.53 公里，由局路桥工程处中标承建，工程造价 8917 万元。

5 月 4 日  局团委组织优秀团员青年赴木兰天池开展户外登山比赛活动。

5 月 31 日  黄陂区公路管理局选调节目参加"黄陂区第三届群众文化艺术节"文艺汇演，获得社会各界好评。

6 月 1 日  省交通运输厅总工程师在武汉市公路处处长陈晓桥陪同下专程抽查黄陂区公路管理局"国检"内业管理规范化情况。

6 月 24 日  市交委主任彭俊一行调研黄陂南部路网规划及建设进展情况。

6 月 24 日  市交委主任彭俊、副主任李亮平，黄陂区副区长孙江赴新十公路汉口北平交段视察路面施工情况。

6 月 27 日  从此日起至 10 月上旬止，黄陂区公路管理局机关干部轮班利用双休日开展 G318、S108 线义务捡拾白色垃圾活动。

7 月 18 日  黄陂滠水上游木里大桥（谢家咀）因暴雨形成的洪水同时夹带 7 条挖砂船直接冲撞桥面造成大桥垮塌。此事故引起省、市、区三级领导关注，全国多家媒体相继连续报道该桥垮塌事件，社会反响和影响极大。

7 月 25 日  十新公路二期工程举行开工仪式，副区长孙江现场作动员讲话，区交通运输局郭清谋局长和前川、横店、滠口分管交通领导参加动工仪式。

8 月 5 日  黄陂区委胡洪春书记、副区长孙江一行，在区交通局局长郭清谋、公路局局长王建弘陪同下赴基层慰问高温奋战在一线的养路工人、路政治超执法人员。

8月6日　全局干部职工积极为青海玉树地震、甘肃舟曲泥石流特大灾害罹难同胞捐款3.944万元。

9月13日　黄陂区公路管理局组队参加市公路系统"争先创优迎国检，规范执法树形象"演讲比赛，获得第二名。

9月20日　迎"国检"需要，省局分两批下达黄土、黄孝、天孝、熊许4条省道72.287公里大中修改造工程，计划资金5848.5万元。市公路处在全市普通干线基数上，按"轻重缓急"从时段安排，并调整大修里程桩号，年底项目投资全部完成。

10月21日　黄陂区公路管理局召开政风行风评议动员大会，局聘邀的社会评议员吴三华、陈海等同志参加。

10月29日　黄陂区公路管理局养护工张建斌代表单位参加区第二届中国象棋比赛。

12月3日　全市公路路政依法行政法律宣传活动在黄陂区开展。

12月10日　黄陂区公路管理局职工彭铁兵同志参加了全省公路系统"创先争优迎国检"养护职工职业技能暨第二届"夏工杯"比赛，发挥其在机械操作上的娴熟技术，以精湛的技能，一举夺得挖掘机操作三等奖的佳绩，为个人取得了成绩，为单位赢得了荣誉。其事迹刊载于《长江日报》——《公路建设硕果累累　"铺路石"精神熠熠生辉》——市公路系统先进个人风采集萃。

## 2011 年

1月20日　省局下达黄孝线大修计划14.5公里，投资1450万元，市处将该项目调整至天孝线张店至界河段。

1月22日　市交委副主任夏焕运调研黄陂区公路管理局"大城管"工作。

2月21日　黄陂区公路管理局召开2011年度反腐倡廉工作会。

2月23日　省公路局范建海局长赴黄陂检查迎"国检"进展情况，先后到横山、姚集公路管理站就基层站养护管理信息系统使用情况进行专项检查。

3月18日　十（棵松）素（山寺）旅游公路新建工程动工建设。该项目由黄陂区公路管理局路桥工程处承建，项目全长15.155公里，总投资8050万元。该项目是黄陂区为打造木兰生态旅游升5A级景区、发展区域旅游经济、新农村建设和旅游业发展的一条高标准旅游公路。

3月20　木里大桥（谢家咀）水毁新建工程动工建设。该桥全长217米，跨径30米，桥宽9.5米，两端连接线150米，工程造价1020万元。

3月25日　局路桥工程处通过多方调查摸底，品牌、性能比选，购置大型LTU90C型摊铺机一台，价值205万元。

4月18日　临空南路新建工程正式开工，黄陂区公路管理局路桥工程处代表施工单位进场，并举行开工典礼仪式。该项目是武汉市临空经济区制造业基地，为武汉市的航空物流基地，以高新技术工业、高附加值制造业为主，是黄陂区政府重点工程项目，工程造价6400万元。

4月22日　黄陂区公路管理局第一轮"三万"活动正式进驻前川街彭楼子村结对共建。

4月24日　黄陂区公路管理局"治庸问责"优化投资环境工作正式启动。

4月30日　川龙大道路面改造工程启动。该项目分为两大部分，一是路面改造工程，工程造价0.74亿元；二是路面刷黑工程，工程造价1.07亿元，两部分工程总计1.81亿元，由黄陂区公路管理局路桥工程处中标承建。该工程的改造，旨在提升黄陂城区通往盘龙城经济开发区道路通行环境。

5月8日　交通运输部迎"国检"检查组到黄陂区公路管理局就全国普通干线养护与管理工作进行检查。按省局与交通运输部检查抽签确定，部检查组对黄陂区公路管理局路政大队行政执法、制度规范化方面进行专项检查。

5月22日　黄陂区公路管理局路桥工程处中标承建的后湖北路举行开工仪式。

6月17日　路政大队参与区政府组织的全区治超专项行动，这是黄陂区政府首次主导的治超行动。

6月17日　黄陂区公路管理局编排的曲艺说唱《给力，黄陂公路》参加全市公路系统"庆祝建党90周年"文艺会演，荣获一等奖。

7月1日　黄陂区公路管理局被黄陂区委、区政府授予2009～2010年度区级最佳"文明单位"称号。

7月9日　黄陂区治理公路超载超限执法人员培训班开班，受训人员从交通、公路、公安、城管等部门抽调。

7月10日　黄陂城区前川9条计6.5公里的道路刷黑工程正式动工。该项目由黄陂区公路管理局路桥工程处（环通路桥）中标承建，工程总价7565万元。该项目系城区内繁华的商业街道改造项目，也是美化提升城市交通、居住环境的民心工程。

7月25日　全国道德模范吴天祥赴黄陂专程慰问黄陂区公路管理局基层一线养路工。

7月26日　省公路局授予黄陂区公路管理局迎国检"先进集体"荣誉称号。黄陂区公路管理局张勋燕、肖新民、陈治文被市公路处评为全市公路系统迎国检"立功个人"，黄克嵘、陈志坚、余成效、宋玉珍等荣获"先进个人"称号。

9月10日　临空经济区又一条主干道工程——后湖北路新建工程动工建设。该项目主线里程5.129公里，按一级路标准设计，工程造价4533万元。黄陂区公路管理局路桥工程处中标承建。后湖北路是黄陂区规划的一条横向道路，是作为武汉市汉口殡仪馆外迁配套道路工程，也是连接汉口殡仪馆新馆的唯一通道。

10月27日　黄陂区公路管理局组织公路应急抢险演练活动。本次活动"真演真练"，模拟省道黄孝线K12+500处行道树折断阻断交通，达到预期演练效果。

11月18日　黄陂区公路管理局新办公大楼正式破土动工。因木兰广场建设需要，黄陂区公路管理局新村老办公楼4月29日拆除，拆迁还建款1200万元，另辟新址建办公楼。新办公楼选址油岗（路桥工程处），由黄建集团中标承建。

12月31日　黄陂区公路管理局主要领导调整。区委常委、区组织部部长徐丽、副区长陈世刚到黄陂区公路管理局宣布区委任命决定：祁建文同志任黄陂区公路管理局局长，区交通局主任科员黄宏华同志以副书记、副局长身份协助祁建文同志工作。

## 2012 年

1月2日　区长吴祖云、常务副区长黄兆义调研黄陂区公路管理局路桥工程处承建的新十公路工程进展及南部路网规划情况。

1月5日　黄陂区公路管理局养护中心主任陈治文荣获全省公路系统"十佳先进个人"称号，并在全省公路工作会议上受到表彰。

1月20日　黄陂区公路管理局文化专班参加区交通局迎新春联欢晚会。

2月1日　省道黄土线K4+489处中石港桥因桥板出现病害，黄陂区公路管理局迅速启动危桥应急预案，对左半幅进行封闭施工，工期2个月。

2月22日　黄陂区召开"重载车辆车主约谈会"，此属武汉公路路政治超首例。对主动化解运输车主不满情绪，及时缓解对抗矛盾，以及营造和谐的公路路政执法环境大有好处。

3月16日　黄陂区公路管理局主办、养护中心承办的"喜迎十八大，争创新业绩"暨养护职工技能比武在县道祁泡线举行，市公路处、区总工会、区交通局领导现场观摩比赛过程。

4月7日　黄陂大桥（滠水一桥）正式开始拆除，这座有着53年历史的鲁台至前川的交通要道寿终正寝。当地居民改行于2009年建成通车的双凤大桥往返于鲁台和前川。

6月27日　局党委对机关中层干部轮岗集体谈话。此次大范围轮岗是黄陂区公路管理局第一次，涉及计划、人事、工会、路政和办公室主要负责人的岗位调整。

6月28日　区公路组织机关、养护、路桥、材料干部职工在区二龙潭公园羽毛球馆开展"喜迎十八大"职工羽毛球比赛。

6月30日　黄陂区公路管理局被黄陂区委授予"创先争优"先进集体荣誉称号。

7月13日　黄陂区突降特大暴雨，降雨量最大达320毫米，导致黄陂区北部7个街乡公路交通基础设施受损严重。暴雨强度之大、破坏之重为历史罕见。列养公路上4座桥梁被冲损，路面损毁约3000平方米，路肩损毁达10公里；农村公路受损里程约186公里；山体滑坡32处，面积1080立方；27座农村桥梁受到不同程度损坏。其中，列养公路姚姚线上的大富庵桥、农村公路上的梳研大桥被山洪冲损，交通被迫中断，近2万群众出行受阻。滠水河道上，从红安、大悟上游冲下来大小船只14艘，姚集新建的木里大桥、木兰大桥、王家河陈门潭大桥等桥梁的桥墩被失控船和漂流物撞击，不同程度地受到损害。据不完全统计，此次暴雨已造成公路基础设施直接经济损失约4500万元。

8月17日　省公路局局长范建海率市公路处党政领导一行专程赴什仔铺公路管理站调研基层养护站点建设情况。同日，实地察看并指导黄陂区公路养护应急中心站点建设情况。

8月30日　黄陂区公路管理局隆重召开"公路文化"建设工作动员大会，标志着黄陂公路文化建设正式启动。局领导班子成员、各直属单位班子成员、副科以上干部及局文化专班成员参加动员大会。会议由罗菊华副书记主持，祁建文局长作了题为《注入公路文化元素，加快公路发展水平》的动员讲话。

9月20日　黄陂区公路管理局组队参加交通运输系统"交通杯"法律法规知识竞赛，获得第一名。

9月28日　黄陂区公路管理局组队参加武汉公路系统秋季职工运动会，获得团体冠军。全局精选40名队员，共参加含田径赛以及趣味运动等3个大项、15个小项的全部比赛，夺得7项个人第一名、3项第二名、5项第三名。

10月26日　全区第五届群众文化艺术节交通专场在黄陂广场举行，黄陂区公路管理局编排展示的《铁腕出击》深受黄陂群众喜爱。

11月7日　黄陂路政大队在区交通运输局门前举行换装仪式。此换装系"四统一"体系建设之一，全体路政执法人员正式换新式路政制服。

11月7日　区委任命黄宏华同志任中共黄陂区公路管理局委员会书记。

11月13日　为庆祝党的十八大胜利召开，区公路管理局举办了"我是公路人、喜迎十八大、争创新业绩"演讲比赛活动。这次演讲比赛是黄陂区公路管理局为深入开展"喜迎十八大、争创新业绩"，增强干部职工理想观念，深入推进精神文明创建活动，弘扬公路职工爱岗敬业、无私奉献精神而举办的。

11月25日　黄陂区公路管理局推进在建工程项目中试行工程项目承包与经济责任并行的工程项目管理办法，实行"经理负责、全员管理、集体承包、风险抵押、单独核算、自负盈亏"以及对"工、料、机"进行经济目标包干的经营责任制。

12月1日　黄陂区公路管理局路桥工程处取消沿用多年的机械设备租赁方式和价格，统筹考虑本地区设备租赁市场，通过多方调查摸底了解，重新制定了新的《机械设备租赁办法》。新办法采用按月、按天计租，同时结合机械类型、出厂日期统一制定租赁价格，全局各单位统一按此《办法》操作，较好地控制了机械设备外租标准不统一、漏洞大的弊病，降低了项目成本。

12月4日　黄陂区公路管理局路政大队在G318线开展"12·4"法制宣传活动，局长祁建文同志亲临宣传现场开展宣传。

12月6日　按照区委、区政府新一轮"三万"活动要求，黄陂区公路管理局党委选派三名干部进驻结对点——武湖农场高车分场高车畈队，切实贯彻落实"洁万家"相关要求。

12月6日　黄陂区政府举行"临空经济产业示范园区道路通车典礼仪式"，黄陂区公路管理局路桥工程处荣获"立功单位"称号。

12月7日　市公路处启动岱黄公路桃园集至黄陂收费站8.8公里刷黑及防护工程。黄陂区政府随即同步启动岱黄公路升级改造工程，对全线两侧进行路灯安装、中央隔离带站石改造、绿化带树种升级及节点绿化、美化、亮化等工程。该改造工程分两期实施，2012年12月至2013年1月20日，完成岱黄公路黄陂收费站至桃园集段的施工；2013年5月前完成黄陂前川至黄陂收费站段、桃园集至府河桥段的施工。由市交委公路处实施的刷黑工程在封闭期间因气候原因，南行线春节后施工。

12月20日　黄陂区公路管理局路桥工程处再添增沥青摊铺设备1台，合同价值185万元。此9.5米自动液压伸缩熨平板全电脑控制，弥补2011年4月购置的LTU90C型固定（拼装）熨平梁式摊铺设备的不足。

## 2013 年

1月18日　黄陂区公路管理局组织干部职工100人赴第三轮"三万"结对村武湖高车畈队开展义务清扫保洁活动。

2月18日　黄陂境内普降中到大雪，局部地区积雪超过20厘米。次日早6时起，黄陂区公路管理局养护、路政联动，全员上路巡查清障保通。省道黄土线受雪灾影响最大，全线路肩积雪达20厘米，有10余公里行道树被积雪压断，断枝占住有效行车路面，造成行车缓慢。截至当日11时，黄陂区公路管理局出动抢险队员120人次，出动机械8台套，清除断枝18车，清扫路肩积雪公路20条，没有因雨雪造成车辆及行人滞留。此次应急抢险是养护路政"一体化"实践成果，交通运输部、省交通厅、省公路局、市公路处、区政务网站均刊载报道。

3月8日　区委、区政府召开表彰会，表彰全市城市综合管理先进单位和个人，公路局祁建文局长获全市城市综合管理"先进个人"殊荣；同时大会表彰黄陂区公路管理局为全区城区综合管理"立功单位"，局长祁建文、养护中心陈治文、路政大队副大队长陈志坚获全区城乡综合管理"先进个人"称号。

3月23日　G318黄陂六指段正式通过湖北省国省干线集镇过境路段整治验收，省局及各地市、州分管路政、安全领导参加验收。

3月26日　省公路局谢俊杰副局长率省局养护处、市公路处相关领导督促指导黄陂公路春养及应急中心建设情况。

3月26日　区委组织部陂组干〔2013〕40号文批复：罗菊华任黄陂区公路管理局党委副书记，张勋燕、方和江、甘云祥、陈见伟、夏芳、肖新民、胡克方任黄陂区公路管理局党委委员，部分同志原任区公路（段）局党总支职务自行免除。

4月5日　黄陂区公路管理局出台《区公路局关于规范劳动纪律和劳动用工的暂行规定》。《规定》的实施，旨在加强工作人员作风建设，严肃工作纪律，规范职工工作行为，激励和提高劳动生产和经济效益，促进单位良性发展。《规定》在不突破有关事业单位相应政策的前提下，严格按照市人社局《关于事业单位实施绩效工资若干具体问题的处理意见》，明确了职工违反劳动纪律、病事假以及劳动用工等方面的新规定。

5月17日　黄陂区横店治超站正式启用运行。横店治超站是黄陂区内第4个公路治超站，标志着黄陂公路治超网络布局的全面完成。

5月22日　黄陂区公路管理局试验室（中心）在通过近半年的成功运作后，正式通过省交通厅质监局组织专家评审。评审一致认为，公路局新建的试验室从硬件设施到人员素质全部满足交通部"公路水运工程试验检测机构等级评定丙级资质"的全部条件，达到了"公路工程试验检测综合丙级资质"。

6月1日　按照市公路管理局确定的打造"畅安舒美"示范路目标要求，黄陂区公路管理局正式启动G318示范路打造工作。依托区域"大城管"优势，调集以什仔铺为主力的东片3个管理站的养护人员、机械力量优势，对列养G318线进行精细化养护作业，同时大力开展预防性养护，对全线病害、保洁、绿化、公路沿线附属设施等进行全面整治，G318国道黄陂段形成了一道亮丽风景线。

6月2日　黄陂区公路管理局启动火塔为起点的区旅游环线公路110公里的升档升级工作（路面刷黑）。本次改善路段均为县乡农村公路，大大提升了列养公路通行能力和环境改善。旅游环线改善工程投资近9000万元。

6月3日　黄陂区公路管理局被武汉市委、市政府表彰为2011~2012年度市级"文明单位"，这是自2008年被摘牌后，再次荣膺市级文明单位称号，也是全局干部职工通过连续两届艰辛努力的结果。

6月9日　黄陂区公路管理局路桥工程处利用雨期时间，举办了一期工程技术人员短期轮训班。工程技术人员、施工人员、资料员以及项目经理等35人参加学习。学习内容涵盖了公路技术规范、资料管理、测量技术以及公路工程施工与管理等多项技术规范和操作要领，同时结合黄陂区公路管理局推进作风建设相关要求，设置了职工职业道德操守教育的课程。

6月11日　黄陂区十素旅游公路王家冲桥吊装顺利合拢。王家冲桥全长112米，桥面宽11米，自2012年8月24日开始动工。该桥采用预制空心板组成的钢筋砼结构，主跨为16米的简支梁桥。该桥为十素旅游公路控制性工程。

6月20日　武汉市副市长刘立勇一行，在黄陂区委常委、副区长陈世刚的陪同下，实地察看了由黄陂区公路管理局路桥工程处承建的后湖北路工程建设情况，详细了解了工程施工的进展，并现场听取了后湖工程指挥部领导以及黄陂区公路管理局路桥工程处施工负责人的情况汇报。

7月1日　黄陂区委授予黄陂区公路管理局副局长、工程师陈见伟同志"优秀共产党员"荣誉称号。

7月9日　黄陂区公路管理局局长祁建文带领局工会、办公室及相关人员一行驱车百里，赴黄陂姚集北门村养路工、老劳模肖厚楚同志家里，带去局党委、行政对老同志、老模范的亲切问候和关怀。

7月16日　黄陂区公路管理局《路政宣传册》正式出版。结合公路文化建设契机，创新宣传模式，推出图文并茂、活泼生动、寓教于乐的宣传画册，让沿线群众、社会群体对被宣传的对象一目了然。这是黄陂区公路管理局在法制宣传中一直探讨和研究的问题。

7月17日　黄陂路政大队、养护中心联动，迅速启动公路应急抢险预案，成功处置因"龙卷风"影响，造成祁水、黄孝、横花等路段行道树折断阻断交通事件。

7月20日　区路桥工程处添置混凝土路面破碎机（双锤头），合同价115万元。

7月25日　省道熊许线大修工程动工建设，总投资1350万元。

7月31日　黄陂区十素旅游公路K13+500（楼子冲湾）处一幢平房户主签字同意拆迁，"拦路虎"影响施工最终被拔除，标志着十素公路建设全线贯通。

8月2日　全省公路养护技术比武武汉市预选赛在黄陂区公路管理局养护中心举行。来自江夏、蔡甸、新洲、黄陂、东西湖区公路局5个代表队共9名选手参加了本次比赛，标志着养护技术比武拉开帷幕。

8月11日　黄陂区部分地区遭遇龙卷风和雷暴袭击，造成黄土、孝天、祁泡等多处路段有30余株行道树被狂风暴雨折断，造成公路交通短时阻断，并造成3处民房轻微受损。黄陂区公路管理局接到报警电话后，迅速调集养护、路政人员第一时间赶赴事发路段，迅速组织清障，搬移横卧路面大树。

8月12日　区领导张翅鸽率区交通局柳育青局长，在黄陂区公路管理局、旅游局主要领导陪同下，一行实地调研并查看了旅游环线祁泡、石泡、十素、长塔、塔夏、火塔等大中修改造项目。调研组一行分项目实地"看质量，观效果，听汇报，解难题"，并要求施工单位高温作业要保证人员生产安全，既抢进度也保质量。

8月16日　黄陂区公路管理局道德讲堂公开课——"中国好兄弟"在黄陂交通局七楼会议室举行。本次活动由局党委组织，局机关全体干部、局属二级单位机关干部共60余人参加。

8月23日　黄陂公路文化之《公路文艺30年》丛书正式出版。该书的成功印刷出版，标志着湖北省公路系统有了第一本养路职工文艺志书。同时弥补了1998年版、2004年版的《黄陂交通志》和1994年版的《武汉公路志》中关于职工文艺生活的空白，也让传统的公路史志类图书增添了一个新的品种，提升了公路文化内涵。

9月10日　汉施公路滨湖桥至新洲新建村段6.915公里大修工程正式动工。该项目由黄陂区公路管理局养护中心施工，项目总投资5600万元，其中向省市申请补助资金2300万元，区政府承担3300万元，由黄陂区交通运输局采用BT等融资方式筹措解决。于2014年春节前全部完工。

9月16日　省道黄土线黄陂城关至长岭段路面大修正式启动。本次大修工程由黄陂区公路管理局路桥工程处组织实施。该项目首次运用"柔性基层、铣刨料再生、级配碎石、面板破碎化"四大新技术进行施工，施工方案采取半幅封闭施工、半幅通行方式分段推进，2014年春节前完成省局2295万元投资计划。

9月29日　自9月18日起，黄陂区公路管理局参加全省首届"公路杯"职工技能比武活动陆续开展，黄陂区公路管理局先后获得驾驶类团体全能第二的好成绩；路桥职工彭光田取得个人全能第一；路桥工程处职工陈治红取得养护机械技能操作个人全能第一；局路政大队理论考试获得一等奖1人、二等奖1人、团体三等奖。

10月15日　区委常委、副区长陈世刚来公路局新办公楼调研机关运行情况，并逐一拜访各职能科室工作人员，关心机关干部职工工作环境，与祁建文局长就公路局当前面临人员、机构改革和资金压力进行探讨式交换意见。

10月17日　S108线K38+500（姚集大桥北端与姚姚平交口）处，一辆运砂车与迎面驶来的旅游大巴发生碰撞事故，事故造成3人死亡，2人重伤，7人轻伤。事故导致运砂车侧翻，车上装载的砂子封堵公路，交通被迫中断，造成大量车辆滞留。险情发生时正值车流高峰期，黄陂区公路管理局接警后，立即启动应急预案，迅速组织路政执法人员和养护人员30余人，出动执法车辆、装载机、运输车以最快速度赶赴现场进行抢险。

10月17日　正式启用黄陂前川油岗新办公楼，市公路处党委书记肖忠杰、区交通运输局局长柳育青为新办公楼揭牌，标志着黄陂区公路管理局机关过渡办公29个月后正式乔迁新址办公。新办公楼为9层框架砖混结构，建筑面积5700余平方米，配套建设职工食堂330平方米，职工办公环境得到大大改善。

10月18日　交通运输部"四统一"检查组一行3人，在市交委、市公路处、黄陂区交通局等领导的陪同下，到黄陂区公路管理局路政大队的路政服务大厅等办公场所，检查黄陂区公路管理局执法形象"四统一"建设成果。

11月7日　区公路管理局在新办公楼四楼培训中心举办2013年财会知识培训班。局直属单位负责人及财会相关从业人员50余人参加培训，局长祁建文参加培训并作讲话。

11月8日　黄陂区公路管理局养护中心承担的110公里旅游环线路面改造刷黑工程全部完工，火塔、长塔、石泡、祁泡等县乡公路通行环境大为改善。

11月23日　省公路局洪文革副局长率省局养护处、建设处部门一行赴黄陂检查黄土、熊许、横山应急中心、黄武新建一级、汉施大修等。市公路处党政主要负责人及区交通局、公路局有关领导陪同检查。

12月6日　区交通运输局党政班子成员率机关全体科室负责人就公路局年度工作、存在困难和问题进行了专题调研，并现场作出解决问题的初步意见。黄陂区公路管理局全体班子成员、科室负责人、二级单位党政主要负责人参加调研会。

12月19日　黄陂区公路管理局档案规范管理 AA 级复查顺利通过上级档案主管部门考评，正式被湖北省档案局评为"企、事业档案管理 AA 级"。

# 2014 年

1月1日　省公路局督导组率由宜昌市公路局、鄂州公路局、仙桃市公路局相关领导组成的检查组一行，对武汉市公路处 2013 年度行业目标进行检查，黄陂公路管理局作为全市唯一推荐表彰的全省公路系统"十佳县市段"，成为必检县段机构，接受检查组检查。检查项目为：熊许大修项目计划完成情况、什仔铺公路管理站情况、石门店治超站、中寺港危桥改造项目、横山公路应急抢险中心建设情况、路政大队资料及局机关基础管理情况。

1月9日　黄陂区公路管理局组织迎春拔河比赛，从全局各单位、机关科室选调 8 支队伍计 96 名队员参加，100 余干部职工参与此次活动，区总工会副主席李清、区交通局有关领导观看比赛。

1月15日　省公路局召开全省公路工作暨党风廉政建设工作会议，会议表彰了一批先进集体（个人），市公路处代表黄陂区公路管理局上台领取"全省公路十佳县（市）段"奖牌。此系黄陂区公路管理局历经 8 年的艰辛努力，再次获此殊荣。

1月20日　黄陂区公路管理局隆重召开第二届第七次职工代表大会，55名职工代表参加了本次大会。会议按程序圆满完成了本次大会的各项工作任务。大会根据工会工作需要，采用投票方式从不同岗位增补汤小琼、李天驹等 4 名同志为第二届第七次职工代表。

1月27日　市公路处陈晓桥处长率处办负责人一行，专程到黄陂区公路管理局塔耳公路管理站看望坚守一线的养路职工，并送去慰问金。黄陂区公路管理局祁建文局长、办公室负责人一同陪同慰问。

2月13日　黄陂区纪委召开四届三次全体（扩大）会议，区委副书记李林平在会上宣读了区委、区政府关于表彰全区勤政廉政先进集体、先进个人的决定，黄陂区公路管理局人事科科长、办公室负责人黄克嵘荣获黄陂区委"勤政廉政先进个人"称号。该项评选每五年一次（总表彰10名），旨在表彰全区各战线、岗位上的勤政廉政优秀人员。

2月18日　凌晨，黄陂全区突降中到大雪、气温骤降，并伴有4~5级大风。黄陂区公路管理局迅速启动应急保通预案，局主要领导、局路政、养护早7时全部奔赴黄土、G318等干线开展巡查和道路排险、桥梁除雪工作，未出现因冰雪堆积影响行车和出现安全事故。

3月5日　"三八"国际妇女节前夕，为了发挥交通公路行业女性干部职工的工作积极性，提高综合素质和内在修养，展示交通、公路战线女性的风采，黄陂区交通运输局、黄陂区公路管理局在区公路局九楼大会议室联合举办一期"文明礼仪"和"女性健康知识讲座"。参加听课女职工近200人。

3月25日　省公路局毕俊副局长一行在市公路处陈晓桥处长、杨之达副处长等陪同下，对黄陂路政大队创建"标准化路政大队"及普通干线过境路段整治成果进行了考评验收。局长祁建文陪同做专题汇报。黄陂区公路管理局路政大队是武汉市唯一一家、也是全市第一个申报省级标准化路政大队的参评单位。

4月10日　黄陂区公路管理局在九楼会议室举办了为期一天的职工职业道德培训讲座活动。本次培训活动覆盖局机关、养护、路桥、材料及质检等各岗位，共有320余名干部职工参加培训。

4月13日　黄陂区公路管理局祁建文局长、甘云祥副局长率局人事、办公室、路桥工程处相关人员专程赴武汉华科大参加由黄陂区委、区政府组织的人才招聘会黄陂专场，拟招聘路桥专业技术和行管文秘类应届毕业生3~5名。人才招聘会上，已有10余人向公司投放意向性简历，公司将根据学生简历和公司实际，有选择性地进行遴选聘用。

4月13日　省公路局新任局长熊友山率计划处、养护处、建设处、办公室等处室人员在市交委陈佑湘副主任、市公路处陈晓桥处长等领导的陪同下，赴黄陂区公路管理局调研普通公路建、养、管综合发展情况。调研组一行先后察看G318、S234、S108及农村公路县道火塔、长塔路况水平，专程赴姚集公路管理站看望一线养路职工,后在黄陂区公路管理局机关召开了部分基层和机关干部职工座谈会。区委胡书记、区长吴祖云及区领导陈国良、陈世刚、石敏参加座谈会,并就黄陂交通公路工作与省公路局领导进行广泛交流。

4月16日 湖北省林业厅刘新池厅长、武汉市副市长刘英姿一行,在区领导张翅鸽和木兰旅游风景区管委会、区公路局有关同志的陪同下,实地视察调研了木兰湖环湖西路改造工程建设和绿化环保的实施进展情况。

4月23日 黄陂区公路管理局举行道德讲堂公开课。本次活动由局党委、工会、团委联合组织,局机关及局属各单位干部职工50余人参加了此项活动。

5月26日 黄陂区公路管理局受命承担汉口北站站前道路刷黑工程,为保证市政府决策顺利实施,该局迅速调集路桥工程处刷黑项目部全体人员,在26日早上8点到达指定地点展开大会战。全体施工人员连续奋战18个小时,保质保量圆满地完成了公路一级兼城市主干道Ⅰ级200米站前道路刷黑任务。

5月29日 省公路局熊友山局长现场办公督导黄陂区石道线改造工程建设。熊局长仔细查看了石道线岱黄高速乔店互通入口至巨龙大道段约9公里的路段情况,并与长江海事局及沿线重点单位长江船员考试中心负责人进行了座谈,征求他们对石道线改造工程的意见和建议。在听取了有关单位的情况汇报及意见建议后,熊局长强调要求市公路部门要按照"畅、安、舒、美"的总体要求,科学、优质、高效推进项目建设,力争将此项工程打造成民生路、安全路、幸福路的样板工程。市公路处陈晓桥处长、黄陂区公路管理局祁建文局长参加了此次现场办公及座谈会。

6月18日 黄陂区公路管理局路政大队荣获"标准化路政大队"称号,这是武汉市首家获得省公路系统表彰的"标准化路政大队"行业荣誉。

6月19日 省公路局党委书记范建海同志在市公路处党政主要领导和总工陪同下,督导黄陂公路建设计划执行情况。巡视了区公路局正在实施的石道乔店至滠口段、黄土公路黄陂至长岭段大修进展情况。黄陂区公路管理局祁建文局长、陈见伟副局长参加督导。

7月1日 建党93周年之际,黄陂区公路管理局机关党支部组织局机关全体党员上了一堂教育党课,结合"党的群众路线教育实践活动"总体部署,学习习近平总书记关于党的群众路线教育实践活动的论述摘编,同时观看党员教育片《焦裕禄》。

8月7日　黄陂区区委常委、宣传部部长赵弢率区总工会主席白耀群、副主席甘艳竹一行，轻车简从深入黄土公路大修施工工地，亲切看望并慰问高温期间仍然奋战在施工一线的公路职工，并现场查看了解工程施工情况和下步全线大修改造前期进展。黄陂区交通运输局局长柳育青、党委书记周义勇，黄陂区公路管理局局长祁建文陪同查看并简要汇报黄土公路改造进展情况。

8月29日　黄陂十新一级公路十里棚立交桥道路新建工程正式竣工通车。该道路工程全长382米，路基宽度18米，双向4车道，混凝土路面结构一级路面标准。该项目系黄陂区公路管理局环通路桥公司中标承建，属黄陂城区连通汉口北、沟通三环线南湖互通的一项控制性道路枢纽工程。

9月5日　备受关注的职工养老保险参保工作经过历时一年半的艰难努力，230名退休职工正式办理社会养老保险手续，其他职工养老保险进入测算缴费，宣告黄陂公路职工全员参保进入实质阶段。

9月5日　县道老长线长堰大桥拆除重建正式动工，上午10时整体人工拆除完成。原桥为双曲拱钢筋混凝土结构，桥长100米，建于1978年4月。

9月25日　自9月10日起，全局809名在职和离退休职工（含合同工）分6批次到市、区专业健身体检机构进行身体全面检查。

9月27日　黄陂区公路管理局路桥工程处彭铁兵在第六届全国公路运输行业筑路机械职业技能大赛湖北赛区选拔赛中夺得挖掘机操作第三名，这是他继2010年在省公路局举办的比赛中荣获个人三等奖后再次获奖。

10月13日　襄阳市公路系统18人组团前来黄陂参观考察，了解黄陂区公路管理局在公路养护方面的经验成果，参观考察了318国道黄陂城区至新洲段（市级文明示范路）、省道熊许线（市级文明路）路况，什仔铺公路管理站内业资料整理及内务管理情况。

此次前来黄陂区公路管理局参观考察的有襄阳市公路局及下属谷城、南漳、保康、枣阳、襄阳、宜城和老河口7个县（市）区公路段（局）和直属襄城、樊城两个城区公路段分管养护工作的领导、养护部门负责人，武汉市公路管理处总工骆寿权、黄陂区公路管理局局长祁建文等相关同志陪同。

10月14日　区人民政府授予黄陂区公路管理局路政大队2013年度"群众最满意基层站所"荣誉称号，该荣誉系首次荣获，本次全区仅有10家单位获此殊荣。

11月4日　黄陂区公路管理局路桥工程处利用雨后工程间歇期，自主组织第二届职工职业技能比赛，局长祁建文及部分局领导、机关部门派员观摩。

11月15日　倍受黄陂南部群众和市、区人大代表关注的黄陂县道石道线乔店至滠口段8.6公里大修改造项目完工，累计投入1600多万元。同时，对其他路段的路面破损处置及刷黑，清除公路占道堆积物，完成全线行道树整枝等。

## 2015 年

1月5日　省公路局对市公路处2014年度目标检查考评，考核组长单位十堰市公路局、副组长单位林区公路局率相关检查人员进驻黄陂，分别对黄陂区一级路建设项目天阳港、新十公路建设、横山公路站内业管理、应急中心运行、路政大队标准创建等情况进行了综合考评。省公路局熊友山局长亲自参与检查并督导，黄陂区交通局、公路局主要领导陪同检查。

1月22日　黄陂区县道老长线长堰桥危桥改造工程正式竣工通车。新桥按公路二级桥梁标准设计，桥梁全长86米，桥梁结构为5×16米预应力混凝土空心板桥，下构采用桩柱式桥墩、桩柱式桥台，基础采用桩基础。项目投资425万元，属市、区2014年度重点目标。

1月28日　新年第一场雪，黄陂区公路管理局养护和路政人员按区域分片进行巡查，重点加强对桥梁、公路险段的融雪防冻情况进行巡查，及时清除部分路段积雪和结冰。黄陂区公路管理局主要领导、分管领导分赴公路一线，现场督导并参与公路桥梁、险段的融雪化冰保畅工作。黄陂区公路管理局号召全体公路干部职工密切关注近期天气变化，积极主动做好恶劣天气的防范和应急处置，做到全天候随时上路保作业畅通，随时集结待命，在傍晚前对桥梁及重点险段进行撒盐融冰处置。截至上午11时，共出动巡查车辆50台次，巡查里程680多公里，各站点清扫积雪3000平方，撒工业盐15吨。未出现车辆滞留及其他公路安全事件。

3月5日　黄陂区公路管理局养护中心成立将李线（黄陂木兰乡将军庙—红安李先念纪念馆）工程项目部，对将李线全线道路进行摸底调查，随时进行大规模挖补。此举历时半个月，旨在推进新一轮"三万"之"村村通客车"活动常态发展，服务好广大人民群众便捷、快速、安全出行。

3月26日　未雨绸缪，剑指国检。黄陂区公路管理局组织自有技术力量与江苏环保科技有限公司合作攻关，挤出资金 22 万元，经过 6 天的紧张合作，实施"四大手术"，对该局 2010 年建成投产的 3000 型沥青拌合楼进行整体维修，对关键部位进行技术改造和场区扩容整治，以此吹响了黄陂公路磨刀霍霍向"国检"的号角。

4 月 13 日　黄陂区公路管理局政务信息工作暨 2014 年度公路信息工作表彰会暨信息写作培训班在局六楼会议室召开，会议人员有机关科室、二级单位分管公路信息工作领导、办公室（综合科）负责人、信息工作人员，局领导祁建文、肖新民、胡克芳参会并布置工作要求。

4 月 15 日　从全省路政工作会上获悉，黄陂区公路管理局路政大队大队长陈志坚荣获 2014 年全省公路系统"十佳路政员"称号。

4 月 23 日　黄陂区公路管理局 2014 年度党风廉政建设执纪工作接受区交通局考核组考评。

5 月 7 日　襄阳市公路局邱晨总工率所属 9 个市（县、区）从事养护与管理人员 28 名，组团赴黄陂区公路管理局学习交流公路养护综合管理和迎国检内业资料。考察团先后参与 G318 黄陂段路域环境、路容路貌及横山养护应急中心、横山管理站，后在养护中心查看内业资料，并在黄陂区公路管理局座谈交流国检工作和公路建养项目管理。市公路处骆寿权总工、区公路局祁建文局长及市处、黄陂养护和国检专班人员陪同交流。

5 月 15 日　黄土公路前川至长岭段综合改造工程（路面工程）施工图设计技术交底会在区公路局六楼会议室召开。黄土公路前川至长岭段综合改造工程建设指挥部、武汉市公路勘察设计院、黄陂区公路管理局相关人员和技术人员参加了会议，并形成专题会议纪要。

5 月 18 日　黄陂区公路管理局召开 2015 年党风廉政建设暨经济、廉政、计生、安全、综治等"五大"目标鉴定会。会后，局长祁建文同志做了"政治纪律和政治规矩"专题辅导报告。

5 月 20 日　黄陂区总工会、区企业家协会率区优秀企业家代表一行 23 人，就如何构建和谐劳动关系在区公路管理局路桥工程公司进行座谈交流。

6 月　区公路局被武汉市委、市政府表彰为 2013~2014 年度"文明单位"。

6 月 4 日　全市公路系统"最美武汉公路人"巡回报告团一行 7 名成员进驻黄陂区公路管理局。局路桥工程处挖掘机手彭铁兵作为报告团成员之一，深情讲述自己平凡而动人的先进事迹。

6月25日　黄陂区公路管理局桥梁领导小组率桥梁养护工程师、养护技术人员一行，对区域内国省干线公路桥梁实施全方位的定期安全运行状况排查。

7月10日　市交委李亮平副主任在市公路处陈晓桥处长陪同下，专程就黄陂迎国检推进工作进行调研。先后到省道黄土线横山管理站和公路养护应急中心，听取黄陂区公路管理局负责人对应急中心建设、应急抢险物资管理、公路管理站站容站貌的专题汇报，随后驱车察看了黄土公路前川至长岭路面现状，切身感受该路段的交通流量、路况水平和复杂的路面构造。

7月23日　黄陂普降中到大雨，部分地区降雨量达100毫米以上，并伴有雷电。降雨造成火塔线K8+950处武麻铁路桥通道段渍水淹没公路约1.5米深，交通中断。有三辆小车因冒险"冲浪"被淹，乘员撤离至安全区。另，强降水还造成省道天孝线K14处约100米公路渍水，车辆可缓慢通过。当日，区公路局迅速启动公路抢险应急预案，路政养护联动抢险保畅通。24日凌晨3时公路险情消除。

7月28日　省道黄土公路前川至长岭段路面综合改造正式启动。中午12时，按事前确定的交通组织方案，黄陂区交巡警、运管、建设单位、施工单位通力协作，顺利实施前川转盘至客运中心段的道路封闭任务，黄土公路路面改造项目大会战正式拉开序幕。

8月10日　黄陂区公路管理局召开今年第七次迎国检专题会，对迎国检工作进行再动员，再部署，集中全部力量，齐心协力打好国检冲刺战。会议指出，5年一次的全国干线公路养护管理检查，既是对黄陂区"十二五"期间干线公路养护管理工作的一次实际检验，也是对全区干线公路养护管理质量和水平的一次综合考评，更是对黄陂区公路交通发展成果的一次全面展示。全局上下要充分认识迎检工作的重要性和紧迫性，要通力合作、精心准备、明确职责、加大督办，齐心协力做实做细迎检各项准备工作，全力以赴确保迎国检各项工作任务的完成。会议强调，结合"大战六十天，全力迎国检"的总体目标，重点把握6个方面：一是学好国检标准，把握好工作方向；二是明确责任分工，加强跟踪监督检查，确保工作落到实处；三是精心谋划组织，把握好各项目时间节点；四是倒排工期，做到环环相扣，严格质量体系，确保按期高质量迎检；五是查缺补漏，完善内业资料，使其科学反映过去5年公路养护管理过程；六是要借力使力，维护好路产、路权、路况、路貌、路景，抓住国检契机，促进干线公路路况水平提档升级。

8月17日　区公路局路桥公司承建的黄土公路长岭至姚集段路面大修进入路面基层铺装阶段，标志着黄土公路迎国检大修全线进入攻坚冲刺阶段。

8月20日　黄陂区公路管理局撰写的《六项举措力推迎国检》信息受到市交委余世平主任关注，并批示"在全市交通内部刊发原文通报"。迎国检工作以来，黄陂区公路管理局根据省、市迎国检工作部署和要求，坚持"一张路线图"走到底、"一个实施方案"抓到位、"一个工作目标"争到头，举全局之力，调动各方力量，多措并举，扎实推进国省干线公路迎国检工作，掀起了迎国检高潮。

9月26日　区公路局机关党支部换届选举成功，同时产生新一届支部委员会：黄克嵘任机关党支部书记，汤小琼任机关党支部副书记，姚俊杰任组织委员，周勇任纪检委员，陈茜任宣传委员。

9月29日　省公路局熊友山局长、谢俊杰副局长率省局养护、路政处领导一行，在市交通运输委总工贺敏、市公路处陈晓桥处长陪同下，督导检查黄陂区迎"国检"（交通运输部组织的"全国干线公路养护管理检查"）。督导组一行先后查看石门店公路治超站、黄陂滠水二桥、黄陂区公路管理局路政大队、省道黄土公路迎检情况，并提出补充和完善意见；区长吴祖云、副区长陈世刚，区政府办、督查室、区交通运输局、公路局主要领导陪同受检并汇报黄陂迎国检情况。

10月20日　省道黄土公路长岭至姚集段大修工程竣工。省道黄土公路长岭至姚集段路面大修项目全长18.28公里，路面基层采用15厘米水泥稳定碎石，面层采用6厘米+4厘米沥青混凝土。项目总投资3656万元，由省补与地方政府按1∶1比例配套投资。

10月24日　市交委余世平主任、李亮平副主任率委办公室、计划处、公路处主要领导督查黄陂迎国检工作，副区长陈世刚及区交通运输局、公路局主要领导陪同受检。

10月29日　省交通运输厅尤习贵厅长率省公路局熊友山局长、谢俊杰副局长及省局养护处、路政处领导一行，在市交通运输委余世平主任、李亮平副主任及市公路处陈晓桥处长的陪同下，督办检查黄陂区迎"国检"。督办组一行先后查看区公路局路政大队、黄陂滠水二桥、黄陂石门店治超站迎检准备情况；区委书记丁雨、区长吴祖云、副区长陈世刚及区政府办、区交通运输局、公路局主要领导参加受检。

11月3日 黄陂区政府召集G318沿线前川、六指街道政府和区交通、城管、环卫、建设局、公安交管、水务等相关部门，专题研究布置G318路域环境整治协调工作，为迎国检夯实基础。

11月5日 黄陂区公路管理局路桥公司（武汉环通路桥工程有限公司）受邀参加黄陂区政府举办银政企洽谈暨签约仪式。区长吴祖云出席了签约仪式并作了重要讲话。此次由区政府搭建的"银企"合作融资平台，旨在帮助银行业、企业的沟通与合作，实现银企的互利双赢，以促进中小企业迈入一个更高的起点。政府搭台、企业唱戏的"银政企"模式，既支持中小企业健康成长，又能有效发掘企业潜力，实现三方共赢的良好愿景。

11月11日 交通运输部"十二五"普通干线养护管理检查组对黄陂区公路管理局路政大队规范化管理、G318黄陂二桥运行安全、石门店治超检测站管理情况、G318黄陂段路域环境等进行综合检查。本次国检由海南省交通运输厅为主检单位，宁夏回族自治区交通运输厅为参检单位，湖北省交通运输厅马立军副厅长、省公路局熊友山局长、市交委李亮平副主任等参与陪同检查，市公路处、黄陂区人民政府、区交通运输局、区公路局相关领导陪同受检。

11月13日 交通运输部公路局原局长李华率路网中心副主任孙永红、周可夫等一行在省交通运输厅马立军副厅长、省公路局谢俊杰副局长、市交委主任余世平、市公路处处长陈晓桥等陪同下，督察黄陂石门店治超站、区公路局路政大队迎国检工作；黄陂区委常委、副区长陈世刚，区交通运输局柳育青局长。区公路局祁建文局长陪同督察。

12月2日 下午，全市"十二五"全市干线公路养护管理检查总结交流会在黄陂区公路管理局九楼会议室召开。市交委副主任夏焕运出席会议并讲话，市公路处处长陈晓桥作"十二五"全市干线公路养护管理检查总结报告。市公路处领导班子成员及机关部门主要负责人，区公路局、市处养护所主要负责人及其养护、路政部门负责人参加会议。上午，全体参会人员重走国检线路，交流学习迎国检经验，实地参观了蔡甸区南桥公路管理站、省道十永线大修工程及标准化路基、新洲区邾城应急抢险中心、黄陂区318国道滠水大桥及黄陂路政大队。副区长吴立群参加会议交流。

12月8日 区公路局路桥工程处（环通路桥公司）主办财会与工程技术

专项业务技能比武大赛，来自各岗位 30 余名选手参与了此次比武。本次技术比武分为财务组和工程技术组，其中财务组比武涉及会计基础操作、现代化财务管理以及传统珠算演练等，工程技术组主要考核新引进的全站仪和 GPS 测量仪器等新型工程仪器的熟练操作。

# 2016 年

1 月 8 日　黄陂区公路管理局路政大队党支部正式成立，新成立的党支部由陈志坚、朱亚洲、彭荣胜组成；支部书记陈志坚，副书记兼组织委员朱亚洲，宣传委员彭荣胜。

1 月 21 日　本地最强冷空气来袭，为确保全区列养道路安全畅通，黄陂区公路管理局提前安排部署，检查物资储备，启动公路抢险应急预案，及时应对雨雪冰冻灾害等恶劣天气造成的公路突发事件，确保公路安全畅通。

3 月 4 日　黄陂区公路管理局工会、团委组织局机关和局属单位干部职工100 余人，前往区公路局苗圃场（公路林场）开展"播绿色种子，种美好生活"植树育苗劳动竞赛暨户外体能拓展体验活动。本次植树育苗劳动竞赛活动分为 13 组，近两个小时的劳动竞赛，共栽植小叶黄杨苗木 8000 余株。

3 月 15 日　省公路局局长熊友山、副局长蒋明星率省局计划处、建设处、养护处相关人员检查指导黄陂区 318 国道春养和路容路貌整治工作，重点察看了黄土公路综合改造工程配钢筋混凝土路面施工现场。区交通运输局柳育青局长、区公路局相关人员陪同检查。

4 月 28 日　省道黄土公路黄陂前川至长岭段路面综合改造工程全线完工。

6 月 12 日　区公路局主要领导调整：区交通运输局党委书记、局长柳育青宣读区政府任命文件：黄宏华同志为区公路管理段（区公路管理局）段长（局长）。

6 月 16 日至 7 月 6 日　黄陂境内累计降雨 833.9 毫米，超过 1998 年大水。仅 7 月 1 日 12 小时降雨量就达 230 毫米，伴有雷电、阵风 7~9 级。黄陂公路紧急动员，集结抢险突击队 230 人，抢险机械 6 台（套）、警示标志筒、分流指示牌、大型标志 100 余个（块），组织迅速启动公路突发事件应急抢险预案。自入梅雨季节以来，管养公路除黄孝、横花外，其他 25 条公路不同程度出现山体滑坡、路面淹水、路基坍塌、挡土墙垮塌等险情 90 余处，桥梁锥坡冲毁 6 处，公路养护、路政放弃休假，全天候始终坚守岗位。巡查、清障、维修、待命值守成了公路应急抢险队员的任务。

特别是 6 月 30 日以来百年未遇的暴雨，造成列养公路全线告急，多处路段溃水，部分路段路肩塌陷、行道树倒伏。养护中心不等不靠，迅速启动应急预案，所有人员取消休假，24 小时值班，分 6 个应急抢险小分队，管理站全员上路巡查，通过微信群、QQ 群第一时间把险情报告给中心，对影响交通的路段设置标志并派人值守，对塌方路段迅速派养护工程队人员进行抢修，对火塔线 K4+300 处铁路桥洞实施 24 小时不间断抽水，保路面畅通。

据统计，全局汛期共出动抢险人员 2680 人次，调派农用车、挖掘机和抽水机等抢险机械共计 465 台套，社会运输车辆 578 台次，油锯等小型机具 405 台套，洒水车 22 台次，编织袋 15500 余条，砂石料约 7600 立方米，水泥破碎块约 8050 立方米，沥青混合料 1260 吨，共投入抢险资金 468.05 万元。因现场处置及时妥当，全区未造成人员伤亡和交通安全事故。

7 月 29 日　区公路局按照区委关于组派赴受灾村抗灾救灾工作组紧急通知精神，于当日下午组建工作组赴对口村六指街金咀村开展灾后重建工作。

8 月 1 日　区公路局召开全区公路水毁灾后恢复重建工作动员会。会后，组建两个公路恢复重建专班，路桥工程处负责管养县乡道，养护中心负责国省干线的灾后恢复。

9 月 6 日　区长吴祖云在区交通运输局柳育青局长陪同下，现场调研前川中环线、黄土公路前川段路面改造重点工程建设。前川中环线是黄陂区重大交通建设项目，预计总投资 22.72 亿元。目前正在进行解放互通桩基施工。吴区长详细了解工程进展，要求加快进度，加强施工监理，保证工程质量。在黄土公路前川段施工改造现场，吴祖云要求工程建设要统筹安排，水电路尽量同步施工，避免重复建设，方便群众出行。

10 月 11 日　区交通局党委副书记祁建文、纪委书记范良俊、人事科长杜俊华到公路局督导"两学一做"暨党建重点任务清单落实情况。区公路局黄宏华局长、人事科长及局属各党支部书记、副书记集中汇报并接受资料检查。

10 月 26 日　区公路局 25 名党代表出席交通运输系统党代表选举大会，区公路局党委书记、局长黄宏华，养护中心支部书记周荷珍作为党代表候选人，通过选举当选区第五届党代会正式代表。

10 月 28 日　市公路处在黄陂区十素公路 K9+500 处开展"2016 年武汉市公路山体滑坡应急演练"。本次演练由市交战办主办、市公路处承办，黄陂区公路局负责具体演练。演练分为预警响应、接警集结、线路保畅、确定等级、布控抢险、总结点评6个环节。参加本次演练的观摩单位有硚口区、江汉区、汉阳区、蔡甸区、新洲区、黄陂区、东西湖区、江夏区交通运输局，武昌区、青山区城管委，经济开发区城建委以及6个新城区公路局。省交战办副主任雷洲、省公路局安监处处长何玉清、市国防动员委员会办公室主任陈德全、市交战办副主任吕志学等亲临现场指导演练。

黄陂区公路局组织专业抢险人员36人、挖掘机2台、装载机1台、养护路政巡查车2台、应急指挥车1台、自卸车6台及标准化作业标志标牌、施工工具等应急抢险设备。演练实况由公路应急指挥车传输到市公路路网运行监测中心，市公路处机关工作人员在路网中心观看了现场演练情况。

11月2日　区编委陂编（2016）27号文批复：同意区公路局设立1名总工程师职位。

12月30日　区公路局基层评议机关在机关四楼会议室召开，局属各单位党班班子、部分内设部门负责人、18名基层一线代表共计35人参加。对机关10个职能科室从"服务态度、办事效率、工作能力、廉洁从政、综合评价"等5个方面进行问卷测评。被测评科室负责就其科室一年工作分别向评议员进行了汇报。

# 2017 年

2月18日　黄陂区委第二巡察组巡察区交通运输局动员大会在区公路局九楼召开。区公路局班子成员、正科级干部参加动员大会，并进行了动员前的闭卷测评。这是全区首轮巡查。

2月27日　在2017年武汉交通运输工作会议上，区公路局养护中心余启锋同志被市交通运输委员会评选为"武汉交通之星"荣誉称号。

3月2日　区公路局班子成员、副科级以上干部全员参加作风巡查暨党风廉政建设动员大会。

3月31日　按照市、区组织部门统一要求，事企分开，为下步事业单位分类改革做铺垫，区公路局养护中心支部书记（主持中心工作）、路桥工程处党政主要领导去事业编制，分别到区公路局宏畅通养护公司、环通路桥公司任职。

4月13日　黄陂区委第二巡察组巡察区交通运输局情况反馈通报会在区

公路局九楼召开，区公路局班子成员、正科级干部参加动员大会。

4月20日　局党委书记、局长黄宏华以普通党员身份参加公路局机关支部党员学习贯彻武汉市十三次党代会讨论学习，黄书记还就其参加区委传达贯彻党代会、全市作风建设大会精神领会，对机关全体党员进行了灌输传达。

4月28日　从武汉剧院传出喜讯：在全市庆祝2017年"五一"国际劳动节大会命名表彰中，黄陂区公路局养护中心桥梁工程师余启锋同志荣获"武汉市五一劳动奖章"。

5月8日　省交通运输厅何光中厅长率厅督导组成员王炜、李敢、廖向东、石斌到黄陂区调研交通运输工作，全面督导重点工作进度和重大项目开工建设情况。武汉市政府汪祥旺副市长，市交委余世平主任、夏焕运巡视员，黄陂区区委书记吴祖云、区委副书记严中兴、区委常委杨耀启、副区长丁朝辉、副区长陈春晖陪同；市交委计划处、公路处及区交通局（公路局）、区委办、区政府办、区发改委、王家河街、木兰乡、蔡店街主要负责人员陪同调研并参加会议。

省厅督导组赴黄陂区察看旅游环线县道火塔、长塔、木兰环湖旅游路及省道黄土、县道姚姚建设成果，在蔡店于大悟精准扶贫红色旅游路项目现场召集座谈会。

何光中厅长一行还实地察看了火塔线群益村段水毁灾后重建项目，调研黄陂区木兰环湖旅游路（绿道驿站）。区交通运输局柳育青局长、公路局黄宏华局长随同汇报公路灾后重建情况并参加座谈会。

6月6日　黄陂区副区长陈春晖主持召开全区超限运输源头治理工作会。会上组织学习了《黄陂区整治公路沿线砂石料堆场专项行动方案》，到会的各街道与各部门负责人就此项方案进行了表态性发言，就有关事项提出了具体建议。此次会议明确了源头治理特别是公路沿线砂石料堆场整治的目标和任务。随后，副区长陈春晖与姚集、李集、蔡榨涉路沿线砂石料堆场街道主任签订了砂石料堆场治理工作责任书。

6月30日　全区纪念建党96周年大会在区委党校隆重召开，会上表彰了全区10名"模范共产党员"，黄陂区公路局养护中心工程师余启峰同志获此殊荣。

7月25日　区委书记、区人大常委会主任吴祖云，区长曾晟专题调研木兰大道（省道荷土公路）扩改、机场西线、中环线平交改立交等重点交通工程推进情况时强调，科学设计，统筹考虑，抓紧推进，实现项目早日竣工，为群众出行创造更加便捷的交通环境。区领导周少敏、杨耀启、郭清谋、丁朝辉、陈春晖参加调研，区交通运输局、区公路局主要领导陪同调研并作汇报。

8月17日　S116姚姚公路（蔡店段）改扩建工程开工仪式在蔡店街源泉村举行。区委常委何宪礼宣布工程开工，仪式由副区长陈春晖主持，蔡店街党工委书记吴晓、区交通局党委委员、公路管理局局长黄宏华、中建三局代表表态发言。

姚姚线（蔡店段）是姚姚线的重要组成部分，连接辖区内方湾、万湾、源泉、姚山等9个村，是蔡店旅游发展的黄金通道，是经济社会发展的大动脉，也是通往新四军旧址姚家山景区的必经之路。据悉，姚姚线（蔡店段）全长11.7公里，总投资1.4亿元，是黄陂PPP北部项目第一个具备动工条件的项目。工程总建设工期20个月。

区人大常委会副主任张翅鸽、区政协副主席柳长波及区委办、区政府办、区发改委、区财政局、区水务局、区林业局、区国土局、姚集街、木兰乡等相关单位负责人出席活动仪式。

9月12日　局党委召开扩大会议，宣布局机关中层干部轮岗、部门工作岗位调整，涉及办公室、人事、养护、质检、计划、工会、审计、劳服等3名科级、1名副科级、4名工作人员岗位调整。这是近20年调整幅度最大、涉及面最广的一次人事调整。

9月12日　横天公路升级改造工程正式开工建设。横天公路位于黄陂区南部，大临空板块核心圈层，现为省道孝天公路延长线的一段（2004年建成）。横天公路升级改造工程是黄陂区重大基础设施工程，东起于川龙大道，向西止于海航工业园1号路，全长4.6公里，采用一级公路兼城市主干路标准建设。川龙大道至机场立交F匝道改造后红线宽度60米，为机动车双向6车道、人行道、非机动车道和绿化带。机场北立交F匝道至海航工业园1号路改造后，红线宽度为40米，为机动车双向4车道、人行道、非机动车道和绿化带。工程建成后，将有力推进大临空板块核心圈层发展，完善城市道路系统，有效分流过境车辆，方便群众交通出行。

区委常委何宪礼出席开工仪式，并宣布横天公路升级改造项目开工。区委常委、区委办公室主任杨耀启出席并主持开工仪式。

9月13日　市公路处刘凯处长履新第13天，率处总工骆寿权、副总叶国弘及办公室、养护科、计划科负责人专程赴黄陂公路局调研公路管理情况，区公路局党委书记、局长黄宏华专题汇报，详细介绍黄陂公路局组织机构设置、管养路况、人员分布结构、经费状况以及地方政府、主管部门的支持力度，并着重就大中修计划、资金缺口、行业发展等现实困难请求行业予以支持。刘凯处长代表市公路处就黄陂公路局汇报情况做了表态性承诺。区交通局党委书记、局长柳育青专程参与见面会，并就市处提出的涉及府河大桥加宽、荷土线木兰治超站迁建事项，表示全力配合，支持并帮助协调各级部门做好相关工作。

9月15日　S108（荷土线）K82+303～K94+633姚集至河口段计12.33公里公路灾毁重建大修工程竣工。该路面大修项目于2017年6月10日动工，施工采取半幅交替封闭作业方式。完成投资1850万元（省计划资金1430万元），由区公路局路桥工程处组织实施。

9月25日　武汉北四环线高速公路建设管理有限公司委派其协调部驻地工程师邓红超、袁超二同志专程赴黄陂公路局，送来"热情服务文明执法"锦旗一面，感谢局路政大队对"北四环"高速公路建设的鼎力支持和热情服务，特别是该项目涉路作业过程中的路政上门服务、送法到工地、协助做好交通疏导和分流等工作无缝对接服务。

10月14日　为全面加快木兰大道征地拆迁工作进度，在罗汉街祝店村会议室，区人大常委会副主任、木兰大道项目建设指挥部指挥长郭清谋组织召开罗汉街征地拆迁工作推进会，荷土公路一期综合改造工程（木兰大道）施工单位、监理单位和沿线前川、罗汉、长岭街道相关负责人及部分拆迁村委人员参加会议。

10月15日　清晨6时起至次日6时止（连续观测24小时）为全国公路交通车流量情况调查日。根据省公路局统一部署和市公路处具体安排，黄陂区固定交通流量情况调查布点22个、连续式无人调查点2个。黄陂区召开简单动员培训会，按线路设点相关要求，提前做好人员分配、班次衔接、后勤保险、点位安全标志、统计上报各环节准备工作。

本次全国交通情况调查正逢双休、低温阴雨，170余人的调查团队、路巡巡查、局督察队员按照分工，放弃休息日，坚守岗位，冒着凄风冷雨认真做好交通流量观测和记录。

10月19日　交通部服务司副司长高建立为组长的部交科院、研究院、规划院相关领导，在省厅运输处、运管局陪同下，专题督导检查黄陂道路运输安全，实地察看了区公路局管养的 S334 将大公路灾毁桥梁，途经察看 G318、S117 路域环境治理。区政府副区长陈春晖、区交通运输局局长柳育青、区安监局、区交巡警大队主要负责人陪同检查。

10 月 20 日　区委组织部任命徐明同志为区公路段（局）党委委员、总工程师（试用期一年）；批复同意陈治文同志任区公路局质量管理科科长，免去养护中心主任职务；胡东斌同志任区公路局养护中心主任，免去质量管理科科长职务。

10 月 26 日　区政府副区长陈春晖率区发改委、财政局、区编办、区审计局、区水务局、区林业园林局等部门分管领导到区交通运输局召开申报创建全省"四好农村路"示范县（区）协调推进会，区交通运输局、区公路局主要负责人分别作创建申报情况汇报，初步确定区公路管理局加挂"农村公路管理局"牌子。区交通局相关科室、局属二级单位负责人参加会议。

10 月 27 日　区公路局养护技术比武（劳动竞赛）在县道刘大线 K2+200 处举行，市公路处总工骆寿权、养护科长罗莉婷、区交通运输局纪委书记范良俊、工会主任白克兰、区公路局党委书记、局长黄宏华动员讲话，公路局工会等相关科室派员参加比武观摩活动。

10 月 28 日　2017 年全国群众登山健身大会（木兰山站）暨第九届中国武汉木兰山登山节隆重开幕，黄陂区公路局 40 名干部职工组队参加该项目的群众徒步竞赛，赛程 10.7 公里。赛前，区公路局完成木兰山东循线 4.6 公里路面刷黑工程，局养护志愿服务队在将大线塔耳管理站门口设置"公路驿站"志愿服务点，为群众提供茶水、如厕和临时休憩等志愿服务。

11 月 21 日　区长曾晟调研木兰大道及黄土公路升级改造工程项目时强调，要把木兰大道打造成最美乡村公路、全域旅游景观道路和南北统筹发展主轴公路。木兰大道及黄土公路升级改造工程项目全长 25.32 公里，起于前川黄陂转盘，止于黄土公路与长塔路及月湖路交叉处。按一级公路兼城市主干路标准扩建，路面宽度 50～64 米，双向 6 车道，沥青混凝土路面，设计车速 60 公里/小时。整个工程包括中桥 2 座、小桥 2 座，并配套建设交通工程、电力电信工程及绿化工程，项目总投资为 14.98 亿元。区领导郭清谋、丁朝辉、陈春晖及区政府办公室主任李耀强参加调研。

# 2018 年

1月3~6日　受低温雨雪冰冻灾害天气影响，黄陂北部长岭以北4条普通省道（S116、S117、S108、S334）交通除S116短时中断交通外，其他路段交通平缓畅通。全局雨雪冰冻气候公路保通保畅共出动抢险队员326人次，抛洒工业盐52吨，草袋150条，巡查车辆、除冰雪机械共86台次（包括装载机、平地机、洒水车、防冻剂撒布车、工程作业车等）。

1月25日　市公路处处长刘凯、总工骆寿权带领处办公室、应急办等相关处室，在区交通运输局纪委书记范良俊、区公路局局长黄宏华、副局长肖新民陪同下，亲赴黄陂长岭以北S108、S116和S334木兰大桥现场指挥督战养护职工除雪融冻和保通保畅抢险工作。

1月25~28日　受2018年第二轮低温雨雪冰冻灾害天气影响，黄陂公路局再次启动"黄陂区公路局雨雪冰冻天气道路保通保畅应急预案"，局应急办、养护公路、路政大队、路桥公司、宏畅通养护公司等部门积极响应，及时做好应对新一轮灾害天气道路保通应急准备。

本轮灾害天气影响严重路段主要有北部长岭、姚集、蔡店、木兰街乡以北公路及桥梁，南部滠口、横店、盘龙城部分路段和巨龙大道滠水、G318、横店铁路跨线桥、后湖桥梁，涉及线路有G318、S108、S116、S117、S334、S234这6条国省干线及石（门）蔡（店）旅游公路。自1月24日至28日，黄陂公路局共投入大型工程机械75台次，撒融雪融冰剂218.5吨，安放冰雪路面行车警示标牌186块，草袋1126条，投入人力1788人次。经过黄陂公路人的艰苦奋战，至28日下午，S108荷土线黄陂段无冰通行，其他国省干线也相继恢复通车。

1月30日　区委第八考评组到公路局重点考核2017年度区公路局领导班子政治表现、履职情况、运行状况、廉政建设和领导干部德、能、勤、绩、廉表现情况，以及推动发展、深化改革、维护稳定、从严治党4个专项考评工作目标完成情况。本次考评按照述职、测评、谈话三个方面依次进行。区公路局党委书记、局长分别代表公路局领导班子向考评组作2017年度述职述廉、党建述职，局班子成员对照年度实事完成登记表做述职述廉汇报。区第八考评组组长孙三雄及相关成员分别与公路局正科级以上干部、部分部门负责人谈话。

3月7日　黄陂区公路养护应急抢险中心获区发改委立项批复。该应急中心占地82.5亩，其功能设置区分为办公生活区、机料存放区、生产拌合区、构件预制区，其征地、场平、硬化、办公用房、生产库房、水电配套等列入政府2018年度投资计划。

3月15日　G318线黄陂二桥至武麻匝道段约8.3公里路面改善修复工程全线启动。该项目是助力武汉"三乡工程"，实施"乡村振兴"战略的重要举措之一。为保证工程安全、质量、工期，施工单位提前做好踏青旅游、清明群众出行等相关应急保畅通预案，并采取多措施并举，抢抓晴好天气，加班加点推进。该项目4月4日前如期完成美化升级任务。

3月16日　区公路局、路桥公司、养护中心等相关人员在六楼会议室，专门就黄陂公路应急中心与委托设计单位中建设计院的设计方案交换意见，并提出维修完善意见供设计单位参考。

3月22日　省交通战备办公室雷洲主任、耿红兵调研员率公路应急抢险课题组廖琦、邓逸，在市交战办、市公路处安全应急办陪同下，赴黄陂公路局调研黄陂国防交通战备保障项目——区公路局应急抢险中心规划建设及专业保障队伍建设情况。区交通局柳育青局长、区公路局黄宏华局长及区交通局、公路局相关人员参加调研座谈，黄陂公路局、交通局分别汇报公路应急抢险中心建设进展、黄陂干线公路概况及近期规划情况。座谈会后，还实地调研水塔部队（原45师）师部至程家墩段（G318）国防干线公路现有路况水平，调研组对黄陂远景谋划军民融合共建国防道路、部队营区出口连接道路提出指导性的可操作意见和建议。

4月2日　区公路局党委2017年度民主生活会按预定时间如期召开。会议由局党委书记、局长黄宏华同志主持，区交运局党委委员、纪检书记范良竣同志到会督导并作点评。会上，局党委书记黄宏华通报了问题的整改情况和本次民主生活会征集意见建议的情况，并代表班子作了领导班子对照检查发言，并带头作批评和自我批评。各班子成员逐一进行对照检查，相互之间深入坦诚地开展批评和帮助，大家在发言中突出政治站位，坚持问题导向，自我批评时开诚布公不遮掩、揭短亮丑不保留，开门见山、直奔主题，批评他人时实事求是提意见、真心实意帮同志，做到了红红脸、出出汗，会议收到了很好效果。民主生活会后，局党委班子成员集中学习领会刚刚闭幕的全国"两会"精神和概括要点。

4月3日　区公路局养护中心余启锋同志被评为黄陂区第五届"道德模范"。

4月23日　黄陂区人大常委会主任陈国良、副主任郭清谋、张翅鸽、魏益琨、鲍克辉及区政府副区长陈春晖亲临S108荷土公路（木兰大道）前川至长岭段综合改扩建工程指挥部和施工工地现场调研项目推进进度和质量安全工作。

4月26日　市交委副主任贺敏率委计划处、规建处、质检站、公路处一行8人赴黄陂调研G318、S108线建设动工情况，同时听取黄陂交通运输局总工蔡崇华就黄陂已建和在建项目建设推进情况汇报。区政府副区长陈春晖和区交通局、公路局主要负责人陪同实地察看G318骆驼铺至二桥段路面改善现状、S108黄陂至研子段综合改造工程安全生产、文明施工整个项目进度推进情况。

4月27日　区公路局党委组织离退休老干部代表一行16人"赏景观路，话大发展"公路成果体验和座谈活动。老干部们沿着黄陂区旅游环线先后乘车感受了S117火塔公路、环湖西路、S334长塔公路、十素旅游路、S108荷土、S116姚姚、石蔡旅游公路，适时下车实地察看了部分景观路段。公路感受体验活动结束后，老干部一行来到区北部旅游公路指挥（原十棵松道班）进行"薪火相传公路"的座谈活动，同时集中学习十九大报告相关摘要、党员同志主动缴纳党费、初步议定召开退休支部换届选举事宜。局长黄宏华率班子成员、部分单位和科室负责同志参加座谈。

5月15日　区交通局党委书记、局长柳育青、党委副书记祁建文在李集街民安村研究扶贫攻坚返单位途中，行至G316黄陂涂店段时，前方路侧一株胸径约20厘米行道树因大风突然折断倾倒并横卧公路，阻断路面三分之二，严重影响车辆通行安全，柳、祁二人没有绕行驶离现场，也没坐等公路部门应急除险，而是合力将折断树木主干搬移路肩外，并在没有清扫工具情况下，用双手捡拾零散树枝枯皮，迅速排除公路安全次生险情发生。

5月20日　黄陂公路局选派6名职工组成4支队伍参加黄陂区第四届机关干部职工羽毛球比赛，经过两天激烈的争夺，荣获混双和男双3个第五名的好成绩。

6月5日　区委书记吴祖云率区人大、政府、政协主要领导一行莅临木兰大道前川至长岭段改造工程现场进行考察。区交通局局长柳育青、指挥部总工陈见伟等人员现场汇报工程概况和项目推进情况。

6月23号　区长曾晟率领相关部门负责人专题调研区军运会沿线环境整治、绿化提档升级配套设施建设等方面工作。推进建设长塔线、火塔线、锦绣大道沿线路、桥、水、电、气、绿化及立面整治等基础设施，总投资2.3亿元。

7月27日　区编办《关于在区公路管理局内设科加挂"区农村公路管理局"牌子》的批复（陂编办〔2018〕8号）：同意在区公路局内设养护科加挂"区农村公路管理局"的牌子，所需人员从区公路局现有人员中调剂，其他维持不变。

7月30日　当日凌晨4时30分，江苏徐州人马某驾驶桂AD0305重型水泥泵车操作不当正侧撞向荷土线K51+700研子门楼右第二立柱（上行线方向），导致门楼主体结构严重受损，存在重大安全隐患。上午10时，市公路处、区交巡警大队、区公路局对事故发生后消除安全隐患的措施方案进行专题研究。经报请区政府同意：区公路局委托专业拆迁公司于当日20时开始封闭交通，实施门楼整体拆除，至22时30分，存在20余年的景观门楼轰然倒下，次日中午时分门楼残渣清理完毕，恢复交通。

8月14日　S108（木兰大道）综合改造项目作为第七届世界军人运动会重点建设项目备受关注。目前木兰大道改造路基施工基本完成，已进入路面基层施工阶段。

8月15日　武汉市第六届军营开放日活动在驻军黄陂某部举行。黄陂公路局作为全市文明单位的代表，从"党、政、工、青、妇"方面选派10名优秀代表全程参与"体验军营生活，感受军旅文化"活动。

9月19日　受区委委托，区审计局经济责任审计小组进驻区公路局，区审计局副局长卢勇、主审余亲曙及专审组成员在六楼会议室召开审计进点工作布置会，并就领导干部经济责任审计进点工作提出相关要求。本次经责审计范围为区公路局2014~2017年度任期内领导经济责任专项审计。区公路局班子成员、二级单位主要负责人、机关相关科室负责人参加会议。

10月12日　黄陂区发改委主持召开黄陂区2018年普通公路桥梁维修工程施工图设计（代初步设计）专家评审会。省市设计院专家，区交通运输局、区公路局相关人员，以及项目设计单位人员参加会议。本次黄陂区普通公路桥梁维修共29座，全部为黄陂区国省县道桥梁。主要针对桥面铺装层破损、桥梁伸缩缝损坏、下部结构裂缝、过渡段路基沉降、墩台桩基外露等病害，分门别类采取成熟的维修加固方案。

10月16日　市"军运会"安保誓师大会在武汉警察培训学院（滠口反恐基地）召开。按照上级临时突击指令安排，区公路局迅速组织养护部门全力以赴做好会场道路保畅工作。

10月18日　S108（木兰大道）综合改造工程已全面进入路面混凝土摊铺阶段。

10月24日　区公路应急抢险（养护）中心通过公开招标采购4000型沥青砼拌合设备（楼体）吊装完毕，设备采购价格1163万元（包含设备、配套设施、强电等）。

10月27日　市长周先旺率领市委、市政府、市直有关部门和"军运会"保障路线应急演练的相关新城区主要负责人，在黄陂区委书记吴祖云、区长曾晟陪同下，实地考察了正在施工改造的"军运会"重点保障路线——木兰大道（S108）黄陂前川至长岭段综合改造工程。

12月16日　区长曾晟率队调研南部和前川地区路网规划建设工作。曾晟一行先后深入滠口街滨湖路延长线、环湖路、盘龙城巨龙大道、岱山延长线、横店街后湖北路以及前川地下综合管廊、滠水二桥等工程规划建设现场，区交通运输局局长柳育青、总工蔡崇华陪同调研。

12月25日　针对个人所得税法新变化以及新环境与新形势下社保征管变化，区公路局聘请专业税务师授课开展专题培训学习。局二级单位负责人、项目经理、财务人员、审计人员、劳资人员等70人参加培训。

## 2019 年

1月25~26日　按照区政府指令安排，迅速集结养护中心职工，突击对G316长同线（新十段）路面及中间护栏灰带进行清理和清洗，保障了该路段通行环境畅美洁净。此举也是黄陂公路"迎军运"——公路人在行动的一项应急实战演练。

1月31日　驻陂95969部队营房科赴黄陂公路局开展节前走访慰问，并就部队营房燃气管道涉路施工交换意见，同时向公路局赠送"贴心服务共筑长城"锦旗，以示对双拥工作的肯定。

3月8日　黄陂路政大队重拳出击，联合多部门集中整治G318线K923+600~K924+000段12处非法加水洗车点。此次联合行动，彻底清除公路控制区内外违法加水设施，及时消除了公路安全隐患，维护了公路路产路权。

3月12日　区公路局党委召开2018年度党委民主生活会，会议由党委书记黄宏华同志主持，区交通运输局纪委书记范良俊代表上级党组织到会指导并做点评。会议围绕主题"强化创新理论武装，树牢'四个意识'，坚定'四个自信'，坚决做到'两个维护'，勇于担当作为，以求真务实作风坚决把党中央决策部署落到实处"进行。

3月17日　黄陂路政大队调集4个路政中队力量，集中对省道S117线、S334线、S108线占道经营摊贩、非公路标志牌进行清除。此次整治行动共出动执法车辆5辆，执法人员15人，拆移摊（棚）点16处，劝返经营户（点）30户，收缴非公路标志牌20块，同时对一批顽固经营户的台秤、招牌、水果刀等生意工具实施扣留，起到了震慑作用，较大程度地改善了公路路域环境和通行安全。

3月25日　市公路管理处刘凯处长一行赴黄陂区，检查督导军运会重点保障线路和备用线路省道武木线、桃辛线和荷土线安全生命防护工程建设情况，对沿线已实施安防工程的路段进行细致的检查。刘凯处长高度认可黄陂公路部门在公路生命安全防护方面所做的工作，特别是对争取地方政府财力支持、资金调度表示认同。通过实地察看军运会重点保障线路和备用线路，对黄陂养护部门在着力精细养护和环境改善上所做的卓有成效工作表示欣慰，同时要求区公路局要继续加大日常养护工作力度，全面细致整治路域环境，全力助推军运公路安全保障。

4月3～4日　黄陂区公路局突击对S108荷土线黄陂一中至长岭横马路段18公里路面中间护栏（隔离带）存积泥沙和灰带污染进行清理整治，保障了四面八方民众清明出行有一个清新、明朗、畅通的公路通行环境。

4月16日　区交通运输局党委书记、局长柳育青到公路局召开班子成员、局属单位和机关科室主要负责人会议，宣布上级关于区公路局主要领导调整的决定：黄宏华同志不再担任区公路局党委书记、局长，胡鸿同志任区公路局党委书记、局长（4月13日区委组织部已对区公路局党委书记职务任免下发通知）。

4月25日，省道黄土公路（S108）前川至长岭段首座人行天桥钢箱梁精准吊装落位。该人行天桥下构采用桩基础、钢筋砼墩柱，上构采用（12.5+27+12.5）米三室薄壁闭合箱形截面连续梁，主跨长27米，箱梁宽5.0米，利用机非分隔的绿化带设墩；边跨 12.5 米，上下 20 米梯道、80 米坡道设置在外侧绿道内。除祝店村外，桃花、合丰集、横山、研子、魏家田、吴付湾、长岭村等 7 处人行天桥将陆续进行安装。人行天桥及其他配套设施完善后，将有效解决沿线集镇、美丽乡村居民出行安全问题。

4 月 24~26 日　湖北省交通运输厅农村公路处康新章处长带领第三考核验收组赴武汉市黄陂区开展 2018 年度"四好农村路"示范县考核验收工作。市交通运输局总工王益光、计划处副处长褚瑞、市公路处处长刘凯、副总工叶国弘、黄陂区副区长陈春晖、区交通局局长柳育青等参与迎检验收。

5 月 24 日　黄陂天气预报显示，24 日夜间至 26 日白天境内将有大到暴雨，局部地区大暴雨，雨量达 80 毫升，局部达 120 毫升，并伴有短时雷电大风。25 日早上 6 点 40 分，大雨倾盆而下，养护中心、畅通公司、环通公司及在建各项目按预案紧张而有序地进行，主要领导督阵，各线路巡查反馈及时，现场图片清晰。巡查情况显示，除个别路段有少量积水，不影响正常通行，正在处理，其他道路都通行正常。

截至 26 日上午 10 时，黄陂公路局养护中心、路政、环通路桥、宏畅公司共出动人员 150 人，巡查车辆 25 台，应急发电机组 2 组，装载机 3 台，大型抽水机 1 台。另各类抢险物资备齐，随时可应对雨水影响公路安全。

5 月 28 日　晚 9 时起，黄陂境内开始降雨并伴随大风。次日凌晨 0 点 30 分、0 点 35 分，区公路局应急部门先后接到区交巡警大队总值班室、区长热线转市长热线 12345 电话指令：S117 武木线（火塔路段）K23+700 米处一棵胸径 25 厘米的意杨倒伏在路面上，整个路面被拦住，交通暂时阻断，请迅速派员赶赴现场做好应急保畅通事宜。凌晨 1 点 05 分，夏二管理站携带作业工具到达现场，黑夜中冒雨开始抢险作业。凌晨 1 点 30 分，先将倒伏树木树枝分离，后主干被分段锯截成小截，人工搬运上车，随后对零散树枝清理，1 点 53 分道路恢复畅通。

5 月 31 日　黄陂公路局扶贫攻坚专班带领局工会一行，受局党委、公路局重托，专赴局精准扶贫结对村（黄陂罗汉寺街合丰村）开展"扶贫助学、情暖六一"爱心结对对话活动。先后走访慰问了 14 个家庭的贫困子女，以"对话为主、慰问为辅"等方式带去党的温暖和公路职工心愿。本次对话活动旨在践行社会主义核心价值观，关心、关爱未成年人健康苗壮成长。

6 月 4 日　木兰大道（S108 前川至长岭段）主行车道启动路面沥青砼

铺筑。

6月20日　晚9点15分，接公路联合巡查专班反馈，S117线K4+200（黄武线红木家具城）、S117K27+700（火塔线彭岗铁公立交）路面严重溃水，最深50厘米以上，公路交通阻断。局养护中心、宏畅公司迅速集结抢险队员、调遣抢险设备分赴险情路段。区公路局党委书记、局长胡鸿赶往现场督导指挥并协助疏导交通，至次日早7时交通恢复。

6月26日　新十公路新河特大桥暨三环线南湖互通工程竣工通车，武汉主城区与黄陂区之间再添一条大动脉。新河特大桥及南湖互通工程2016年3月动工修建，南接解放大道下延线，向北跨三环线、新（府）河、民生堤，在四季美农贸城处跨汉口北大道（巨龙大道）接新十公路（即G316长同线）。系黄陂区规划"五纵八横三环五射"路网主骨架中"中纵"主要组成部分，也是武大调整起点项目。主线全长约3公里，按高速公路标准建设，桥宽40米至45米，双向8车道，工程总投资约10亿元。通车后，市民驱车从解放大道到黄陂汉口北，仅需10分钟。

7月12日　黄陂公路局余启锋、吴波、李天驹、朱建林4名职工自愿来到黄陂区义务献血点，参加无偿献血活动。

7月23日　局党委书记、局长胡鸿主持召开局党委（扩大）会议，研究区公路局持有武汉环通路桥有限公司（下称"环通路桥"）股权划转和当前有关工作等事项。

会议同意按区政府对城投公司的资产重组的批复意见，将区公路局持有的环通路桥27%、宏畅养护持有的环通路桥12%的股权一并转入区城投公司。同时按区公路局2018年5月23日会议形成意见和陂路（2018）1号文件精神，将区公路局部分闲置资产划入环通路桥。会议保留对区公路局所持股权、权属资产划转后，其人员运行经费缺口、债权债务界定所存疑虑和申诉。

7月26日　黄陂区公路局党委、局工会组织开展了"夏日送清凉"活动，对坚守一线公路管理站、项目建设工地、路政中队等37个基层点进行慰问，为奋战在一线的380余名职工送去了绿豆、白糖、毛巾、花露水等防暑降温物品。

9月29日　受局党委委托，区公路局副局长肖新民同志率局办公室、党办、人事一行走访看望慰问了退休老党员代表、先进模范、优秀党员干部遗属共9人，向他们致以节日的祝福和崇高的敬意。

9月29日　省公路局谢俊杰副局长率省局安全应急处突访黄陂公路局"迎大庆，保平安"平安稳定工作，听取了黄陂公路局公路保畅工作情况汇报，实地察看了S108荷土线、S117武木线道路保畅通和路段路况，对建设完工的S108黄陂至长岭段美丽示范公路给予高度评价，对S117路况交安设施进行了点评，指出了存在的路面标线模糊、平交渠化不完善等问题。

10月2日　凌晨2点30分，孝感孝昌区双峰山突发森林大火，火势危及黄陂云雾山森林安全和景区正常旅游。黄陂公路局接区交通运输局指令，区公路局胡鸿局长亲自指挥，副局长肖新民现场调度，迅速组织50人的抢险队伍携带油锯、照明设备等相关灭火设备于4点10分奔赴云雾山待命。截至11点30分，共打通森林阻火通道500米，布设150米的人工防火墙，有效地阻止了火势的蔓延。后接区指令，全体人员按指令有序撤出救火现场，除一人腿部轻微划伤外，无大的人员安全事故。

10月30日　区人大常委会组织部分区人大代表就"渣土运输管理与公路治超"约见有关区级国家机关负责人。人大代表就社会和群众普遍关心的渣土运输车批准标准、公路治超方式等方面的问题提出了意见和建议，区交通运输局局长柳育青、区公路局局长胡鸿分别结合各自职能对代表的问题及下一步工作措施做了回答。

区人大常委会主任陈国良、副主任郭清谋、李耀强参加会议，区政府副区长陈春晖、汪利珍参加约谈。

11月21日　全区农村公路工作推进会在区公路局召开，会议主要就当前农村公路提档升级、公路农村养护推进情况进行了通报和探讨。姚集街道、祁家湾街道分别就农村公路养护管理、农村公路提档升级建设情况进行大会交流。湖北东晟工程监理公司代表全区农村公路建设工程监理单位做交流。

区政府副区长陈春晖到会讲话并提工作要求。各街（乡、场）分管交通领导、区直相关部门领导参加推进会。

12月10日　区公路局党委率路桥、养护党员和部分职工来到刚刚建成通车的木兰大道（S108）K7+800处开展公路保洁志愿服务活动，同时感受黄陂公路建设成果，激发了广大干部职工的自豪感和使命感。

12月23日　区公路局党委组织召开"不忘初心、牢记使命"专题民主生活会，交运局党委副书记祁建文同志一行到会全过程督导，会议由区公路局党委书记、局长胡鸿同志主持。

## 2020 年

1月9日　区公路局胡鸿局长组织养护、路政、路桥、应急办等相关职能部门，重点研究部署今冬全局融雪防冻工作专题方案，对融雪防冻工作进行了部署。会后，胡鸿同志率局分管领导、办公室相关人员，深入黄陂北部雨雪重度地区管养干线，看望慰问一线抗冰雪全体公路职工，并部署当前除雪融冻工作，分析研究可能发生的次生雪灾应急措施。

截至当日下午4时，共出动巡查人员110人次，巡查车辆40台次，拖车1台，清扫车1台，养护作业车辆28台次，融雪剂撒布机2台，撒布融雪剂6吨，标志牌15块，锥形筒53个，应急处治行道树木倒伏7处，全区管养公路未出现交通阻断事件。

1月9日　由黄陂区公路局主办、罗汉寺合丰村委会协办的文化扶贫大餐"保脱贫成效，迎鼠年新春"文艺汇演在合丰村海浩工业园如期举行。

1月15日　区人大常委会成立专项检查组并邀请部分区人大代表对全区公路运输超限超载治理工作进行检查问询。检查组实地视察了蔡榨街熊许线道路破损和道路施工进展情况，随后在区交通运输局召开专题问询会。会上，区人大代表就黄陂"治超"问题开展问询，相关部门负责人态度诚恳，逐一应答。

据悉，连日来，受货车超载和连续阴雨影响，蔡榨街熊许公路、318国道和川龙大道天灯岗路段等道路破损，严重影响车辆通行安全。接到群众反映后，区委区政府高度重视，区人大常委会按照区委书记曾晟的批示要求，迅速组织人大代表及相关委室负责人开展专项检查问询。检查组要求，各相关部门要正视问题查不足，突出问题导向，加大具体问题的解决力度；要统一思想一盘棋，形成政府主抓，各级部门通力配合的治超机制；要源头管控堵节点，严格落实"一超四罚"，切实做好砂石和渣土运输源头管控；要依法整治重处罚，严格综合执法，对违规行为从严从重从快处罚；要持之以恒抓长效，加强督查考核，探索科学"治超"长效机制；队伍建设要提素质，全方位、立体式开展自查自纠，抓好执法队伍建设。

1月16日　区政协带领部分区政协委员到蔡榨街、前川街视察公路超限超载和乱倒渣土治理情况。视察组一行实地察看了前川318国道东段道路破损、施工和车辆通行情况，蔡家榨街熊许线、318国道东段道路建设情况，以及前川街创业中路建筑垃圾乱堆放问题整改情况。视察组认为，由于货车超载等因素，导致黄陂区蔡榨街熊许公路、318国道和川龙大道天灯岗路段等道路破损严重，影响车辆通行，造成人民群众生产生活不便，社会反映强烈。目前，黄陂区道路管理工作存在着执法力度不够、源头控制不严、部门联动不充分、应急机制不到位等方面的问题。视察组要求，要加强宣传引导，狠抓源头治理，加大执法力度，坚持应急与谋远相结合，把问题解决到根子上，防止反弹回潮；要建立长效机制，进一步提高城市管理水平，共同创造良好的生活和生态环境。

1月23日 武汉"封城"后，下午3时，黄陂境G316、S108、S115、S117、S234、S334与周边县市出口由公安部门执行双向封闭。

1月24日 区公路局选派6名路政执法人员参与"区疫情防控活禽运输检测点（六指）"的防控检查任务。

1月26日 接区政府紧急任务部署，由区公路局环通路桥公司承建区中医院内科住院部5楼至11楼630间病房进行隔离改造。

1月27日 疫情非常时期，区交通运输局临时应急指令安排，养护中心安排应急机械2台套、应急队员8人次，对岱黄高速程家墩互通在建匝道临时通行路段、约80平方米路面严重病害实施应急处置，及时排除安全隐患，保障通行畅通。

1月29日 按照省疫情防控指挥部、交通运输部对主干公路"一断三不断"精神，区疫情防控交通组指令，属地各街道对辖区主干公路陆续设置35个疫情防控检测卡点。

2月1日 区公路局路桥公司承建黄陂前川医院、群光医院等2个发热病区改造。

2月2日 受上级指令，由区公路局养护中心突击对潘家田社区实施封控隔离，完成20处出入口隔离围挡设置及封控管理。

2月3日 区公路局路政大队、路桥公司派出"下沉"潘家田社区疫情防控人员60名，分别承担社区1号封控点和廖黄湾5个临时管控点的疫情防控任务。

2月4日 区公路局养护中心、宏畅公司分别承担出入市区盘龙大桥、岱山大桥疫情防控检测点的防控任务。

2月5日 区公路局环通路桥承建黄陂体育馆"方舱"医院建设任务。

2月7日　区公路局环通路桥参与省委党校盘龙校区"方舱"医院改造建设任务。

2月14日　区长何建文带队探访路政大队负责人负责的潘家田社区疫情防控1号交通管控点并做防控指示。

2月14日　黄陂境内大风降温，偏北风6~7级、阵风8~10级，最低温度达到-3℃，且有较明显冰冻现象。区公路局按照公路突出交通阻断应急抢险要求，启动道路融雪防冻保畅通预案，所需人力内部调换，物资统一调度，确保境内干线道路至少保障一条应急车道畅通。

2月15日　区政协主席陈世刚带队督察G318盘龙大桥交通防控点值守管控情况，并慰问承担值守任务的区公路局养护工作人员。

2月15日　境内低温雨雪冰冻灾害来临，区公路局应急抢险队员全力以赴，第一时间整合基层养护站点力量，调换疫情防控值守人员，确保应急调度、机械操作、物资调配人员能集结到岗，开始实施桥梁、险坡险段的融雪防冻工作。

2月19日　区公路局路桥公司完成汉口北客运中心方舱医院卫生间改造工作。

2月28日　区公路局完成黄陂区精神病防治医院老院区1~3层病房改造工作，共改造病房30间。

2月29日　区公路局路桥公司参与民心戒毒医院1~3层病房改造工作，共改造病房90间。

3月5日　岱山大桥实施封闭（硬隔离），防控检测站撤销。区公路局宏畅公司接管新河特大桥防控任务，同时参与6个高速公路进出城道口"疫情防控联合检测站"的防控检测任务。

3月6日　区公路局路桥公司参与黄陂区民兵训练基地2~4层病房改造工作，共改造病房36间。

3月13日　区公路局路桥公司完成湖北省委党校盘龙校区1、5、6号楼方舱医院拆除工作，共拆除500余间病房内病床、电热水器、空调等设施及室外80座集装箱房。

3月19日　黄陂境内逐步撤销区内道路管控卡口，率先撤销前川、横店、罗汉、王家河、三里桥5个街道辖区内主干道防控检测卡点。农村公路卡口由街道自行决定保留或撤销。

3月20日 黄陂境内除保留高速公路进出口、国道、省道市界卡口（22处）和农村公路与外市县连通的祁家湾、李集、蔡店、姚集、木兰、蔡榨、六指等街乡的出境路继续封控外，其他区内主干道封控卡口全部撤销，恢复正常交通。

3月25日 S115横小线横天段4.6公里一级改扩建项目动工，项目由临空经济园区道路建设指挥部组织实施。

3月29~30日 区公路局组织养护站点、宏畅公司150人，集中力量对应急处治县道刘沙线武湖农场发展公司至G347段路计7.5公里面病害处治。

4月6日 区公路局召开信访维稳暨复工复产专题工作会议。区公路局养护中心、宏畅养护、环通路桥主要领导及机关相关科室负责人参加会议。

4月6日 S108荷土公路黄陂长岭至姚集段（木兰大道二期）升级改造工程正式动工。项目建成后，将对黄陂区北部生态旅游发展起到积极推动作用。木兰大道二期工程与一期终点长岭段顺接，向北止于姚集大桥，路线全长13.307公里，涉及长岭和姚家集两个街道，总用地面积731.31亩，设计标准为城市一级公路，建设范围包括道路工程、桥梁涵洞、交通工程以及绿化和环境保护工程，项目总投资4.43亿元，计划2022年4月竣工。

4月8日 按省防指通知要求，离鄂、离汉通道管制解除。疫情期间黄陂境内高速公路进出城、国省道及农村公路出入武汉境卡口设置全部拆除（境内高速和国省道22个、农村公路49个），恢复正常交通秩序。

4月8日 区公路局派出杨金华、程俊二同志参与武汉天河机场疫情防控期间境外来陂（返陂）人员服务工作。

4月23日 区公路局公路应急抢险（养护）中心主体房建工程正式动工兴建，建设单位是武汉黄陂第十建工集团有限公司。

5月8日 凌晨，黄陂境内突降大到暴雨。7时30分，巡查人员现场反馈信息G316外环立交桥桥底开始溃水，影响车辆通行；7时50分，省道S115线祁家湾铁跨公立交桥段严重溃水，小车已无法通行；S108荷土线韦家田桥有溃水、S117武木线彭岗铁路桥有少量积水，影响行人正常通行。区公路局启动公路突发灾害应急预案，迅速指令公路养护（应急）中心调度基层10个公路养护管理站和4个路政中队第一时间开始上路巡查排险。9时许，溃水路段陆续恢复正常通行。此次行动，应急中心共出动巡查人员8人，车辆3台；各管理站共出动人员75人，车辆11台；路政人员10人，车辆4台；

路桥项目部3人，车辆1台；祁家湾城管人员4人，车辆1台，抽水机1台。

5月18日　区公路局召开迎接"十三五"全国普通干线公路养护管理工作部署会，并讨论印发《迎接"十三五"普通干线公路养护与管理评价实施方案》。明确局"迎评"工作领导小组和分组人员分工、职责任务，局班子成员、局属单位（科室）主要负责人参加会议。

5月25日　区委组织部（编办）、区交通运输局一行专程赴区公路局就经营类事业单位转企改革（路桥工程处、材料供应站）会商转企方案，听取区公路局主要负责人对二单位转企后人员安置和区公路局其他事业单位资金缺口汇报，区委编办本着积极稳妥推进、人员妥善安置原则，力保本年度区委对全区经营类事业单位改革总体目标。

6月中旬　S116横小线天河至祁家湾孙上湾段公路改造（一级）正式动工，临空经济园区道路建设指挥部负责实施。

6月28日　受强对流天气的影响，黄陂地区普降大到暴雨，G316、G318、S108、S117等国省干线和部分旅游经济干线公路受到一定程度的损坏，部分路段出现树木倒伏、桥涵低洼积水、山体滑坡等灾害，给人民群众的安全出行造成了一定影响。

6月29日　区委组织部任命黄克嵘、姚俊杰同志为区公路段（局）党委委员、副段长（副局长），试用期一年。

7月7日　再一轮的大暴雨，武木线 K27+750 处、孙汪线 K1+460 处、G318 川龙段 K948+100、火塔线武麻立交桥、横小线 K12+200 严重积水。区公路局党委再次组织养护人员及机械设备第一时间赶到现场进行疏通抽排，以最快的时间确保了公路安全畅通。

7月9~11日　区公路局抢抓境内晴好天气，主动作为，打好晴雨"时间差"，缜密谋划，全员动员，调集养护中心10个管理站、2个路政中队人员对 G316 新十段全线开展路面环境集中整治。

7月13~15日　黄陂区公路路政大队集中4个中队执法力量，拉开为期一个月的 G316 长同线新十段路域环境集中整治帷幕。此次活动共出动执法人员30余人次，处理"违法搭建"行为2起，纠正"违法堆放"行为4起，清除路障2处、商业横幅广告6条、非标10处，发放宣传资料50余份。

7月15日　G318 川龙段百花村至盘龙城叶店设计 11.757 公里路面大修正式动工，其中 4.6 公里采用共振碎石化路面施工工艺，项目施工单位是武汉环通路桥工程有限公司。

7月23日　G318沪聂线火塔路口至新洲界点设计19.209公里路面大修工程开工，项目施工单位是武汉宏畅公路养护建设有限公司。

7月29日　G316长同线前川付店至孝感界河段路面大中修工程动工。项目总长约19.87公里，施工日期为2020年7月30日至2020年11月30日，区公路局养护中心具体组织该项目施工任务。

7月31日至8月4日　交通运输部检查组对G318黄陂盘龙大桥开展监测工作。检查组和桥梁监测承担单位专家对黄陂区公路局落实桥梁运行安全"十项"管理制度给予充分肯定，标志着湖北省普通干线公路迎接"十三五"全国干线公路养护管理评价拉开帷幕。

8月3日　黄陂六指街党政主要领导率街道工会干部一行来G318黄陂东段路面大修工地，现场慰问项目施工单位——宏畅公路养护建设有限公司参建队伍，带来地方党委政府关心支持公路建设的决心和防暑降温劳保物资。

8月12日　武汉市政协副主席谭仁杰调研区重点项目——S108长岭至姚集段改造工程，要求建设和施工单位充分认识重点项目建设的重要性，进一步增强加快推进项目建设的责任感、紧迫感和大局意识，全力以赴做好项目建设服务保障工作。

8月17日　区运输交通局党委决定，任命胡东斌同志为区农村公路管养中心主任、党支部书记，并聘任为区农养中心主任；免去陈治文同志区农养中心党支部书记、农养中心聘任的主任职务。区交通运输局党委副书记祁建文宣读任免决定，党委委员胡鸿、黄宏华参与集中谈话。

8月20日　区公路局党委决定，杨金华同志负责区公路局养护中心日常全面工作，并召开养护中心主要负责人调整通气会，局党委班子成员、人事科长、养护中心班子成员、内设科室正副职、各公路管理站（场）站长参加会议。

8月25日　G316长同线新十线一级改扩建正式打围动工改造。其中，前川沙畈西河桥至武湖村段由华夏幸福集团建设，武湖村至滠口万家咀黄陂盘龙交投建设、万家咀至汉口北大道由黄悟高速公路建设管理有限公司建设（武大高速）。

9月2日　区公路养护、路政部门启动为期一个月普通国省干线（城区道路出入口）沿线环境秩序整治工作部署。区公路局结合境内管养公路现状和文明城市"复测"对公路环境整治提升作了具体指导意见。

9月9日　省公路局养护评价检查组赴黄陂开展公路养护管理半年检评，先后察看G318川龙段、G316黄孝段大修实施现场，抽查了4座普通国省道桥梁，观摩1个交调站和S108祝店公路应急（养护）中心建设情况。

9月30日　黄陂区抗击新冠肺炎疫情表彰大会在区会议中心隆重举行，区公路局路桥工程处主任刘红荣获"区抗疫优秀共产党员"称号并受到区委表彰。

10月上中旬　2020年普及国省道"国评"大修项目相继完工，即G318黄陂东、川龙段和G316黄孝段51.269公里大修项目，完成总投资1.23亿元（其中省级资金8230万元，区政府资金4000万元）。

11月7日　区公路局组团参加"中国·武汉第十一届木兰山登山节暨武汉市第四届职工登山大赛"，全体公路队员均赛完全部赛程，并取得组委会颁发的参赛"完赛"证书。

11月11日　区公路局党委班子配备充实后，进行最新的局领导班子成员分工调整。

11月16日　区公路局正式启动机关事业单位养老保险（简称"机保"）参保登记工作，此项工作政策性强、时间紧、工作量大，为保证工作的顺利开展、精准实施，局成立"黄陂区公路局'机保'参保登记工作领导小组"，局党委书记、局长任组长，班子副职、相关单位和部门分别任副组长和成员。

12月15日　区委书记曾晟、区长何建文、区人大常委会主任陈国良一行调研S108长岭至姚集段（木兰大道二期）改造升级项目建设推进情况。调研组强调，相关部门要进一步强化责任落实，加强沟通协调，完善工作机制，切实解决项目建设面临的困难问题，确保项目早建成、早投用、早惠民。区领导康伟九、杨耀启、郭清谋、陈春晖、万红参加调研。

12月15日　区档案局王建英副局长、区委档案局档案专项执法组一行对区公路档案例行检查，高度评价区公路局疫情防控期间的档案信息、资料和台账档案过程记录、收集整理、分类规范齐全。同时，提出疫情期间的实物档案收集和《档案法》的宣传普及事宜。

12月24日　罗汉寺合丰村民喻兰英老人与村委干部一行，专程到区公路局赠送书写"心系百姓　排忧解难"锦旗，感谢区公路局党委和扶贫干部对该村和本人多年的关心与帮扶。

12月　区公路局被湖北省委、省政府命名表彰为"2017～2019年度湖北省文明单位"，此荣誉系 2007 年区公路局作为老省级文明单位复查摘帽后，历经 10 余年坚持不懈创建，再次获得。

## 2021 年

黄陂区交通局组织实施或参与市级重点项目 5 个，区级交通重点项目共 23 个，交通路网建设全力推进。

积极配合市级重点交通项目建设。第一，配合武汉市北四环线建设，该项目于 2021 年 5 月 1 日已正式通车；第二，配合武（汉）·大（悟）高速公路建设，该项目于 2020 年开工建设，至 2021 年底已完成工程量的 60%；第三，积极对接武汉六环线黄陂段前期工作，线位走向及互通设置基本确定，工可已编制完成；第四，积极对接沿江高铁黄陂段的前期工作，线位已基本确定，已在编制工可；第五，配合机场三通道开工建设。

区内重点项目提速推进。2021 年，全区建成及在建交通重点项目共 23 个，总投资约 117 亿元。其中建成项目有 6 个，分别是海航工业园 2 号路、李蔡公路横山至罗汉段、新黄武公路路面改造工程、刘大公路大中修工程、木兰大道长岭至姚集段改建工程、蔡店至姚家山地质灾害改造工程。在建项目共有 17 个，包括前川中环线、木兰大道三期、G316 黄孝线改扩建工程、李蔡公路王蔡段、前陈公路、程家墩互通、天祁公路、滨湖路延长线新十公路至石道线等，其中前川中环线、前陈公路、黄孝公路、王蔡公路、王家河至木兰草原段主体完工，其他在建项目计划 2022 年全部完工。与主城区 5 条互连通道（航城大桥与机场二通道，航城西路、航城东路两条跨府河通道，盘龙大桥拓宽，盘龙三路至岱山大桥段）初步方案已形成，其中航城大桥与机场二通道、盘龙三路至岱山大桥、航城西路跨府河通道等 3 个项目于 2022 年开工建设。

2021 年，黄陂区交通局根据行业特点，严格落实"外防输入、内防反弹"的工作要求，承担起"三站一场"境外包机、国内中高风险区返汉人员转运以及 29 个高速公路卡点的值守任务。切断输入源头。全年"三站一场"共转运返汉人员 8266 人次，点对点转运隔离期满离汉人员 1732 人次，转隔离点落地做核酸检测 8838 人次，兜底转运国内中高风险区其他地市州人员 2178 人次。（1）减少扩散风险。督促客运中心落实扫码、测温、戴口罩等防控措施，减少购票排队，增加车次，控制满载率。（2）阻断传播途径。坚持出租车、公交车每次消杀，落实乘客扫码、戴口罩、测温上车。（3）筑牢群体防火墙。落实三站一场值守人员和司乘人员全员定期做核酸检测，全员接种第三针疫苗。2021年全年没有出现一例漏转情况，驻站值守人员没有一例被感染，疫情防控工作得到了市区充分肯定。1月6日，交通系统中抽调的87人分别驻守在29个高速和国省道卡点，实现了24小时不间断值守，累计检查48574人，重点地区11387人，发现红码31人并隔离，发现黄码127人并劝返，青龙站和横店站被市指列为全市高速公路检测示范站点。（4）紧盯冷链物流。联合市场监督和卫监部门对辖区冷链物流和运输企业加强防控管理，督促武湖萃元冷链物流园区、武汉兴业广地农业园以及汉口北四季丰华冷库运输企业落实防控要求，查验运输冷链食品车辆内外消杀和驾驶员及随从人员的个人防护。检查进出冷链企业园区和从事冷链运输车辆、人员等信息每日登记，严格查验进口冷链食品进口是否具有"三证明一报告"。督促企业加大宣传引导力度，冷链食品运输车辆货箱保持全程封闭，驾驶室采取物理隔离，不擅自开箱，不随意打开冷链食品包装直接接触冷链食品。督促落实司机和随从人员测温登记，纠正工作人员非必要接触，抽查相关人员应知应会。督促物流冷链企业在"鄂冷链"平台上注册，确保做到及时准确完整的登录在册。

武汉轨道交通7号线北延线为武汉市轨道交通第四期建设规划线路，工程起自黄陂广场站，终点为7号线一期工程园博园北站（不含）。2020年5月开始施工建设，截至2021年底，轨道交通7号线北延线工程建设进展顺利，6站主体结构已完工，其他站点正在进行主体结构及区间盾构、桥梁施工。

前川线是武汉市第四期建设规划的重要线路，由7号线一期园博园北站至黄陂前川，全长36公里，设站11座，含预留站1座，其中高架站5座，地下站6座，换乘站2座，途经东西湖区、黄陂区。起点预留向东延伸条件，天阳路站预留天河机场枢纽方向接轨条件。

7号线北延线（前川线）工程线路起于黄陂前川的黄陂广场，经由黄陂大道、双凤大道、川龙大道、盘龙大道、环湖中路等城市主干道，主要串联了黄陂前川城区、北车基地、临空经济产业示范区、盘龙城、东西湖区等重点发展地区，是武汉市重要的客运走廊之一。7号线北延线（前川线）工程本线于2020年开工建设，2023年建成，总工期44个月。工程总投资估算约175.52亿元。

图 10-1　武汉地铁 7 号线北延长线（前川线）站点及线路图

　　7 号线北延线（前川线）工程沿黄陂大道、双凤大道、川龙大道，盘龙大道、环湖中路等主干道南北向走行。

　　武汉市轨道交通 7 号线北延线（前川线）工程起点为黄陂广场站，终点接 7 号线一期工程园博园北站（不含），线路正线长 36.44 公里，其中高架段 20.43 公里，明洞长 0.29 公里，U 型槽段 0.58 公里，地下段 15.14 公里，沿线设站 11 座（含预留站 1 座），其中高架站 5 座（含预留站 1 座），地下站 6 座。

　　最大站间距 6.25 公里，为余彭湾站（预留）—横店站区间，最小站间距 1.81 公里，为腾龙大道站—巨龙大道站，平均站间距为 3.39 公里。

　　本线共设换乘车站 2 座，分别为在巨龙大道站与地铁 2 号线、规划 18 号线换乘，在腾龙大道站与规划 20 号线换乘。

　　线路在临空经济产业示范区内一直沿川龙大道道路西侧规划预留的绿化带自北向南走行，在中兴街路口设横店站，上跨汉孝高速，依次在临空北路、天阳路路口设站，天阳路站预留天河枢纽方向接轨条件。后下穿四环线、跨后湖进入盘龙城，由高架转为地下，在腾龙大道与盘龙大道交叉路口南侧设腾龙大道站，与规划 20 号线换乘；于巨龙大道北侧设巨龙大道站与机场线（2 号线北延）、规划 18 号线换乘；之后，沿龙城天居园小区和歌林花园小区之间的道路南行，至巢上城后转向西沿巢上城北侧规划路西行，下穿机场高速，在汤云海路北侧设汤云海站，下穿汉孝城际、机场二通道、府河及大堤，转向东南沿环湖中路走行，在马池中路南侧设马池站；之后，线路下穿金银湖，接 7 号线一期工程园博园北站。

# 第十一章 艺文篇

## 第一节 典型人物事迹

　　精神文明建设，像春雨，滋润人们的心田，似甘露，净化人们的心灵。3500 名黄陂交通人积极进取，好人好事层出不穷，先进英模接连不断，在这片百花园里，我们采撷奇葩集此一隅，从"敬业爱岗、乐于奉献、廉洁奉公、一心为公、舍己救人"5 个方面突出人物事迹，彰显其精神风貌、思想品德。他们是广大交通干群中的精英，是全体交通创业者的缩影。

### 敬业爱岗的周荷珍

　　周荷珍，女，区公路管理段养护道班班长。1967 年出生，1988 年中专毕业参加工作。周荷珍工作不久，有几次机会可以调离"苦、累、脏"的养路岗位，但她决不言悔当初的养路岗位选择，一干就是 10 余年，实现了自己的人生价值。周荷珍参加工作时，一些好心人劝说，一个年轻姑娘伢，到这里工作会被人瞧不起，家里人也不放心，要给她调工作。刚开始，她心里有些矛盾，可是劝说的人多了，生性倔强的她反倒坚定了要干到底的决心。

　　1991 年 7 月 7 日，一场罕见的暴雨将 318 国道甘棠段淹没一米余深。班长因病住院，她带着干粮，率先冲入水中指挥行车，连续三天三夜。工作中，蚊叮虫咬不叫苦，养护公路不叫累，冬天寒风刺骨，夏日高温蒸烤，周荷珍却干得有滋有味。由于忙碌顾不上家，闲暇回家时，丈夫有怨言。1992 年，丈夫竟向她摊牌，要么离开道班，要么离开这个家。她痛苦极了，面对家庭和事业，她选择了离婚。没有了家，她就全心投身到工作中，每天天没亮，总是一声不响起床点火烧沥青，同事起床时，她已浑身汗透。道班有个不成文的规定，女同志不上路，在家干杂活，周荷珍率先打破常规，每天坚持与男同志一样修路。

1995 年，周荷珍被任命为全县公路系统唯一的道班女班长，时年 28 岁。当班长后，她首先节支堵漏，一是周边农民偷窃道班电力行为较为严重，每月流失电费达千余元，无人敢过问。她上门做工作，人家不买账，还伺机报复。她坚持原则，以理服人，结果仅电费一项一年就节约资金 1 万余元。二是以往修路用的碎石是"唐僧肉"，谁都可以拖，又不给钱，周荷珍严把此关。有一次，被称为惹不起的当地某部门开着拖拉机来道班拖碎石，职工们慑于这些人的霸道，劝她让着一点，周荷珍不依不饶，坚决地顶了回去。由于她的铁面无私，从此再也没有人敢白拉碎石，此项每年又为道班节约上万元资金。同年 7 月，气温持续高达 40 摄氏度，此时，道班接受了上级下达的一公里油路中修任务。在高温下连续工作的周荷珍终于病倒了，高烧超过 40 度不退。工人们强行把她拖进医院，输液一完，她就赶往公路，连续 8 天如此。

周荷珍用自己的实际行动树立了养路工人的新形象，她所在道班不仅扭亏为盈，而且好路率由过去的 80% 提升到 100%。1995 年底，组织上为了照顾她，决定调她到另一个比较舒适的岗位上，她又面临着一次人生选择，然而她没有犹豫，再次留在一线养护道班。

从 1987 年参加工作至 2000 年，周荷珍长期留守一线公路养护事业，工作兢兢业业，任劳任怨，决不言悔当初选择。她先后 20 余次被省、市、区（县）人民政府和交通主管部门授予"巾帼建功""劳动模范""新长征突击手"等殊荣，其先进事迹被省、市、区媒体报道。

## 乐于奉献的李柏松

李柏松，男，横店装卸运输公司工人。1948 年出生，1977 年参加工作，1991 年入党。其主要事迹于 1997 年 1 月 1 日在《长江日报》刊载：他参加搬运装卸工作 15 年以来，比别人多干了 3 年的活，从不要一分钱的加班费。他兼职货场记工员时，利用班前工后清扫散失水泥 3000 多吨，价值 50 余万元。他擅长修理自行车，15 年间帮人修车 5000 余辆次，不收分文报酬。

1981 年，他被选为兼职记工员后，除坚持一线顶班外，每天利用业余时间向货主收取和核对力资凭证，给人记考勤、算工资、与公司结算营业账目等，经常加班到晚上 10 点钟，公司给他发加班费，他坚决拒收。1991 年，公司为了减轻工人劳动强度，设计出一种装运水泥的车辆。这种车虽然提高了工效，但由于载重量过大，卸货时震动力大，车轴、车轱辘经常坏，请人修理，材料费、工时费一个月耗资 1000 元。

李柏松主动请缨，要求当义务修理工。4 年以后，公司算了一笔账，他义务修理水泥车一项投工 240 余个，为公司节约开支 2 万余元。李柏松一家 3 代 5 口人，靠他每月 300 元的工资过生活，经济较拮据，但他从不利用手中权力捞油水，有的司机要求多装货物，悄悄给他钱，但他总是拒收，并正色道：我绝对不收这个昧心钱。司机见他如此认真，赶忙缩手回到驾驶室。李柏松修自行车，天天有人找他帮忙，可他再忙从不拒绝。别人说：如今是市场经济，您收点报酬理所当然，您不但不收工钱，反而贴钱买零配件。别人认为太亏，李柏松却说：怕吃亏就不配做共产党员！

## 廉洁奉公的杨宗海

杨宗海，男，区公路养路费征稽所所长、党支部书记。1952 年 10 月出生，1974 年 11 月参加工作，1980 年 3 月入党。他性情秉直，作风过硬，勤奋踏实，难能可贵的是，他清正廉洁为国家，赤诚之心干出骄人业绩。他长达 26 年在黄陂交通战线，先后在局机关、公路建设岗位都是脚踏实地，要干就干最好。

1993 年，组织上安排他到养路费征稽所任副所长。上任伊始，他严格要求自己，艰苦奋斗的本色不能变，廉洁勤政的作风不能改，始终恪守"秉公执法、按章办事、忠于职守、应征不漏、发展交通、服务人民"的宗旨。他和全所职工一道，在极其困难的情况下，连续 9 年出色完成公路规费征缴，累计达 1.5 亿元，为黄陂区公路建设积累资金做出了突出贡献。

征稽所仅 10 余名干部职工，每年征费达 1200 余万元。任务重、困难多、压力大，主要体现如下：（1）区籍客、货营运汽车运力大于运量，经营效益差；（2）向车主征费的部门多、负担重；（3）1996 年以后，国家尝试"费改税"，又没执行。以上种种原因，车主缴费意识淡薄，能拖欠则拖欠，能偷逃就偷逃，暴力抗征事件时有发生。杨宗海同志在困难面前，制定对策措施，采取有效管理办法，改以往 8 小时上班为昼夜稽查；对驻外欠费车主上门征收；对拒不缴费的，申请人民法院强制执行。日常工作列举 2000 年几例。

2000 年 4 月 20 日，车主张某偷逃公路规费半年之久，数次上门催收，张某回避不见或诡辩汽车没有营运。经调查，该车长期在石门乡拖碎石，杨宗海率稽查员凌晨 3 时赶到采石场，车主在驾驶室熟睡，张某惊醒后的第一句："真没想到你们这么执着认真，冲着这种精神，我也要把所有欠费补交齐。"当他们一行返回时，天已露出鱼肚色，白天照常上班。同年 5 月，车主杨某拖欠规费 3 个月，被查获后，杨某依仗和杨所长是亲戚，对稽查员蛮横无理，阻碍执法。杨宗海同志知道后，曾闪现过一丝亲情关系，然而很快公理战胜亲情，他拉开情面对杨某严厉批评，依法下达违章通知书，责令追缴本金和滞纳金 6000 余元。通过此例，促进了其他车主交费意识，然而，杨某再也不认他这个亲戚。

同年 7 月，他率稽查员到沙畈幸福村某砖厂稽查时，发现有 7 台从来没交费的大货车运土。经长时间说理，砖厂业主张某拒不接受，并唆使百余民工围攻、威胁、谩骂稽查人员，同时组织 6 人骑着摩托车，手携铁棍扬言："谁敢扣走一台车，就砸破谁的脑袋。"杨宗海同志不畏强暴，坚持原则，在公安部门配合下，张某补清全部交通规费。

他患有多种慢性疾病，时而头昏脑涨，虚汗直淌，经常是站立过久都困难，1994 年后没有间断服药，医嘱他要注意休息，而他全然不顾。为了全心地投入到工作中去，他把所有家庭重担交给爱人，长久坚持以单位为家。

在人们眼里，征稽所所长有职有权，是"肥缺"岗位，常有人劝说："你都 50 岁的人了，国家要搞'费改税'，将来你在什么地方拿工资很难说，何不趁机会捞一把。"杨宗海同志何不图宽裕呢？他爱人下岗，两个孩子上学书杂学费重，还供养着 80 多岁的老母亲，全家人的重担他扛着。他的两个弟弟都是普通农民，一个在乡下卖馒头，另一个在踩"麻木"，生活都很困难。杨宗海同志自 1984 年就担任领导职务，从没有给亲属谋利益，按人之常情，他有充分的理由解决爱人和弟弟的工作，但是他没有这样做。

1999 年，征稽所有两名同志退休，空出两名编制。好心人劝说："把你爱人调进来，减轻家庭负担。"而他认为，如果调家属进所，群众怎样看待呢？他首先考虑的是别人的利益，积极向上级争取，为退休职工子女办理安置手续，而他爱人一直在家照顾老小，无怨无悔。

廉洁奉公、淡泊名利是杨宗海同志的座右铭。车主为了少缴规费，请客送礼的有，送现金的也有，他带头廉洁自律外，经常教育全所职工："如果你今天占了车主一元钱的便宜，明天国家将损失千元、万元的费收，我们一定要过好权力关金钱关，一刻也不能松懈。否则，就会损失事业，害了自己，一失足成千古恨……"

2000年12月的一个晚上，他忙碌一天回家准备休息，车主任某敲门，将1000元人民币用信封装上，放置桌上返身就走。杨宗海同志当即气愤地追出去，任某已走远。翌日一早，他通知任某来所，将钱当面退还，并忠告："你跑车赚钱不容易，有送礼的钱，不如用来按章缴费，交费是你应尽的义务。"一席话深深触动了任某，车主感慨："你们这样廉洁奉公，我信服！"这样的事例，杨宗海任职9年中，具体有多少次，自己也记不清。

他因奉公得罪了很多人，落下不近人情的名声。然而，他无怨无悔。党和政府给予他充分的肯定，他先后10余次受到市、区（县）党委、政府和交通主管部门的表彰。

## 一心为公的周红英

周红英，女，区汽运公司党支部委员、工会副主席、材料供应站站长。1942年5月出生，1963年4月参加工作，1966年8月入党，1996年5月退休。

周红英同志自1971年至1996年工作在县汽车站汽运公司材料供应岗位，无论是计划经济时期，还是市场经济年代，经营的部门从小到大，从弱到强，她对自己从严要求，对集体一心为公，她有创业的艰辛和拼搏的精神，同时也分享成功的喜悦。1985年，汽车货运站是新组建单位，家底薄，账面空，汽车配件紧张。周红英克服困难，四处求情，奔走外单位赊回2万余元的配件，缓解了该站无材料修车的燃眉之急。周红英上班离家相距一公里余路程，为了超前上班，年近五旬不会骑自行车的她，多次摔倒在水沟里和公路上，满身污水，鲜血淋漓，终于能熟练骑车上班，每天比别人多工作近3个小时。她儿子同在料库上班，偶尔迟到，就做缺勤论处。在她带领下，班组10人作风过硬，纪律严明。在业务往来过程中，经常有供应商交涉：你购我的货，我按价值10%的回扣给你现金，每到这时，她总是义正词严，坚决拒绝。她首选的是质量优质、价格低廉的材料。

1987 年，货运站实行单车承包，周红英所在材料库同时参与企业承包。当时困难较多：库存资金不足同行业一半；地理位置距城区远，无专用购货运输车辆。她率大家改进服务态度，提高服务质量，赢得用户的信赖，车主宁愿舍近求远来此购配件，销售额从承包前月均 1500 元增加到月均 4 万元，增幅达 27 倍，员工个人收入也增加 30%。

1991 年，该站第二轮承包开始。这时，材料库存量和积累增加，效益提高后，她不忘大公司，主动要求提高上交基数，变定额上交改为依销售额上交，目的是带动整体利益，意见被公司采纳。1992 年 5 月，周红英按规定可以退休，在家享受天伦之乐，当时汽运公司正在紧张筹建综合大楼，规划扩大汽车配件经营规模，公司领导挽留她再干几年，继续第三轮承包。她考虑能否继续干下去，自己年过半百，又体弱多病，还有一段艰辛创业路要走。但是，为了公司的长久发展，她义无反顾地留下来了。同年，公司筹建新大楼资金紧张，她首先商量库内职工，将前两轮承包期间，5 年共盈利的 31.8 万元现金奉献给公司。31.8 万元是 10 人集体 5 年的创业金，她们可以堂堂正正分享，在周红英的倡导下，却无私贡献给公司。1993 年，她所在的材料库销售额达 160 余万元，创利润 20 余万元，上交公司利润 7 万元，创承包 6 年以来最佳营业、利润收入。

1994 年，公司大楼竣工，周红英主动请缨扩展业务，开办规模较大的汽配门市部。不少同志劝她不要搞，理由是资金困难，竞争激烈，风险太大。周红英说开弓没有回头箭，资金不足，带头集资，四处筹措。为节约开支，她利用旧钢材，拆卸包装箱做货架，手掌被扎得鲜血直流。此时，儿子婚期来临，她无暇顾及，一心扑在汽配筹备开业中。开业后，她加强经营管理，以优质的配件、优惠的价格，在周边众多的同行中，以信誉好、效益佳占领市场。

周红英同志一心为公无私奉献的精神，各级党委、政府都给予了肯定：先后被评为孝感地区工交系统"先进个人"、武汉市"百名主人翁意识强优秀职工"、湖北省"百名敬老好儿女"，出席中共黄陂县委第四届和第七届代表大会。

## 舍己救人的陈清国

陈清国，男，区汽运公司退休工人。1941 年 7 月出生，1960 年 5 月参加工作，1966 年 12 月入党。其主要事迹是，不顾自己年迈体弱，勇救落水儿童。

1995 年 5 月 3 日中午，下着潇潇春雨，虽是暖春时节，气温依然阴凉。家住城关镇公园路的陈清国吃罢午饭，正准备休息，忽然，由远而近传来一位老太婆声嘶力竭的呼喊声："快来人哪，有小孩掉入池塘里去了！"听到呼喊，陈清国箭步冲出家门，循声紧急奔跑到池塘边。眼前的一幕令他震惊，在离水塘边岸 20 余米的水面上，两只小手在水中本能地拍打着，溅起微弱的水花，小孩的头部时隐时现，一个幼小生命危在旦夕。

陈清国顾不得思考，鞋子、衣服也未脱，似出弦之箭跳进深水中，奋力朝着目标急游，将小孩的一只臂膀抓住，使其头部浮出水面，然后自己侧着身，吃力地向岸边游着，15 米、10 米、5 米……几乎是爬着到达岸边。20 余米的水中急游，一手举托着儿童，一手艰难地划水，体力慢慢透支，其拼搏难度不言而喻，是接受了一次生与死的考验。

两人上岸后，陈清国浑身颤抖，蹒跚地站立起来。当看到小孩满脸发紫不省人事时，他又顾不上自己衣服湿漉，身体冰凉，凭着经验，对儿童现场施救，首先将小孩面部朝下，然后用手托着腹部，小孩立刻急剧呕吐，隆肿的腹部渐渐恢复，紫色的面部慢慢红润。他紧接着又施助人工呼吸，小孩终于慢慢苏醒过来，他顾不上捡失落在水中的鞋子，赤着脚，拖着沉重的身躯将儿童抱着送回家。

小孩的父母在外干活去了，其爷爷奶奶见此情此景万分感动，含着泪深情地说："陈爹爹这大把岁数，身体又不好，冒着生命危险抢救我的孙子，您是救命恩人啊！孩子要是有个好歹，我们家就塌天了啊！"

陈清国同志勇救落水儿童的事迹很快在公园路一带广为传颂，反响十分强烈。其精神是崇高的，体现人间至善至美的爱，道德情操高尚。

## "武汉市第十七届劳动模范" 殷国超

殷国超，男，中共党员，汉族，1973 年 7 月 16 日出生。系武汉市木兰公路客运有限公司副总经理，主要分管机关、财务、法务、后勤保障等工作。任职期间，与政府各部门、社会组织积极沟通配合，倡导积极健康的企业文化，热心公益事业。积极推进企业规范管理，狠抓增收节支工作效果明显，协助抓好安全生产工作，公司多次被市、区两级政府授予"安全生产先进单位"称号，同时个人也被市政府评为"市级先进个人"。

## 一、勇挑重担，做好指挥员

殷国超分管的工作繁多，他在认真研究自身工作的同时，还积极参与公司的运营管理工作，与公司领导一起，勤思善谋，目光长远。在任职期间，参与制定了一系列规章制度，为公司能够健康运行起到了不可替代的作用。一是制定完善公司各项规章制度，让全公司员工有章可循，运行良好。二是狠抓增收节支工作，严格各项责任制的考核。通过行之有效的奖惩制度和激励机制，激发公司员工的创造性和主人翁精神。在 2016 年公交成本审计中，成本最低。三是参与公司重大决策，注重长远发展。整合公司各方面资源，积极推进公司采购比亚迪新能源纯电动公交车 180 台，让乘客乘车更舒适，出行更环保。

## 二、全力履职，做好领航员

"火车跑得快，全靠车头带"，殷国超同志作为公司领导，一方面能立足本职，认真配合领导班子做好决策工作，同时也以身作则，在履行职务方面起到模范带头作用，做好"领航员"。几年来，通过行之有效的工作，他带领公司员工，不仅在创先争优、节能增效方面取得了优异的成绩，而且在配合市、区各级政府机构，在社会公益事业中做出了较大的贡献，历年来被市、区授予各项荣誉称号。2010 年，配合全市第二次经济普查工作，出色完成交办的工作任务，被评为"市级先进个人"；2011 年，在武汉市第六次人口普查工作中，认真完成交办的工作任务，被评为"市先进个人"；2014 年，积极配合区老龄委，落实全区 65 岁以上老年人免费乘坐城区公交；2016 年，配合区残联，实施残疾人持残疾卡免费乘坐区内公交车。

## 三、凝心聚力，做好宣传员

客运公司是一个服务行业，同时是肩负体现、带动社会文明程度的窗口行业，因此，公司肩负的社会职能尤为重要。殷国超同志在日常工作中，始终明确"服务社区、创先争优、弘扬正气"的工作理念，积极参与社会公益事业，做好"宣传员"。一是倡导积极健康的企业文化，经常开展职工文体活动，丰富职工的业余文化生活。每次能起到先锋带头作用，鼓励员工积极参与，让员工在紧张工作的同时适时放松，锻炼身体。二是带领公司职工参与慈善活动，资助贫困学生。向区教育局捐款 5 万元，每年向前川街捐助 1 万元。三是在公司日常管理中，注重文明创建，使全公司呈现出积极向上、干事创业、团结活泼的良好精神风貌。

# 第二节　往事寻踪

## 两包烟的故事

1952 年 12 月底的一天，临近黄昏时分，天色阴沉，寒风凛冽，呼啸的北风吹得人站都站不稳。中南公路局汉李工务段（黄陂区公路局在解放初期的称谓）雷道光、龚正实等 8 名工作人员仍坚守着岗位，浪花溅到渡船工作人员衣服上，船面和渡船人员的衣服都结了冰，大家的手已经冻得有些僵硬了。

下班时间到了，大家放下渡船用的拉钩，拍拍衣服上的冰块，搓搓手，伸伸腰，各自准备回家。突然，河对岸一辆满载猪仔的大卡车开到了渡口处，司机鸣笛希望渡船能帮其摆渡过来。但工作人员已经劳累了一天，手脚已冻得快失去了知觉，腰也累得伸不直。渡还是不渡？大家心里很矛盾。不渡，他们没有错，因为规定的下班时间已过，大家也是筋疲力尽了；可是如果不渡，车子要在渡口停一晚上，更有甚者，可能车子上的猪仔会冻死许多，货主将损失惨重。大家一商量，决定把卡车渡过来。于是，大家又戴上手套，拿起拉钩，把船摆到了河对岸。为了卡车不在结冰渡船上打滑，工作人员抱来两捆稻草铺在渡船上。渡船在风浪中缓缓前行，有几次大浪几乎把渡船打横，全靠工作人员精湛的技艺最终解除了险情，将卡车安全渡过了河。

卡车开下渡船后，货主连忙下车向渡船工作人员表示感谢，并从口袋里掏出两包"大前门"香烟递给渡船的工作人员以示谢意，工作人员坚辞不受。后来，货主趁工作人员不注意时将两包烟塞在渡船上的一件雨衣里。当大家放下拉钩，各自拿起雨衣准备回家时，龚正实突然发现雨衣里有两包香烟，想退回去已不可能，因为车子开走好远了。于是，大家把两包香烟放在渡口的小屋里。第二天上班后，他们将两包香烟上交给指导员（相当于今天的党支部书记）李权标。李指导员看香烟已无法退了，就拆开让大家抽。他告诫大家说："这两包香烟虽然只值几毛钱，但它饱含人民群众对我们工作的肯定，我们的同志没有私自收下这两包香烟，也充分体现了我们的同志为人民服务而不计个人得失的高尚革命精神。我希望大家一定要牢记'三大纪律八项注意'，更好地全心全意为人民服务。"

黄陂渡口一直到 1960 年黄陂大桥（黄陂鲁台至前川的老桥，2012 年 6 月已拆除）通车才停止摆渡。其间，没有一起关于我们渡口工作人员收受车主或货主财物的投诉。黄陂渡口也多次获省、地区（黄陂区在 1983 年前属于湖北孝感地区）主管部门的表彰和嘉奖。

## 风雨沧桑黄土路

在形如榄叶的黄陂地形图上，有一条贯通南北的主动脉，从鲁台的双凤亭一路向北，朝着大别山的方向，一直到花木兰家乡双龙镇，它将武汉后花园美丽的景色逐一铺展在两侧……这条主动脉就是黄土公路，一条有着百年历史的黄陂"老路"。这段路是 108 国道的一部分，解放战争中，中国人民解放军进入武汉走的就是这条路。

黄土公路段起于黄陂前川，止于大悟土岗，全长 106.76 公里。1981 年前为宽 7~9 米的碎石路面，1981 年 12 月改扩建工程动工，1984 年竣工，投资 137.71 万元。

黄土公路仿佛一位历经沧桑的老人，他见证了黄陂、孝感和武汉区域建制的分分合合，经历了"黄陂属孝感专区管辖"（1949 年），新中国成立初期黄孝一家亲的 10 年芳华，经历了"划归武汉市"（1959 年）汉黄融合的两年历程，经历了重回孝感地区（1961 年）情谊深厚的 22 年岁月，经历了"再次划归武汉市管辖"（1983 年）发展壮大的锦绣时光，也随着黄陂经济腾飞，走进了"武汉中部崛起"的新时代。

现在这条路，道路两旁绿荫浓郁，行驶在整洁的柏油路面上，从前川出发，在铺展的绿色中，远离城市的喧嚣，呼吸着清新的空气，窗外掠过一片片平整的田地，生机盎然的田园景色在沿路古朴的民居中闪现，沿路一个个黄陂木兰景区群的标牌赫然入目。黄土公路成为黄陂生态旅游的景观路，成为乡村旅游的风景线。

### 一、黄陂北部的生命线

黄陂国土总面积 2261 平方公里，南北狭长，北部大别山余脉，属低山丘陵区。黄土路是蔡店、姚集、木兰、长岭、罗汉 5 个乡镇人民出行的生命线、生活的致富线。

最初的黄土公路确实是黄土路，坑坑洼洼，崎岖不平，狭窄脏乱，晴天一身灰，雨天一身泥，虽然承载着沿线居民很多心酸的出行记忆，承载着行路艰难的故事，但是丝毫没有改变这条路在沿线居民生活中举足轻重的地位。

祖祖辈辈的居民通过这条路，将山上的特产贩运到南部乡镇、黄陂城关、武汉市区，改善生活条件；通过这条路，走出山区打工挣钱，养家糊口，发财致富；农家孩子通过这条路，开阔视野，增长见识，跳出农门，走向象牙塔，走向现代化城市；一代一代的山区人民在黄土公路上行走着，奔波着，改变着，一步步走向富足，走向文明，走向成功。

木兰山点燃了革命的烽火，也点亮了人民的视野。1983 年 4 月，黄陂县委、县政府成立木兰山风景管理处，筹资修复木兰山胜景，木兰山旅游开始走进广大市民的视线，慕名而来的游人接踵而至。黄土公路上，前往木兰山朝圣、祈愿、观光、旅游的人络绎不绝，每年"亮子会"期间，更是水泄不通。黄土公路变得热闹起来，不再只是北部山区农民走出去的主干道，也成为四面八方远路赶来游人的必经之路。

1985~1987 年，武汉市公路管理处共投资 421.71 万元，全线新建沥青（渣油）路面。改建后的黄土线黄陂段基本达一级公路标准，路基宽 9.3~10.5 米，柏油路面宽 8~9 米，桥梁净宽 7 米。这新铺的崭新道路，让沿线居民欢欣鼓舞，新修的路如同新刷的起跑线，人们在这条路上开始了新的奋斗故事，展开了新的蓝图……

**二、木兰旅游的景观线**

木兰山感应四方，木兰文化源远流长。"把木兰牌打出去"是黄陂县委、县政府在 1992 年邓小平南方讲话后的铿锵誓言。北部山区的人们开始关注有着同样美丽气质的山水旅游资源。

1992 年 8 月，木兰湖被批准为重点旅游开发区，重建了木兰湖牌楼、木兰将军像，修复了湖心亭、湖心塔、旅游观光码头、木兰湖广场等景观。木兰湖八景"碧鉴琼楼、桂雨香涛、白马仙石、鹭鸟银花、长堤观海、玉屏听溪、青红留芳、小溪寻茶"更是美不胜收。水丰鸟美的木兰湖游人如织，黄土公路成为北部山区、老区、库区人民脱贫致富的一条新路。

1993 年 8 月，黄陂县委、县政府成立"武汉市木兰旅游度假区管理委员会"，以木兰山、木兰湖、木兰川及其覆盖的地区为依托，具有木兰人文特色的风景旅游区和旅游经济开发区应运而生。北部山区成了木兰旅游的集聚地。

1991 年，岱黄高速公路全线贯通。岱黄高速公路的通车，带来了蜂拥而入的武汉人，带动了黄陂的旅游业，这个藏在深山的美丽后花园开始展露迷人的魅力。

为了接轨岱黄高速公路，畅通武汉后花园的道路，1997年市政府将黄土公路改造列入工作目标，分二期建设：黄陂前川至长轩岭段25.81公里为一期，长轩岭至姚集段25.16公里为二期。1997年1月一期工程动工，1998年5月主体工程完工，投资9700万元。技术等级为公路平原微丘二级加宽，平面线型采用一级公路技术指标，路基宽19.5米，水泥混凝土路面宽16米，中间设双黄线分隔成4车道，设计行车速度80公里/小时。

宽阔4车道的黄土公路一期建成，适逢黄陂撤县设区，全区人民奔走相告，黄陂迎来发展的新机遇，黄陂旅游业蓬勃发展。1999年9月，黄陂区第一届木兰文化节隆重举行，沿着新修的黄土公路，来黄陂木兰旅游景区的人络绎不绝，熙熙攘攘。

和黄陂旅游同步发展的还有黄土公路的提档升级。2000年4月16日二期工程开工，2001年12月16日完工，投资10983.5万元。技术等级为公路平原微丘二级，路基宽为17~12米（其中，长轩岭至姚集段宽17米，姚集至河口段宽12米），行车道为9米宽沥青混凝土路面。全线新建大中型桥3座、小桥8座。

黄土公路全线贯通之日，也是木兰文化旅游景区活力迸发之时。2002年9月28日木兰天池正式开园；2004年9月木兰古门山风景区开园；2007年10月木兰草原开园，木兰云雾山、清凉寨、胜天农庄紧接着纷纷开园。木兰风景景群开始蜂拥而起、联动成片。

黄土公路贯穿着木兰旅游景区景群，它将散落在黄陂的景区串联成一串璀璨的珍珠，挂在大美黄陂的靓丽脖颈上。

黄土公路将人们的视线不断引向深入，深入到黄陂美丽的山水资源，深入到黄陂的休闲四季，一字排开的风景，让黄土公路生机勃勃……

### 三、大手笔成就武汉最美旅游公路

黄土公路迎向美丽景区，迎向魅力黄陂，日夜繁华，经年不休。承载着风驰电掣的疾行，承载着满当当的奔波，承载着千千万万个梦想……

身为二级公路的黄土公路，交通混合，沿线村镇密布，交叉路口较多。自2006年黄土公路路面改造以来，由于经济建设和旅游资源开发步伐不断加快，交通流量的迅猛增长，大量运输砂、石料的大型车辆来往不绝，黄土公路车道显窄，沿线破损严重，现有的道路通行条件已不能满足机动车、非机动车和行人的通行要求，道路通行事故频繁。

为了满足交通日益增加的需求，从根本上解决行人安全出行，2014 年 6 月，黄陂区委、区政府斥资 4.1 亿元，启动黄土公路全面改造工程，进行黄土公路的提档升级，华丽变身。

2017 年，再次启动黄土路改造工程。这次改造不会再像原来一样只是修补路面，而是对路面、路基彻底大修，按照"双向 6 车道+隔离带 6 米宽辅道 6.75 米宽绿道"的方案进行改造，在两侧各加宽 6.5 米，新建慢行车道，设分隔带、绿化带，沿线安装路灯，实行人车分流，车辆畅通。

黄土公路本次改造分为两期进行，一期工程也叫木兰大道。"木兰大道升级改造工程计划全长 25.32 公里，将来计划改造工程的公里数还要翻倍，达到 51 公里。"黄土公路改造工程总工程师蔡崇华介绍。木兰大道改造计划起于前川黄陂转盘，止于黄土公路与长塔路及月湖路交叉处。"未来改造将继续向北延伸、一直到黄陂区和大悟交界的地方。"

木兰大道按一级公路兼城市主干路标准扩建，路面宽度 50~64 米，双向 6 车道，沥青混凝土路面，设计车速 60 公里/小时。整个工程包括中桥 2 座、小桥 2 座，并配套建设交通工程、电力电信工程及绿化工程。改造完成后的木兰大道，将成为最美乡村公路、全城旅游景观道路和南北统筹发展主轴公路。蔡崇华介绍，这幅蓝图在 2019 年将成为现实，"预计完成工期在 2019 年 6 月 30 日，而在 2018 年就能够实现道路从双向 4 车道变为 6 车道，道路景观设施完成"。

远芳侵古道，最美路更靓。黄土公路改造升级、高标准建设，将木兰大道建设与美丽村湾建设和全域旅游生态景观打造相结合，通过道路建设，带动沿线人居环境、村湾环境的改善以及生态景观的提升。相信在不远的将来，黄土公路华丽转身，绝美的山水画卷将沿路铺展。

## 武汉北编组站的变迁与发展

这里，曾经人烟稀少，交通不便；这里，曾经千亩荒地疏于耕耘，杂草丛生；这里，曾经无商无市，只有飞机偶尔掠过的轰鸣……而今，这里昼夜喧闹，笛声阵阵，千万辆货车在奔流，千百条铁轨在欢唱，更有那无形的电波在天空中交织，纵横交错的高速公路通达四方……支点、动脉、心脏，成为这片土地的别称；一流、示范、名片，成为这片土地耀眼的光环。这里，就是武汉北编组站。

让我们目光回转，追溯它的前身。武汉北编组站的前身叫江岸西站，在江岸区。随着经济建设的发展，城市建设加快，它的站场设备逐渐老化，设计能力越来越不能满足需求，并且对城市建设影响比较大。经原铁道部规划后，选定在武汉市黄陂区横店街新建一个编组站取而代之。

黄陂横店地处长江北岸京广大动脉和沪汉蓉快速通道十字形的交叉点上，在中国铁路网中处于"沟通南北，承启东西"的居中位置，远在郊区，对于有大量货车进出的编组站来说，不会影响市民出行及居住环境；还因其地理位置最优越，货运分流也最快捷。

2006年4月16日，武汉北编组站在黄陂横店动工兴建，工程总投资23亿元。湖北省人民政府副省长郭生练，武汉铁路局局长安路生，黄陂区领导李志堂、雷震、潘建桥、舒炎发等出席奠基仪式。

为确保编组站工程的顺利进行，在区委、区政府的正确领导下，黄陂区公安局、横店街派出所全面负责工程的建设安全。开工之前，横店街道的领导就主动向群众做了大量的宣传，还协助铁路设计部门完成了边界放线工作，为工程开展和下一步拆迁打下了基础。开工建设之初，有关专家称，武汉北编组站规模大、任务重，按照正常进度，8年都难完成。最难的是征地拆迁，横店街道为了支持铁路建设，成立了横店街道支持铁路建设指挥部，街道党政班子成员为指挥部成员，指挥部下设办公室，每个党政领导带一工作专班负责责任区的征地、拆迁协调工作。共设10个工作专班，总计55人。根据区支铁办的要求，各工作专班在指挥部统一领导下开展工作，工作人员由专班负责人确定。每个工作人员都要熟悉相关政策，既独立工作，又相互协调，统一行动。

这些工作专班，全力以赴扑在编组站协调服务上。他们和拆迁部的同志踏遍了所有征迁地段，不知疲倦地走村串户，本着"以人为本、共建和谐、掌握政策、把握尺度"的原则，与当地村民展开了耐心、细致的说服解释工作，化解了一个个拆迁难题。尽可能地考虑老百姓的利益，直至让老百姓最终理解并支持征地拆迁工作，保证工程施工顺利展开。工作专班的诚信和执着终于感动了广大村民，得到了理解。拆迁群众房屋拆了，在外租房过渡，征地拆迁工作取得了重大突破。

2007年6月，不到一年的时间就签订拆迁协议1039户、拆除民房917

户，企业签订拆迁协议 40 家。根据施工单位的时间要求，完成了重点部位征地工作，确保了控制性工程顺利开工建设。中兴街、杨家灯子、乔店、白家大湾、谌湾、杨家田、杨簸箕湾、大彭湾、金牛院子 9 个拆迁安置小区房封顶，让拆迁的群众看到了希望，都认为政府是为群众办实事的。

2008 年，横店街道支持武汉北编组站建设取得重大进展。征地拆迁工作全部完成，确保了编组站项目建设的顺利实施。到年底，共拆迁街道民房 1098 栋、21.7 万平方米，拆迁街道内企业 55 家、10.25 万平方米，涉及 8 个行政村和 12 个社区。横店街积极支持和服务武汉北编组站的建设，为保证国家重点项目建设的顺利实施做出了贡献。

负责项目施工图设计及施工的中铁第一勘察设计院、中铁大桥局及中铁十二局，用他们的优秀文化和超凡力量攻坚克难，获得了一系列重要技术成果，使我国编组站整体技术达到了世界领先水平。武汉北编组站工程获得了 2010 年度"詹天佑"奖。

武汉北编组站占地 6700 亩，横跨 7.8 公里，俯瞰外形大致呈葫芦状。站场的整个布局为双向三级七场，其中，Ⅰ、Ⅱ、Ⅲ场为下行到达、编组、出发场，Ⅳ、Ⅴ、Ⅵ场为上行到达、编组、出发场，Ⅶ场为交换场。武汉北设计股道 172 条，建成开通 130 条。现有到发线 50 条，调车线 78 条，军用线 2 条，预留股道 42 条。武汉北编组站设计能力亚洲第一，日均办理车 31000 辆，现在开通能力为日均办理车 23404 辆。

武汉北编组站跟原来江岸西站有两个方面的变化。第一，站场设备上，原来江岸西站是正列式的三级四场，现在武汉北编组站是正列式的三级七场，多了 3 个场。第二，原来武汉局受长江地理位置限制，设有两个大的编组站，一个是江岸西站，主要负责下行车流的编解；一个是武昌南站，主要负责上行车流的编解。现在的武汉北编组站无论是在设计能力还是在技术条件上，都完成转移承担了原来两个编组站的作业任务。武汉北编组站的技术作业内容为：北站 48 个重车车流去向按方向分成，京广南线 10 个、京广北线 9 个、武九线 4 个、汉丹线 7 个、麻武线 5 个、武汉地区 13 个。

2009 年 5 月 18 日，江岸西站整建制搬迁到武汉北编组站，武昌南站也逐步关停。一个由武汉北编组站为中心的新武汉铁路枢纽正在形成。武汉北编组站除本部以外，还管辖"四站两所"，即 4 个卫星站和两个线路所，分别是江岸站、丹水池站、微日站、横店站、姜家线路所、林家湾线路所。

特别是丹水池站和滠口站，均有多个接发列车方向，丹水池站 13 个接发列车方向，11 个供电单元；滠口站 16 个接发列车方向，14 个供电单元，全路罕见。

2009 年 5 月 18 日，地处武汉北郊的全国铁路特大型路网编组站——"武汉北车站"正式开通运营，一颗镶嵌在"天元"之位的明珠开始熠熠生辉。随着铁路向现代物流企业转型的发展，武汉铁路在全国综合交通运输体系中的骨干作用日益凸显。武汉北编组站的建成，大幅提高了铁路枢纽的作业效率，降低了运输成本，加快了货物运达的速度。这座全国乃至亚洲规模最大、设备一流、技术领先的编组站，位于京广线横店站和滠口站之间，中心里程为京广货线 K116+360 米。

武汉北编组站向北衔接京广北线、麻武线、合武线；向南衔接武康线，并通过武汉长江一桥、武汉天兴洲大桥同时与京广南线和武九线衔接，打通了武汉长江一桥多年限制京广线通过能力的瓶颈。堪称整个武汉铁路枢纽的心脏。

在技术装备方面，武汉北编组站采用了企路最先进的编组站综合集成自动化系统（简称 CTPS），同时配备了驼峰自动化系统（1W-2 型）、编组站调机自动化系统（BID2 型）、编组场尾部停车器自动控制系统（TWT 型）、车号自动识别系统、网络智能视频监控系统、货检安全集中监控系统、货票管道输送系统 9 个子系统，在 CIPS 系统的集成控制下协同动作，为推动编组站生产流程再造，劳动组织整合，提高生产效率，增强安全保障创造了条件。

武汉北编组站就像一个编组列车的大工厂，全国南来北往的列车都在武汉北站进行技术作业。置身于编组站之中，车流滚滚，机声隆隆，铁道纵横，灯桥如虹。一趟趟货物列车穿梭来往，不舍昼夜，极富动感与活力。数据记录武汉北编组站的作业量为：2017 年，车站日均办理车 17715 辆。自开站到月前车站最高日办理车 23539 辆（2011 年 9 月 5 日）。最高日解体 154 列，最高日编组 144 列。

在全国 43 个编组站中，湖北地区有两个。即武汉北编组站和襄阳北编组站。整个国民经济怎么样，从货运来说，武汉北编组站、襄阳北编组站的车流多少和走向是个晴雨表。

改革开放初期，广州、深圳搞大型建设，钢铁、水泥、粮食等需求加大，货源主要是为它们服务。编组站设计能力为 31000 辆是经过调查货源量的，现在实际班列达不到那么多，一是我们国家的经济建设在调整，二是国家"供给侧改革"。有资料显示，仅 2016 年，我国钢铁行业去产能超过 6500 万吨，煤炭行业去产能超过 2.9 亿吨。钢铁和煤减下来后，班列车就减下来了，这是根据市场来的。

从整个国家的运输系统分析，有铁路运输、公路运输、水路运输、航空运输这几大方面。国家既发展铁路，也发展公路。从整个运输量分析，铁路的优势还是体现在大宗运输、长距离运输上。研究表明，铁路单位货物周转量的能耗和污染物的排放仅为公路的七分之一到十三分之一，无论从能耗还是从排放来说，铁路比公路在长距离运输方面都有很大的优势。交通部也在调整运输结构，到 2020 年，计划实现全国铁路货运量增加 11 亿吨。水运方面，武汉北站跟阳逻"铁水联运"的那一条线叫"武汉新港江北铁路"，现在还在建设中。新港江北铁路建成后，直接对阳逻深水港联运，武汉北编组站火车上的货物直接拖到轮船上江运，实现铁路运输和港口运输的无缝对接，充分发挥铁水联运的优势。武汉北编组站现在为阳逻电厂运送煤炭，为天河机场提供航油。

武汉北编组站因缓解交通"瓶颈"制约、改善投资环境，对其他产业发展产生了巨大的拉动作用。2009 年，中心国际、富士康等一批有实力的大企业纷纷抢驻武汉。2010 年，"世界 500 强"企业中，有近 80 家选择来武汉投资。2011 年，美国康明斯、法国阿海珐、德国西门子 3 家"世界 500 强"企业几乎同时落户武汉。

落户在武汉的企业成型之后，它们所有的产品都能直接进入铁路运输。滠口货场、汉口北市场群有很多仓库的货物已经在走武汉北编组站的铁路。现在临空经济区已经打造出来，随着企业的落户和发展，武汉北编组站货流量也会随之加大。

这是武汉北编组站服务国内的情况。武汉北编组站的带动辐射作用，从更高一层来说是服务整个世界。随着"一带一路"建设的深入推进，武汉北编组站也逐步迈向世界。这里介绍武汉北编组站开行"中欧班列"（国际联运）的情况。武汉号称九省通衢，交通十分便利。武汉铁路局建有吴家山、舵落口、沌口三大物流园区。位于物流园区的舵落口货场是武汉铁路局最大的铁路货场，吴家山货场是中欧班列（武汉）的起点，武汉北编组站的"挑车队"为全局所有中欧班列的用车进行选扣，组织车流，集中送往武汉铁路局吴家山货运站供使用。

2014年中欧班列（武汉）常态化开行以来，武汉往返开行的中欧班列，由2014年的21列到2015年的153列，再到2016年的222列及2017年的375列，实现了中欧班列大踏步发展。2018年全年计划往返开行500列。中欧班列（武汉）开行以来，共运送价值60亿美元的货物出口到国外。

中欧班列（武汉）以工业制造大国德国以及资源大国俄罗斯为重要支点，在新亚欧大陆桥、中蒙俄、中国中亚西亚国际经济走廊上陆续开通16条线路，即武汉至捷克帕东性比采、波兰戈茹夫、俄罗斯莫斯科、白俄罗斯明斯克、乌海别克斯坦塔什干、德国汉堡/杜伊斯倦（双向）、法国里昂、杜尔日、"俄罗斯—满洲里—武汉"木材回程运输专列等，辐射28个国家60多个城市。中欧班列（武汉）开行的线路在全国开行中欧班列的35个城市中名列第一。

依托结构合理的线路、日益创新的产品、完善优质的服务，中欧班列（武汉）引来一只只金凤凰。国内冠捷、英利、台湾奇宏科技和国外迪卡侬、世界奶粉巨头澳优公司纷纷向湖北转移生产布局。中欧班列（武汉）超过六成的去程货源，来源于湖北本土的东风整车、富士康电子产品、冠捷显示器、武钢特种钢材、长飞集团北缆等大型制造企业，中欧班列（武汉）顺利开出一条产业带。中欧班列（武汉）产品也因客户需求不断多样化，既有富士康、东风等大型制造企业的"定制专列"，又有凡谷、爱帝等中小外贸企业的"公共班列"，也有小微企业、跨境电商的"拼箱班列"，还有满足个人需求的"私人定制。"

同时，武汉铁路局管内逐步形成"南至广州、深圳，北至济南，东至无锡、宁波，西至西安，东北至沈阳、大连，西北至乌鲁木齐，西南至成都、重庆、贵阳、昆明，东南至漳州"的米字形铁路货物快运网络，促进武汉成为中国物流集结、分拨、中转、到发基地。来自珠三角、长三角地区以及东南亚国家的电子产品、水果、海产品，通过快运班列运到武汉吴家山站，搭乘中欧班列（武汉）前往欧洲。

中欧班列快速发展的背后，是"一带一路"倡议的通盘布局，是共建丝绸之路经济带的实践落实。这些说明武汉北编组站已经走向世界了。《铁道概论》有两句话，铁路是为国民经济服务的；是为国防建设服务的（它带有一定的军事职能，黄陂驻扎有空降兵某师，调兵、军品、阅兵等都通过北站运送），这是内延。外延来说，它不光为国民经济服务，它也为世界经济服务。

铁路是一个大的联运机，在武汉北编组站区，除武汉北编组站以外，还有机务段、车辆段、工务段工区、供电工区等7家单位，它们都以武汉北编组站为龙头，围绕着武汉北编组站的安全畅通运转。

保证铁路交通大枢纽的安全畅通是车站的首要任务。武汉北车站安全警示馆，通过时光轴的形式，结合图片、文字、影像等媒介，让我们看到了世界铁路、中国铁路、武汉铁路局、武汉北车站的简要发展历程。在这里，我们能够感受到世界铁路发展的步骤，也能回顾中国铁路发展的艰辛，能够看到武汉铁路局日新月异的变化，也能看到武汉北编组站自建站至今干部职工付出的心血。那方墙上满满的荣誉奖章，就是最好的证明。

另一方墙上，世界各地触目惊心的事政画面，事故导火索实物存放，3D影院通过图文并茂和动漫演示，对各类事故进行全方位展示和分析，让职工亲临其境地感受到"安全大于天，违章就是犯罪"的深刻道理，警示着北站全体干部职工要始终铭记视安全为生命的庄严承诺。武汉北编组站派出所民警每日根据自己所辖线路区段，对铁路线、护网进行徒步巡查，排除线路上的危险因素，宣传教育沿线群众，印发宣传单到周边学校，进行法制安全讲座，把铁路安全落到实处。

因为铁路工作具有连续性，所以职工采用4班倒不间断地作业，辛苦可想而知。他们一年四季与钢轨为伍、与货车为伴，披星戴月，寒来暑往，任狂风怒吼、大雪纷飞、烈日肆虐、暴雨倾盆，都阻挡不了北站人追梦的脚步。

每一趟列车都见证着国民经济发展的脚步，每一根铁轨都延伸出开拓创新的美好未来。武汉北编组站与阳逻港口、天河机场、汉口北大市场、物流中心相互衔接，为水陆空互联互通一体化综合物流平台提供了强大的铁路运输支撑，极大提升了武汉在全国铁路枢纽中的地位，有力带动了经济社会发展，促进了长江中游城市群发展战略顺利实施。文化引领，科技强站，创新奋进，和谐发展，一种因真心而传递的能量，一种因奉献而继续的精神，勇于超越，只争朝夕，武汉北编组站在"安全优质、兴路强国"铁路精神和"执信致远、创行九州"武铁精神的引领下，秉承强基达标、提速增效的工作要求，始终与中国铁路建设发展同频共振，再创辉煌！

# 第三节　行谚和歌谣

## 行　谚

船头无浪行千里，跑遍九州舱当家。

不怕滩，只怕干。

春不弯港，秋不停坎。

养路没有巧，只要排水好。

三月三，九月九，无事莫到江边走。

早看东南，晚看西北。

南涨北风雨，北涨雨连天。

山不转路转，水不弯河弯。

有理的街道，无理的河道。

## 歌　谣

1. 油榨大城潭，
   架条破驳船，
   有事赚点油盐钱，
   无事种我泥巴田。


2. 一进三湖口，
   穷人死里走，
   妇女不生育，
   男人怀大肚（血吸虫病害）。
   十年九不收，
   难糊衣和口。


3. 明月当空照，
   号子冲云霄，

筑路工人流大汗，
月亮喜得满脸笑，
炮声震落满天星，
迎来朝霞金光道。

4. 两山对峙夹深槽，
神仙欲过命难逃。
绝壁上下三千丈，
鲁班到此头直摇。
建桥工人凌云志，
一朝架起通天桥。

5. 修路又造田，
排灌渠道连，
山水田林路，
乡村新桃源。

6. 江湖行船并不巧，
时刻小心最重要，
遇到险情要沉着，
迅速果断处理好，
风势水势心有底，
稳掌航向第一条。

## 公路养护十大秘诀

养护没有巧，预防很重要；晴天做保洁，雨天勤排水。
裂缝早处理，到头不吃苦；挖补见硬底，四周垂到底。
槽壁要刷油，回填分层夯；补油要略高，补砼一平面。
路肩勤打草，行树常整枝；边沟旬清淤，涵管季排查。
桥梁最关键，定期做检查；机具勤保养，知识常更新。

## 养护工小调

公路站，是我家，庭院环境美如画；
养好路，保畅通，岗位职责明心中；
同事间，一家亲，齐心协力创五星；
工作上，老带少，比学赶超竞风貌；
生活中，相互帮，团结和睦人人夸；
学习时，要努力，练好本领创佳绩。

# 第四节　交通之歌

郭清谋

### 路通天堂

致富宏图志未酬，
皆因处处是鸿沟。
而今始奠康庄道，
驶向天堂贯九州。

### 交通之歌

一

熙来攘往车辚辚，
大道条条村接村。
货运客流双便利，
出门不是路难行。

二

交通事业日飞腾，
赞颂口碑声接声。
公路广连三界外，
黄陂壮志可凌云。

张翅鸽

### 长相思

政策同，志气同。同请长缨竞
硕功，英雄唱大风。
　　早晚通，晴雨通，通到平民心
坎中，腾飞华夏龙。

周义勇

### 黄陂交通颂

绿水青山造化功，
西陵巨变数交通。
银鹰展翅飞寰宇，
漻水奔流走顺风。
看取铁龙歌盛世，
迎来大道贯村中。
和谐社会情无限，
展望未来华夏红。

柳育青

## 赞乡村公路

乡村振兴办交通，
四好公路惠众农。
青山绿水新气象，
车如流水气势宏。

易厚新

## 赞"五大"交通
## 运输方式

而今海陆接长空，
双轨并行九省通。
水气充陂输管道，
便民快捷不言中。

## 颂公路行政五级管理

路分国省县乡村，
阡陌纵横五彩巾。
布满边陲三楚地，
四通八达九州行。

杨金泉

## 建设者之歌

玉带萦回逸兴飞，
新修大道足扬眉。
临河桥起双星会，
依岭车旋一梦回。

造福人间行好雨，
立邦寰宇赏红梅。
登高欲赋芳菲韵，
任我长天彩笔挥。

杨仲民

## 武汉绕城公路黄陂段
## 建设者之歌

### 一

回眸情正炽，展望醉流光。
锦绣黄花涝，温馨桂子乡。
彩虹飞溅水，玉带绕甘棠。
赤子歌高速，征途万里长。

### 二

挥汗真如雨，高歌唱太阳。
架桥挥彩笔，辟路谱新章。
奉献真无悔，追求自闪光。
为民谋福祉，岁月更辉煌。

周新庭

## 建设巨龙大道抒怀

骋目西陵锦绣堆，
黄鹂婉转唱春归。
巨龙起舞贤才志，
双凤高吟壮士威。
大道宏开臻盛世，
新城创建绘芳菲。
晶莹汗水心碑立，
翘首云天大有为！

王士毅

## 火车赞

百丈长龙靡定踪，
横穿南北贯西东。
胸宽笑纳三千旅，
轮疾飞驰万里通。
戴月披霜无怨悔，
穿山跨水自从容。
物流缩地人流畅，
但报平安不计功。

王齐孙

## 湖乡交通变奏二首

一

昔年行路苦羊肠，
耗却时间往返忙。
肩担沉沉穿坎坷，
木轮辘辘滚泥浆。
城乡交易常愁运，
客旅奔波总着慌。
最叹连朝逢雨雪，
难为生计是农商。

二

国脉舒伸路网张，
城乡联结利农商。
客轿途畔招呼至，
货卡村头装卸忙。
百转千回皆便捷，
四通八达尽康庄。

轻车一跃金光道，
展望前程幸福长。

## 青藏铁路建成通车

青藏新图展，云山铁路通。
高原伸国脉，屋脊走长龙。
哈达迎窗外，羚羊摄镜中。
一声鸣汽笛，鼎沸布拉宫。

张怡如

## 赞交通网络化

致富先修路，兴农百姓夸。
村村通大道，处处有奇葩。
不见羊肠迹，飞驰铁体车。
城乡连一块，上下串三巴。
服务安全好，经营信誉佳。
翻山拖石木，入港运鱼虾。
建设交通网，频传信息芽。
乡村城市化，幸福小康家。

## 木兰客运公司组诗

一

木兰客运木兰风，
跃马弯弓斗志雄。
拼搏打开新局面，
腾飞滠水一条龙。

二

股份公司优越多，
众星拱月亮银河。
春风得意交通便，
宝马奔驰唱赞歌。

## 三

以人为本指南针，
全体员工骨肉亲。
顾客光临皆上帝，
和谐社会建功勋。

## 四

事故如同白骨精，
金箍棒打不留情。
人间多少平安夜，
都是真情浇铸成。

## 五

场站更新如港湾，
靓车停靠色斑斓。
如归感觉谁都乐，
西北东南任往还。

## 六

省市交通大竞争，
蛋糕份额醉人心。
唯才是举先机在，
开拓创新事有成。

## 七

员工素质大提高，
团队精神分外娇。
一代英豪凌漈水，
何愁大鳄弄春潮。

## 八

立党为公百业昌，
春来原野吐芬芳。
文明客运添光彩，
朵朵葵花向太阳。

## 李玉山

### 武麻汉英高速公路赞

汉英高速路如弦，
连接中环与外环。
全线柏油混凝土，
交通事业史非凡。
麻城武汉接燕京，
滚滚车流银汉星。
峡谷铺成钢铁网，
荒湖练就玉龙身。
东西接轨随时进，
南北通衢与日增。
高速精修优质路，
中华儿女乐中兴。

### 东风直上清凉寨

清凉寨若夜明珠，
名不虚传物候殊。
楼建高峰轻雾袅，
鸟鸣低谷彩云浮。
小桥愿做清溪伴，
大道甘为车辆奴。
满眼风光收不尽，
声声咔嚓摄宏图。

### 万里畅通乐陶然

西陵路网上云端，
越岭穿山百练悬。
九曲羊肠踪迹灭，

千条大道绿荫连。
客流似水随心驶，
车织如梭任意旋。
海角天涯凭远近，
春风万里乐陶然。

## 余新

### 中吕·山坡羊·路

人民相聚，英雄相嘱，文明建设人间路。利城乡，遂蓝图。交流客货提时速，德政工程金石固。修，百姓福；行，百姓福。

### 茅店通公路

水泥大道达茅湾，
来往行人笑语喧。
待嫁姑娘心暗喜，
花车迎我梦能圆。

## 商继瞿

### 参观武汉天河国际机场有感

银燕天河落，乘风呼啸飞。
晨披红日去，晚载白云归。
厚谊联欧美，深情系亚非。
商潮歌舞地，仙女也偷窥。

## 王新建

### 盘山公路上木兰

携来旧侣伴新朋，
一啸轻骑御劲风。
矗立青山缠玉带，
泻银碧涧卧金虹。
景观无限临千嶂，
云路何难踏九重。
好汉坡前夸好汉，
木兰从此鸟途通。

## 周松涛

### 踏莎行·牛郎织女新愿望

织女烦天，牛郎恋土，双双驾雾尘寰去。惊疑不是旧山川，四通八达农家路！

袅袅炊烟，悠悠笛曲，相逢故地知何处？车流欢畅胜银河，莫如迁到人间住！

## 胡忠发

### 忆秦娥

歌声烈，烟波村镇争相悦。争相悦，条条大道，震惊天阙。

花开福祉万千色，修通富路标新页。标新页，征程寄意，激情飞越。

萧建华

## 长相思·桥工

山道盘，水道盘，筑路桥工气不凡。半空战正酣。

追高端，占高端，摘取金星铆护栏。长虹好壮观。

喻德炳

## 车行过农家

路贯东西南北村，
惊看别墅住农民。
山环水抱风光好，
地绿天蓝景物新。
身避嚣尘天籁谧，
民无邪念世风纯。

姚自军

## 交通歌

车轮滚滚任腾欢，
碾断穷根引富源。
德惠三农弹雅曲，
恩施百姓谱奇篇。
穷村僻壤高楼起，
大漠荒山碧浪掀。
内外交流通四海，
创新花绽满人间。

黄道燕

## 奏上苍

山神邀约海龙王，
急赴凌霄奏上苍。
五岳凿通鬼戚戚，
三江穿透鳖惶惶。
凡夫立誓征天地，
圣驾须防遭祸殃。
已见飞船探浩宇，
诸仙俱应避锋芒。

何剑明

## 黄陂公路赋

湖北古县，武汉新区，南通湖广，北达两河。揽江湖而留百鸟，控群山以引金凤。物华天宝，黄陂文友之清韵；人杰地灵，双凤二程之遗风。风景与情操并茂，自然与人文双精。路为交通之本，发展以路先行。有人民之需要，得政府之决心。建新路以致富，促老区早脱贫。土路彻底改造，水泥全线铺平。形同蛛网，四通八达；路似棋盘，九纵十横。条条相接，缩地近咫尺；村村互连，天涯若比邻。盘山道道银蛇舞，绕水条条玉带横。物畅其流，车便于行。主干两侧林带，分支四面稻香。车驰其上而平稳，人坐车中而怡神。只闻花香四野，但听鸟语芳林。和汽笛而奏交响，观原野尤似画屏。村村通，户户达，兆新农村之景象；楼楼连，畈畈丰，显区经济之飞腾。看老人堆笑脸，赏儿童动欢声。伟矣！村村通工程，创千秋伟业，立万代功勋。壮哉！黄陂之公路，一头系着党心，一头连着民心。

## 丁和岚

### 夸公路绿化

一番风雨又新晴，
公路两边成树林。
二月夭桃红欲染，
三春垂柳绿如熏。
微风阵阵碧波滚，
细雨纷纷翠叶新。
更有百花争艳丽，
含情脉脉笑迎人。

## 黄颖鹏

### 浪淘沙·赞黄陂交通巨变

高路入云端，越水穿山。城乡一体蔚奇观。飞梦神游阡陌外，麦浪云翻。

大道进田园，致富天宽。和谐社会勇登攀。科技兴农添虎翼，锦绣湖川。

## 刘元寿

### 路之歌

一条银带接云天，
高岭深林袅袅烟。
笑语欢声忙采撷，
明朝满市尽尝鲜。

## 萧耀林

### 公　路

梦里九霄游，今朝夙愿酬。
环看村寨路，漫绕镇乡楼。
大道通山海，长虹越壑沟。
交通催发展，公路写春秋。

## 乐军

### 木兰故里一日游

红花绿树蝶翩翩，
碧水青山入眼帘。
此日畅游情未已，
只缘公路接天边。

## 闵良慧

### 家园建设颂

日照山河别样红，
家园建设沐春风。
荒湖恶水辟新道，
僻壤穷乡改旧容。

富户高楼平地起，
兴村大路小康通。
惠民政策人人颂，
福祉工程万世功。

吴恒庆

## 赞黄陂交通建设

陂邑人民志气豪，
交通建设领风骚。
已铺村砦脱贫路，
再架湾冈致富桥。
京广直通人似海，
沪蓉畅达客如潮。
水空陆运齐发展，
经济繁荣逐浪高。

刘际平

## 祖国交通赞

兴邦扬特色，车马跃西东。
地铁穿江底，神鹰旅太空。
上天寻奥秘，入地走蛟龙。
伟业人民创，交通硕果丰。

刘勤学

## 读黄陂交通系统
## "十一五"规划赋

案头规划透清香，
公仆情怀似海洋。

南北如经连京广，
东西若纬接苏杭。
天河银燕飞天乐，
横店机车编组长。
地上空中齐发展，
清风甘雨绣春光。

林明金

## 盘龙城大桥通车

府河又见卧长虹，
万紫千红春意浓。
南接北连歌盛世，
东来西往唱东风。
长桥不锁千帆过，
坦道能容万辆通。
拭目花园今更美，
豪吟我亦酒盈盅。

康月红

## 山中公路抒怀

山村何日出神仙，
明月清风相对闲。
憧憬嫦娥舒广袖，
偏抛玉带到人间。

杨曙光

## 岱黄道上

如风如电扫尘埃，
滚滚车流依次开。
前树婆娑迎贵客，
远山逶迤送香腮。
天桥拔地连云气，
坦道通衢接玉阶。
碧野无边奔眼底，
城乡新景旷胸怀。

葛天庆

## 西江月·天池

胜地天池客旅，风情秀岭山乡。
横大道向康庄，绿水青山开放。

茶果葛根板栗，资源摇翠流芳。
名优特产渡重洋，经济腾飞在望。

万申林

## 沁园春·路

万里雄关，串北通南，枢纽汉皋。是交通命脉，脱贫经典，城乡纽带，致富金桥。山水重栏，攻坚制胜，跨越崇山玉带飘。舒望眼，看人来车往，百倍情豪。

而今路畅人潮，忆多少先人梦寐遥。走羊肠曲径，充盈荆棘，冰封雪盖，漫野蓬蒿。时代英雄，改天换地，网络铺成接万条。同飞跃，迈康庄大道，歌彻云情秀霄。

彭文斌

## 鹧鸪天·古道新

古道封尘几世凉，
民生疾苦动皇苍。
精兵百万平十险，
铁臂三千整八荒。

天渺渺，地茫茫，
白螭玉蟒戏斜阳。
人间亦有仙桥渡，
月下犹闻桂子香。

曹开澍

## 十平硬路赞

车上平峰顶，回眸十棵松。
沿途如美画，伸路似盘龙。
地绿天蓝鸟，山清水秀枫。
丰碑交口赞，史册记殊功。
注：十平指十棵松至平峰顶。

## 长轩岭镇路建采风记

采风访韵绕山间，
细雨蒙蒙野菊妍。
昨走污泥来去苦，
今行高速妇孺欢。
老区大道商流畅，
轩岭通途客运安。

党送春风无限暖，
村湾建路展新颜。

王海凤

### 赞村村通公路

水泥铺路到家门，
出入无须怕雨淋。
土产源源输远镇，
车轮滚滚向偏村。
筑成动脉血流畅，
赋得诗篇心绪奔。
李白何须吟古道，
骚人妙笔咏新春。

何汉生

### 渔家傲·赞长轩岭镇
### 硬化公路村村通

昔日泥泞拖沓地，今朝硬路通
村里。蛛网织成添壮丽。生花笔？
新功又为人民立。

大道宽平连宇际，城乡差距今
无几。翁妪旅游无顾忌。真惬意，
交通发展民心喜。

陈克玉

### 西江月
（写在仰天寺通车之际）

古代仰天禅寺，而今遍地茶园。

清幽景色出行难，多少需求梦断。

喜看田园路串，欣闻摩托声欢。
采茶摘果不知还，助兴樵郎欲唤。

注：仰天寺是木兰乡海拔最高
的居民点。

李丽娟

### 驱车竹林寺

云雾山高叠几重，
盘山公路入云峰。
千坡百坎弯而险，
九曲十环直又通。
一路杜鹃迎远客，
两行绿柳抱长龙。
游踪何惧登临陡，
寺上竹林笑靥红。

张斌

### 沁园春·路

炮轰天惊，疑是春雷，威震千
村。叫高山俯首，陡坡削坦；河床
桥架，沟壑填平。机械隆隆，车装
快运，公路盘山已建成。数十里，
捷流星顺畅，利国兴民。

升平盛世繁荣，制政策条条符
国情。昔羊肠小路，车轮险象，崎
岖坎坷，步履难行。社会和谐，翻
新更旧，梦幻当年竟是真。君知否？
有中枢睿智，国富民兴。

彭才清

## 沁园春·路

国策民谋，经济腾飞，构筑坦途。听隆隆机响，飞沙走石；声声笛急，填壑平丘。建设工人，运输车辆，夺秒争分岁月稠。铺康道，创辉煌伟绩，举世无俦。

星移物换千秋，曾梦寐难求今已酬。看繁荣盛世，承传卓绝；交通便利，纵贯全球。峻岭崇山，天南海北，大好河山召客游。尧舜日，引骚人咏叹，词客今讴。

蔡子初

## 乘车有感

从今莫道路难行，
挥手招来风火轮。
闹海哪吒空瞪眼，
凡人何故胜吾神。

吴嘉敏

## 天净沙·村恩

青山绿水人家，村庄玉带无瑕。矗立洋房似花，朝霞东挂，暖风吹遍天涯。

王楚恩

## 筹款修路

茂和书记不寻常，
誓叫穷乡变富乡。
百业兴隆劳规划，
十年调整费心肠。
为修道路勤跑腿，
欲聚资金先解囊。
当代愚公张铁臂，
宏图一展破天荒。

宋勇

## 题长桥卧波图

一
高楼大厦望依稀，
头顶辉煌映彩霓。
甲宝长桥连汉口，
踏波跨浪挟风驰。
二
天街远处碧山头，
汉口星光带月流。
璀璨霓虹连一片，
长桥唤醒府河秋。

陈兰珍

## 车景

条条锦带绣西陵，
织女金梭巧织成。

日似金龙游四海，
夜如银汉泻流星。

## 赵国奇

### 少年游

山村小径曲弯弯，路隘若封关。
步行艰险，运输瘫痪，落后苦何堪。

山高水恶都思治，勇者敢登攀。
硬道宽平，人车通畅，幸福万民欢。

## 葆青

### 庆贺黄陂水泥公路通村

励精图治实英才，
立业兴邦有德才。
乡镇村村公路达，
黄陂岁岁引财来。
人民生活小康境，
社会清平大慰怀。
饮水思源何所是，
党恩国策巧安排。

## 黄家吉

### 养路工

野外羁身四季忙，
娇妻无怨守空房。
常来电话喃喃语，
牵手今生不负郎。

## 陈林

### 筑路民工之歌

君来何处客，僻壤何所从。
成立工程队，暂栖简易棚。
炎天经酷暑，三九斗严冬。
手茧层层起，喜看路路通。

## 陈慧

### 苏幕遮·变迁

远郊村，沉睡土。秋草连绵，
长叹泥泞路。阡陌无形联水域，坎
坷难行，受尽颠连苦。

党恩浓，新政举。开发交通，
大造黎民福。芳草柏油连玉树。光
洁平滑，笑满千千户。

## 潘安兴

### 六州歌头·盘龙城大桥

横亘溃水，何意隔城郊？苍烟
下，垂杨岸，钓竿收。扁舟摇。天
地惊雷动，飞虹起，狂澜逐，风雨
蚀，车流激。便捷留遗憾，设卡偏
高。怅盘龙双锁，落户客难招。经
济呼号，响云霄！

举全区力，一腔血，开瓶颈，
涌商潮。修新路，穿闹市，架飞桥。
抒情豪。好事多磨也，几周折，苦
持操。期又误，言难尽，首频翘。

百万黄陂殷切，经三载，肺腑凝浇。
遂工程告竣，万凤竞栖巢。热土
狂飙。

王仁生

### 山中问答

问尔如何爱僻村，
笑而不答面容亲。
水通电达路途畅，
别有洞天最适人。

张险峰

### 颂武湖交通新貌

江汉阳逻一线牵，
武湖滠口巨龙连。
东西双环广厦立，
南北两极小区闲。
主体正街各业旺，
光明中路百花妍。
蓝图宏伟画千里，
惠政为民泽九天。

王响响

### 路

迂回山路若迷宫，
政府埋单四处通。
闭塞乡民开眼笑，
田园绿野醉春风。

李清芳

### 交通之歌

阡陌琼楼山水间，
条条玉带绕村旋。
工农商旅春风意，
辗转沧桑换笑颜。

卢勇

### 黄陂交通赋

横六直三网织成，
交通便捷快人心。
门前就座车行爽，
田角装厢货运勤。
铁马奔驰红火站，
雄鹰歌唱绿杨村。
和平发展大旗举，
黑白红黄棕色明。

杜道明

### 小康蓝图添一娇

改革新开致富路，
集资献策架金桥。
通天大道接云际，
建设小康百代娇。

孟宪芬

### 道路吟

道路纵横伸，车流济世村。
去来歌舞闹，往返运输频。
常读中华史，才知盛世春。
兴邦须革弊，惠政暖民心。

姚世廉

### 潘老遗愿展宏图

耄耋离休桑梓间，
方闲案牍意难闲。
雪山草地浑无惧，
水凼泥坑久待填。
大道长驱成夙愿，
小康永驻梦新天。
潘公遗愿宏图展，
路到村湾慰九泉。

黄德重

### 黄陂交通今昔变化

#### 一

陂地往年小路多，
羊肠百折隔江河。
独轮车转吱嘎响，
一担肩挑哎呀嗬。
外进物资愁价贵，
内输商品奈夸多。
交通不便仰天叹，
只盼明朝车唱歌。

#### 二

福祉工程改旧颜，
脱贫致富路当先。
逢山劈岭铺通道，
遇水架桥越险关。
人货运行无障碍，
北南往返保平安。
交通发达人欢乐，
处处田园满载钱。

何纯忠

### 横店交通水陆空

横店交通水陆空，
人间天上两相通。
机场扩建连欧美，
道路相通接沪蓉。
公路机车驰内外，
江河船舶泛渝淞。
交通发达千般阜，
经济繁荣万事隆。

徐达禹

### 公路饰人寰

自古天堂美誉高，
而今下界赛凌霄。
嫦娥暗恋人间景，
又把神舟七号邀。

刘忠林

## 吟咏黄陂交通图

交通伟业壮千秋，
陆海空相竞自由。
出路旅行车似箭，
渡河航运舰如流。
广京铁道穿城过，
渝沪轮船越境游。
国际班机银燕舞，
客商便利达全球。

张启群

## 农村致富大道

昔日砍柴黄牯岭，
晚归早出带中餐。
羊肠小道鞋磨破，
汗背沾心口渴干。
边远山村通市井，
宽长油路入云端。
今朝偕侣重游旧，
"宝马"盘山心自安。

柯美祥

## 渔家傲·农民走新路

柯咀农民河畔住，出门常叹泥途苦。扁担牛车来运物，风催雨，老牛拖起寒霜去。

代表有三襄盛举，沧桑易景康庄路。购得种肥车装速，人忙碌，农资到位收成富！

胡剑中

## 犬年抒怀

满目青山尽是情，
军民党政齐步行。
互帮互敬人如意，
相爱相亲土变金。
应把目标当动力，
宜将理想变精神。
全民共展通衢志，
更喜东风永太平。

郑承银

## 念奴娇·木兰湖今昔

桃红柳绿，万花仙女播，九州春漫。公路盘旋欣遂愿，车竞木兰湖畔。隐隐青峰，悠悠绿水，如画江山灿。神怡心旷，醉心蓬岛忘返。

遥忆叠嶂层峦，藏龙卧虎，内贼闻风颤。电掣风驰齐亮剑，猛击敌顽逃窜。威震中原，倭奴降伏，山撼乾坤转。小康新路，蔚然光景无限。

潘茂友

## 村村通

条条大路向燕京，
致富奔康才是真。
覆地翻天歌盛世，
和谐经济日清新。

杜德宏

## 忆江南·筹款

筹款项，好话备千筐。
谋利为民心向党，筹金到手夜
回乡。对众拍胸膛。

江海明

## 汉十公路赞

修路工人倍苦辛，
寒冬酷暑不留停。
披霜冒雨轮班干，
捧出黄陂赤子心。
克服艰难无计数，
排除险阻难说清。
不分昼夜抢修路，
奉献精神万众钦。

张琳

## 黄陂村村通公路喜赋

昔日蜿蜒路，今朝大道通。

山乡承玉露，翁妪沐春风。
溇水飞虹彩，木兰展笑容。
人民夸巨变，壮志贯长空。

王治安

## 黄陂公路崛起（古风）

黄陂公路正崛起，
通车里程千公里。
水泥大道连湾村，
乡村公路上等级。
公路畅通百业兴，
加速流通活经济。
交通便捷富万民，
建设小康显威力。

刘汉桥

## 路（古绝）

羊肠成玉带，高山变平坡。
千里在咫尺，南北往如梭。

## 甘棠道班周荷珍

赤日炎炎似火烧，
拌合养路正时浇。
呕心沥血春和夏，
戴月披星夕复朝。
外子难闻沥气味，
幼婴欣语动眉梢。
朦胧月下护公料，
正气凛然震九霄。

注：周荷珍（女），湖北省、武汉市劳模。曾先后在滠口、六指、甘棠道班任班长，现任黄陂区公路局养护中心副主任。

## 易斗平

### 装卸工

往日肩扛上下货，
汗流浃背腰如弓。
如今机械来装卸，
任尔东南西北风。

## 郑双和

### 新编三字经

#### 过去　现在　未来

—为建所20周年而作

| | | |
|---|---|---|
| 建所期 | 是八五 | 想当年 |
| 真是苦 | 戴袖章 | 着便服 |
| 摇手旗 | 管运输 | 法规少 |
| 层次低 | 条件差 | 生活疾 |
| 一间屋 | 数人挤 | 前辈人 |
| 不简单 | 为事业 | 苦心甘 |
| 一挥间 | 二十年 | 今非昔 |
| 换了颜 | 六十人 | 大家庭 |
| 新风貌 | 与时进 | 抓管理 |
| 有法依 | 从行政 | 法规齐 |
| 许可法 | 行为规 | 新条例 |
| 约行为 | 三文明 | 抓得紧 |
| 素质强 | 业务精 | 省窗口 |
| 市文明 | 六行业 | 职责清 |
| 货畅流 | 人便行 | 驾职培 |
| 维修精 | 抓安全 | 服务勤 |
| 综合楼 | 千平方 | 内业优 |
| 外观壮 | 忙工作 | 有规章 |
| 党活动 | 好去场 | 国家级 |
| 档案藏 | 增知识 | 图书房 |
| 受教育 | 荣誉榜 | 服务台 |
| 监督岗 | 意见本 | 举报箱 |
| 黑板报 | 宣传窗 | 学政治 |
| 抓经常 | 训业务 | 有方案 |
| 节假日 | 乐洋洋 | 劲头足 |
| 精神爽 | 说一千 | 道一万 |
| 今朝业 | 前辈创 | 多珍惜 |
| 莫要忘 | 十一五 | 启动即 |
| 时间紧 | 任务急 | 不靠天 |
| 勿靠地 | 抓机遇 | 靠自己 |
| 奉劝告 | 他我你 | 莫等闲 |
| 心要齐 | 紧跟党 | 爱集体 |
| 钻业务 | 勤学习 | 严要求 |
| 常律己 | 戒浮躁 | 倡实际 |
| 少空话 | 多献计 | 团结紧 |
| 多努力 | 文明创 | 省一级 |
| 更上楼 | 做佳绩 | 续辉煌 |
| 谁可比 | | |

注释：①黄陂区公路运输管理所建于1985年；②《中华人民共和国道路运输条例》；③2005年湖北省交通厅文明示范窗口；④2004年武汉市市级文明单位；⑤1998年科技事业档案管理国家二级；⑥2007年

前迈入省级文明单位行列；⑦陂：
黄陂的简称。

## 朱换玉

### 风入松·二度凡惊叹

祥云托我返人寰，身似箭儿穿。
漫寻初会郎君处，槐荫树，四面荒
川。曾记陪郎归祖，坑洼一路君搀。

眼前黛练绕青山，层叠套连环。
纵横交汇榆林铺，壮如许，可叹仙
班。自诩神威无阻，哪知人非凡。

## 雷永学

### 贺武麻高速公路兴建

动脉迢迢向鄂东，
巨龙腾起破长空。
麻城武汉双添翼，
横亘东西接沪蓉。

### 贺汉英高速路兴建

跨山越水向英山，
高速相连武汉关。
纾缓交通排拥挤，
东门出口利扬帆。

## 刘忠林

### 武麻高速公路吟

黄麻览胜山河阻，

大别苏区百姓愁。
辟路英才挥巨手，
开山俊杰展鸿猷。
运筹致富康庄策，
鼎力脱贫幸福谋。
伟业丰功人敬仰，
车轮滚滚任回流。

## 熊国顺

### 交通之歌

狂泻清光路泼油，
林丛倩影荡轻舟。
牵牛桥上随心舞，
织女河中任意游。
曲卧明溪蛙对语，
长吟潺水韵相酬。
开怀我欲乘龙去，
盛世风情一望收。

## 肖凯

### 武汉港

一
港口轮船待启航，
频闻汽笛运输忙。
黄金水道黄金线，
直达沪渝涉远洋。
二
位占中游枢纽张，
东西横贯锁长江。

交连南北延伸网，
武汉码头云鹤翔。

三

深情水运忆辉煌，
上下穿梭朝夕忙。
公铁交通谁敌我，
乘风破浪赏风光。

四

九省通衢我占先，
东西万里两江牵。
长江航道文明曲，
唱响重洋彼岸边。

周维新

## 喜看水泥公路通村镇

一

弱势农村弱势群，
为何如今不忧贫？
水泥公路通村镇，
营运及时植富根。

二

城乡差距一难题，
国力增强有转机。
今日兴修致富路，
共同发展合时宜。

三

穷乡僻壤路难行，
守业农民少进城。
此刻交通来去易，
打工种地获双赢。

四

缺项诸多谁与帮？
农民世代历沧桑。
而今滞后人思进，
便捷迎来"三下乡"。

五

往年乡下设供销，
货运需求肩上挑。
从此交通非昔比，
村村喜见汽车跑。

六

羊肠小道步维艰，
领导难巡边远天。
今日考查多畅达，
车流喜送惠农篇。

姜家春

## 献给筑路工人

混沌初开春复秋，
不平道路使人愁。
喜今又降缝天手，
抽出羊肠补地球。

## 贺武麻汉英两条高速公路奠基兴建

老镇新兴武汉城，
千秋伟业日蒸蒸。
再添双翼扶摇上，
直达广寒探月宫。

黄亚玲

## 交通劳模颂

养路肖公鬓染霜，
徐君稽费细心肠。
庆平积病生癌症，
再现焦公裕禄光。

注：①肖公，指肖厚楚同志；
②徐君，指徐小运同志。

## 交通劳模颂

交通事业日东升，
线密车多路易行。
新老精英常奉献，
市区颁奖播芳名。

杨利华

## 贺城西护城河桥建成

昔日城西桥窄危，
往来车慢似行龟。
而今横跨彩虹去，
车辆来回插翅飞。

## 公路赋

一

白马庙边弯路绕，
村头河畔一危桥。
思亲游子归乡里，
不识家门暗发毛。

二

昔日泥泞徒步难，
今朝玉带坦而宽。
东风奥迪并肩发，
千里行程一日还。

严治淦

## 黄陂公路颂

玉带绵绵车辆欢，
路桥山水巧连环。
东风吹得游人醉，
万里观光一日还。

## 征地修路

一

大路延伸压我田，
支书亲送补偿钱。
登门一阵春风到，
大嫂迎宾备酒烟。

二

阿爷大义薄云天，
不用登门作谢言。
叮嘱儿孙辞补款，
躬耕乃是国家田。

三

搬家让地谱新篇，
大道联通万户欢。
小我牺牲全大我
齐心建设美田园。

# 第五节 传 说

## 夫子山

传闻春秋时，木兰山下有驿道相通。一日，7 岁项橐领群童在驿道上用石块垒城戏耍，恰逢孔子周游于此。嘱群童拆"石城"让道，争执中项橐问孔："自古只有车让城，哪有城让车之理？"孔子无言以对，自叹夫子不如 7 岁童，遂席地而坐搂项怀中聊天。项指太阳问："日出如盘，是何理也？"孔子惊讶，默然无言。

项橐两问难孔子，孔子以此为训，拜项为师。这就是三字经中写的"昔仲尼，师项橐"的来由。现在的夫子山和夫子台亦因此而得名，后人又在山上修了夫子庙，为陂邑旅游佳境之一。

## 生州寺（救命寺）

前朝有位张大人，上任巡抚。乘船经陂邑武湖，忽遇狂风巨浪，船桅断折，木舵失灵。危急中，张大人望风跪倒，祈神保佑，许下建庙心愿。忽地船身被一土墩顶起，平安无恙，全家老小，避过了这场灾难。

事后，张大人还愿建庙，取名生州寺（救命寺），又称此地为"鸭子地"，可随水涨落浮沉。寺内有油、盐两石窖，供寺僧食用，取之不竭。后因小僧贪财盗卖窖中油、盐而失念。

## 盐船地

位于王家河上三合店下的滠水河中，有一沙洲叫盐船地。传说很早年代，有一客商装一船盐，在此地遇到山洪暴发，一船盐沉没。沉没时，船索系在三合店黑潭西岸的巨石上，后称锚石。盐船地因此得名。

## 滠水冬温

滠水冬温，为古代黄陂著名"十景"之一，位于滠水下游，今滠口附近。昔日此地三九冬天沿河一带，仍烟波浩渺，水欢鱼跃，和煦如春。渔翁照常垂钓。故以此广为传奇，盛名于外，闻其者有趣，观之兴然，为黄陂著名风景胜地。今有诗作证，《黄陂县志》记载：清代名士曾吟诗咏赞："百川冬日尽寥凝，滠水融融水气温，南北渔人咸垂钓，卖鱼独自到柴门。"据此，滠水冬温确实名不虚传。笔者认为，这个地方原来河道宽阔，避风向阳，流水平缓，及其地壳原因而形成冬季水温，地上草木仍如春天一般。后因自然变化和河道变迁，已匿无迹。